영상자료를 활용한 역사교육
중국사 편

이학로 李學魯

1960년 경북 의성 출생.
계명대학교 중국학과 및 대학원 역사학과를 졸업한 뒤 중국사회과학원 근대사연구소에서
진수과정을 거쳐 경북대학교 대학원 사학과에서 박사학위를 취득하였다.
현재 경북대학교, 계명대학교, 대구대학교, 대구가톨릭대학교, 울산대학교에서 강의하고 있다.

박사학위논문「19세기 전반기 중국의 아편문제와 청조의 대책」을 비롯하여
『미국의 중국근대사 연구』(공역),「洋務時期의 아편문제와 郭嵩燾의 禁煙運動」,
「廣州의 아편문제와 許乃濟의 弛禁論」,「洋務運動 시기의 아편문제와 洋務派의 아편인식」,
「鴉片戰爭(1839-1842)시기 중국의 아편문제」,「19세기 전반기 청조의 아편금연법과 처벌 규정의 변화」,
「淸 道光年間의 아편엄금논쟁」 등이 있다.

영상자료를 활용한 역사교육 : 중국사 편
이 학 로 지음

2004년 8월 23일 초판1쇄 인쇄
2004년 8월 28일 초판1쇄 발행
펴낸이·오일주
펴낸곳·도서출판 혜안
등록번호·제22-471호
등록일자·1993년 7월 30일
⊕121-836 서울시 마포구 서교동 326-26번지 102호
전화·3141-3711~2 / 팩시밀리·3141-3710
E-Mail hyeanpub@hanmail.net
ISBN 89-8494-226-X 93910
값 14,000 원

영상자료를 활용한 역사교육
중국사 편

이 학 로

혜안

책을 펴내며

이 책은 필자의 강의를 들었던 학생들 덕택에 출간될 수 있었다. 학생들은 첫 시간에 만나자마자 대뜸 "역사는 재미있다"라고 선언하는 나의 태도에 조금 엉뚱하다고 생각하는 것 같았다. 그러나 수업이 진행되는 동안 조금씩 나의 주장에 공감하는 학생들을 발견할 때 보람을 느끼기도 하였고, 학기말 강의평가에서 수업이 재미있었다는 학생들의 반응에 감동하기도 하였다.

수강생들에게 역사 수업이 재미있다고 주장하기 위해 필자가 사용한 방법은 영상자료를 활용하는 것이었다. 그러나 활용방법에 익숙하지 않던 필자는 영상수업의 효과와 학생들의 반응을 확인하기 위해 영화나 다큐멘터리 자료를 보여준 뒤 감상문을 쓰라고 하였다. 학생들의 반응은 다양했다. 어떤 때는 재미있다고 환호하기도 하였고, 내용이 어렵고 지겹기까지 하다고 불평할 때도 있었다. 영상자료만 보고서 이해할 수 없다며 교재나 자료집을 요구하는 학생들도 있었고, 조직적이고 체계적인 강의를 요구하는 학생도 있었다. 영상자료와 강의 내용을 접목시키기 위해 필자가 요구한 의도적인 질문에 고통스러워하는 학생도 있었다. 그러나 모두가 좀더 효과적인 강의를 위해서 필요한 작업이라는 나의 변명에 적극 협조해 주었고 자신들의 의견을 조목조목 제시해 주었다. 심지어 새로운 영상자료를 소개해주는 학생도 있었다.

이러한 시행착오와 학생들의 세세한 요구사항을 이 책에 다 반영하지 못한 것이 내내 아쉬움으로 남는다. 그 동안 나의 강의를 수강하여 고통을 받았던 경북대학교, 계명대학교, 대구대학교, 대구가톨릭대학교 수강생 여러분의 노고를 잊을 수 없을 것이다. 그 학생들 모두 나름대로 원하던 학업의 성과를 거두어 사회에서도 자신들의 역할을 다하고 항상 역사를 재미있는 과목으로 기억해 주기를 기원한다.

역사교육에서 영상자료를 활용하는 새로운 수업방법은 나의 독창적인 방법은 아니다. 오늘날 역사학의 위기를 이야기할 때 그 대안으로서 영상자료를 활용하자는 주장은 이미 있어 왔다. 또 영상자료를 활용한 새로운 수업방법을 많은 선생님들이 실행에 옮기고 있다. 그러나 필자는 여기에 만족하지 않고, 영상자료를 활용하는 역사수업을 좀더 확대하고 다양화해야 한다고 믿고 있다. 즉 영화나 다큐멘터리 등의 영상자료를 중심으로 중국의 역사뿐만 아니라 세계의 역사까지도 강의할 수 있다고 믿고 있다. 그것을 위해서 역사교육의 이론과 방법론적인 탐구까지 확대되어야 한다는 것이 나의 욕심이다.

처음에 대학에서 역사과목을 강의할 때 필자는 대부분 문헌자료를 토대로 한 실증적 연구성과에 토대를 두고 주입식 강의방식을 따랐다. 이와 같은 강의방법은 풍부한 역사적 지식과 정보를 제공하는 데는 확실히 강점이 있다. 그러나 학생들에게 역사에 대한 흥미와 관심을 불러일으키기에는 부족하였다. 즉 "역사는 재미있다" 라는 나의 주장에 학생들이 동의하도록 하는 데는 실패하였다. 그래서 막연하게나마 영상자료의 활용이 역사수업에 효과적이라는 생각을 갖게 되었다.

그 대안을 찾고 있던 필자에게 기회가 왔다. 역사교육학계에서 역사학의 위기를 극복하기 위한 대안으로 영상자료를 활용하는 수업방법에 대한 새로운 모색이 시작되었던 것이다. 필자 역시 이 분야에 관심을 두고 간간이 영상자료를 모으고 있었고, 한두 번 시험삼아 학생들에게 보여주고 그 반응을 지켜보고 있었다. 역사교육을 전공하지 않은 필자로서는 이론적이고 방법론적으로 새로운 대안을 제시할 형편은 못되었다. 그런 상황에서 역사교육 전공자들의 대안 제시는 필자에게는 가뭄 속의 단비 같이 반가운 일이었다.

영상자료를 모으는 것은 어렵지 않았다. 최근 EBS를 중심으로 국내 공중파 TV와 케이블 TV에서 다양한 역사 관련 다큐멘터리를 방영하고, 중국에 대한 관심이 높아지면서 방송사들이 다투어 영상자료를 제작하고 방영하게 되었기 때문이다. 그 자료들을 살펴보면 중국의 역사와 세계의 역사를 개관하는 데 그다지 부족하지 않다. 특히 EBS와 히스토리 채널을 활용할 경우 필요한 자료는 거의 대부분 구할 수 있을 정도다. 시사적인 영상자료를 얻기 위해서는 공중파 방송국의 자료를 활용하면 그 또한 부족하지 않다.

그러나 많은 영상자료 가운데에서 필요한 자료를 선택하기란 쉽지 않았다. 다큐멘터리의 내용을 분석하고 그 성격을 평가하여 수업에 어떻게 활용할 것인가를 결정하는 것이 무척 어려웠다. 몇 번씩 돌려보고 내용을 메모하고, 역사적 사실과 비교해 보았다. 기회 닿는 대로 주변 선후배 선생님들과 자료를 돌려보며 조언을 듣기도 하였다. 정성일 선생님, 박제균 선생님, 김종건 선생님, 허중 선생님, 김진경 선생님, 박구철 선생님 등 많은 분들이 조언을 해 주셨다. 그 분들의 권유와 충고는 영상자료의 선택과 그 가치를 평가하는 데 중요한 기준이 되었다.

영상자료의 내용과 가치를 검토한 뒤 그 가운데에서 의미 있다고 판단되는 자료들을 최종적으로 학생들에게 소개하였다. 그리고 그들의 반응에 따라 어느 것을 선택할 것인지 결정하였다. 이와 같은 방법으로 최근 3년 동안 대략 50여 편의 중국 관련 영상자료를 학생들에게 보여주었다. 그리고 학생들의 반응과 평가를 참조하여 그 가운데 2편의 영화와

30여 편의 다큐멘터리를 선택하였다.

이렇게 다양한 영상자료를 선택하였다고 하더라도 효과적으로 활용하기 위해서는 교재가 필요하였다. 그러나 시중에 적절한 교재가 눈에 띄지 않았다. 그 동안 중국사와 관련한 개설서와 전문 서적들을 선택하여 참고도서로 학생들에게 소개하고 강의에 활용하였지만, 항상 영상자료를 활용하는 부분에서는 부족함을 메우기 쉽지 않았다. 이에 만족스럽지는 못하지만, 영상자료를 중심으로 중국의 역사를 강의하는 데 적합한 교재를 만들기로 한 것이다.

그러나 막상 책을 출판하려고 하니, 그다지 새로운 책도 아니고 별로 재미도 없는 책이라는 질책을 받지 않을까 걱정되었다. 이런 두려움에도 불구하고 용기를 내어 출판을 결심한 것은, 그 동안 필자가 수집한 영상자료를 분석하고 강의를 통해 축적된 시행착오들을 한 번쯤 정리해야 하지 않을까 하는 판단 때문이다. 나의 저술 의도에 대해 여러 전문가와 선생님들의 평가를 받고 싶다는 마음도 절실하였다.

출판에 즈음해서 필자가 바라는 것은, 이 책이 역사교육학계의 새로운 방법론적 검토에 충실히 부응하는 책이 되지는 못할지라도, 향후 영상자료를 활용하는 역사교육에 대한 관심을 불러일으키는 하나의 계기가 되었으면 한다. 그리고 필자의 궁극적인 목적이라고 할 수 있는 '영상자료를 활용한 세계사 교육'이라는 목표에 도달하기 위한 첫 번째 시도이기도 하기 때문에, 향후 이 책을 이용하여 강의를 진행하는 동안 개선방안을 찾아 계속 보완하여 완성시킬 수 있도록 하겠다.

마지막으로 이 책이 나올 때까지 필자에게 힘과 용기를 주시고 원고 작성을 도와주신 분들께 감사를 표하고 싶다. 먼저 항상 제자들에게 용기를 주시고, '가난한 선비'에게 역사공부의 즐거움을 알게 해 주신 경북대학교 사범대학 역사교육과 김한식 교수님께 감사드린다. 그리고 영상을 활용한 역사교육에 적합한 강의를 개설하고 맡겨주신 대구대학교 사범대학 역사교육과 장의식 교수님, 대구가톨릭대학교 사범대학 역사교육과 이경규 교수님께 감사드린다. 두 분 교수님은 강의시간에 VTR을 보여주는 것이 자칫 강의를 소홀히 하는 것으로 비춰졌을지도 모르던 시절부터 지금까지 필자를 믿고 강의를 맡겨주셨다. 그리고 필자의 원고를 흔쾌히 출판해 주신 오일주 사장님과 이 책을 필자보다 더 애착을 갖고 교정을 보아준 도서출판 혜안의 김현숙 편집장님께 깊이 감사드린다.

또한 낮은 사람들의 교회 정성일 목사님과 교회의 모든 형제 자매님들의 기도와 성원에 깊이 감사드린다. 정성일 목사님은 교회에 공간적인 여유가 없음에도 불구하고 2년 동안 필자에게 따로 연구공간을 마련해 주시고, 이 책의 원고를 작성하는 것까지도 도와주셨다. 정말 뭐라 감사드려야 할지 모르겠다.

그리고 무엇보다도 나의 가족들에게 감사한다. 아들이 하는 일은 무엇이든 중요한 것이라고 생각하시고 믿어주시는 어머니, 남편을 위해 크고 작은 수고를 다한 아내 최정순, 아빠가 하는 일이 아직도 뭔지 잘 모르는 유림이와 나희, 그리고 재성이에게 이 책을 보여주고 자랑하고 싶다.

2004년 8월
낮은 사람들의 교회에서 이학로 씀

차 례

제2부 중국사 시대개관 및 영상자료 · 63

14

머리말

최근 대학교육에서 가장 많은 논의가 되고 있는 주제가 인문학의 위기다. 많은 인문계열 학과가 통폐합되거나 학과의 명칭이 변경되기도 하고, 심지어는 학과가 없어지기도 한다. 이러한 경향은 인문학 계열의 학과뿐만 아니라, 기초학문이라고 할 수 있는 사회과학과 자연과학 계열의 경우도 마찬가지이다. 교육에서 기초학문의 역할은 새삼 강조할 필요가 없을 것이다. 이러한 기초학문에 닥친 위기는 대학교육에서 실용주의 경향이 강조되면서 나타난 것이라는 점에서 피할 수 없는 현상이라고 할 수 있다. 그러나 그것만이 모든 원인은 아닐 것이다. 역사연구자들이 급변하는 현대 사회의 변화에 적절히 대응하지 못했고, 뼈아픈 자기 성찰과 대안 제시가 소홀했다는 비판도 만만치 않다.

인문학의 위기는 역사학의 위기라고 할 수 있다. 이는 현실적으로 역사학 전공자가 졸업 후 미래에 대해 보장을 받기 어려운 상황을 초래하여, 그 위기의식이 점차 높아져 가고 있다. 그러나 더 큰 위기는 역사학 자체에 대한 일반 대중의 관심이 점차 멀어져 가고 있다는 점에 있다. 역사학이 인문학의 기초이고 학문 발전의 토대가 된다는 원칙적인 강조만으로는 극복할 수 없는 거대한 도전이 시작되고 있는 것이다.

이 같은 역사학의 위기를 절감한 역사가들 사이에서 최근 다양한 대안이 제시되고 있다. 전통적인 역사학의 지위를 고집하지 않고, 과감하게 역사학의 관심 분야와 영역을 넓히고, 새로운 역사 연구 및 교육 방법과 자료를 개발하고, 역사학을 일부 전공자의 전유물이 아닌 일반 대중과 공감할 수 있는 역사학으로 바꾸려는 변화를 시도하고 있다.

새로운 시대적 요청에 따라 역사학이 변해야 한다는 점에 대해서는 대체로 역사 전공자들이 동의하고 있다. 그리고 새로운 변화를 위한 시도나, 구체적 대안을 제시하기 위한 다양한 방법에 대한 토론과 연구가 진행되고 있다. 이러한 현상은 역사학을 전공하고 대학에서 역사교육을 담당하고 있는 필자에게는 반가운 일이고, 여기에 동참하는 데 주저할 이유가 없다.

필자는 새로운 변화 속에서 새로운 방법의 도입을 모색하는 시도가 중등학교뿐 아니라, 대학교에서도 실천되어야 한다고 생각한다. 모든 역사 전공자들의 요구에 부합되고 합의된 역사교육방법론을 제시하고, 이를 직접 역사교육에 시도하기에는 아직 시기상조일지 모른다. 그러나 역사 전공자는 각각의 대안 제시에서 그칠 것이 아니라, 현재의 조건과 상황에서 나름의 방법을 시도할 필요가 있다고 생각한다.

최근 한국 역사교육학 분야에서 활발하게 논의되고 있는 새로운 방법 중 하나가 영상자료의 활용이다. 1998년 중앙대학교 사학과 창설 40주년 기념 학술 심포지움의 공동주제가 '역사교육의 대중화 문제'였고, 2000년 전국 역사학 대회의 공동주제가 '역사학과 지식정보사회'였으며, 2001년 전국 역사학 대회의 공동주제는 '역사에서의 공공성과 국가'로 '정보화 시대의 영상역사학'에 대한 논문들이 발표되었다. 이러한 상황에서 영상자료를 활용하는 역사교육의 방법론적 대안을 적극적으로 제시한 연구자들도 있었으며, 대학원에서도 역사교육 전공자들의 구체적 연구성과가 나왔다. 이에 영화와 다큐멘터리를 비롯한 다양한 영상자료를 역사교육에 어떻게 활용할 것인가에 대한 논의가 시작되었다.

현재 서구에서도 역사학의 대중화와 역사교육의 변신을 도모하는 과정에서 영상자료를 활용하는 방법론적 시도가 이루어지고 있다. 예를 들면 최근 국내에 번역된 『영화로 본 새로운 역사』[1]라는 책이 있다. 이 책은 미국역사가협회(The Society of American Historians) 주관으로 마크 칸즈(Mark C. Cans)가 책임 편집을 맡고 60여 명의 쟁쟁한 역사가들이 참여하여 펴낸 책이다. 이 책은 역사학의 위기 속에서 새로운 대안으로 영화를 역사교육에 활용할 수 있는 가능성을 열었다는 점에서 높이 평가할 수 있다. 이 책은 각각의 영화를 해당 분야의 역사 전공자가 분석하고 해설하여 이를 역사교육에 활용하는 방법을 제시한 것이다.

영상자료를 활용하는 역사교육에 대해서는 필자도 그 가치를 주목하고 있었다. 그동안 필자는 대학에서의 역사교육이 갖는 위상 변화에 주목하고, 매학기 제기된 학생들의 요구를 수용하면서, 새로운 역사교육의 방법을 강구하였다. 그래서 5년 전부터 다양한 매체를 통해서 제작·방영된 역사 관련 영상자료를 수집하여, 이를 대학의 역사교육에 효과적으로 접목시키는 방법을 다각도로 모색해 왔다. 이 책은 새로운 역사교육의 변화에 주목하면서, 그동안 필자가 시도해 보았던 경험의 결과를 토대로 작성된 것이다.

지금까지 발표된 여러 연구결과와 마찬가지로, 필자도 영상자료를 활용한 역사교육이 학생들로부터 효과적이었다는 평가를 받았다. 학생들은 역사 주제에 대한 이해와 학습의 집중력이 높아지는 효과를 경험하였다고 하였다. 또 문헌자료를 통한 일방적 주입식 강의에서는 경험할 수 없었던 생생한 자료 화면을 통해 중국사의 각 시대적 상황과 역사적 사건 및 인물에 대해 쉽게 이해할 수 있었다고 하였다. 필자가

---

1) *Past Imperfect : History According to the Movies* (New York, Henry Holt, 1996).

강의에 활용한 영상자료는 대부분 역사 관련 다큐멘터리 필름이다. 다큐멘터리 영상물일 경우에는 사전 준비가 필수적이다. 학생들이 영상자료에 대한 지식과 정보가 없는 상태로 수업에 참여하였을 경우, 영상을 통한 상황 전달 효과는 일정하게 거둘 수 있었지만, 내용의 전달 및 분석에서는 많은 한계를 드러냈다. 따라서 영상자료를 활용한 역사교육에서는 관련 자료의 내용과 특성을 제시해주는 교재가 학생과 교사 모두에게 필요하다.

이 책의 주요한 목적은 영상자료를 활용하여 역사교육을 어떻게 효과적으로 진행할 것인가의 문제를 방법론적으로 검토하고, 나아가 구체적으로 중국사 강의와 영상자료를 어떻게 접목시킬 것인가에 있다. 그러므로 이 책의 구성도 이 같은 과제를 원활하게 수행할 수 있는 방향으로 이루어졌다.

이 책은 전체적으로 세 개의 주제로 구성되어 있다.

먼저 첫 번째 주제는 제1부에서 다루고 있는 영상을 활용한 역사교육의 방법론이다. 기존의 국내의 연구성과를 바탕으로 영상을 활용한 역사교육의 방법론을 검토해 본 후, 이 책의 저술 의도 및 구성 그리고 이것을 강의에 어떻게 활용할지에 대해 서술하였다. 즉 영상자료를 활용하여 역사교육을 어떻게 수행할 것인가의 이론적 검토와 실천 방안의 강구에 초점을 두고 있다.

두 번째 주제는 제2부에서 다루었는데, 역사교육에 활용할 수 있는 영상자료를 중국 역사 수업에 적용하는 데 필요한 시대사 개관을 제시한다. 영상자료는 특정한 주제를 집중적으로 다루고 있기 때문에 시대사적인 개관이나 이해 없이 수업에 참가하였을 때는 의도한 성과를 얻기 어렵다. 그래서 이 책에서는 중국의 역사를 ① 중국 문명의 탄생, ② 고대 중국의 역사, ③ 중세 중국의 역사, ④ 근세 중국의 역사, ⑤

근현대 중국의 역사로 구분하여 각 시대의 역사적 상황을 개관하였다.

세 번째 주제는 제2부에서 영상자료를 소개하였다. 영상자료의 소개이다. 영상자료들은 제2부의 시대사 개관에 해당되는 것들로서, 시대사에 따라 구분하여 배치하였다. 주로 TV를 통해서 방영된 적이 있는 영상 다큐멘터리 자료들인데, 필자가 그동안 녹화한 것을 중심으로 영상자료를 제시하였다. 그런데 최근 4~5년간 TV를 통해 방영된 중국사 관련 영상자료가 많지 않고, 그 중 일부는 강의에 사용하기에는 분량과 내용에서 적합하지 않았다. 따라서 그동안 실제 수업에 활용하여 효과적이었다고 판단된 자료를 중심으로 소개하였다. 그러다 보니 영상자료들이 엄밀한 분석과 평가를 거친 것이 아니라 필자 나름의 활용 경험에 근거하여 선택하였다는 점에서 한계를 가질 수밖에 없다. 새로운 영상자료를 활용한 역사교육의 방법론적 시도를 위해 다소 무리한 선택이 있었을 것임은 인정하지 않을 수 없다.

새로운 역사교육의 방법론적 검토가 미흡한 이 한 권의 책으로 만족스러운 성과를 얻을 수는 없을 것이다. 따라서 향후 영상자료를 활용한 역사교육 분야는, 동양사, 세계사 등 다양한 주제를 발굴하여 그 영역을 넓혀 나가야 할 것이고, 또 자료 분석과 활용방법도 다각도로 검토해야할 것이다. 역사교육에 있어서 영상자료 활용에 대한 방법론을 제시한 것에 대해 역사연구자들이 그 한계를 검토하고, 앞으로의 연구방향 설정에 도움이 되기를 바란다.

제1부 역사교육과 영상자료

제1장 현대 역사교육방법론의 변화

1. 현대 역사교육의 위기

19세기 이래 근대 역사학은 기본적으로 근대 민족국가의 이데올로기적 요구에 부응하여 성장해 왔다. 해방 이후 한국의 역사교육도 역사교육의 내용에 당시 정부의 이념과 정책을 반영하기 위하여 특히 국사교육의 강화 방침으로 굳건한 자리를 차지하여 왔다. 그러나, 현재 한국의 역사교육은 일종의 위기에 빠져 있다. 중학교에서는 국사와 세계사가 사회과의 일부로 다루어지고 있고, 고등학교에서 세계사는 이미 선택과목으로 전락된 지 오래되었다. 한국 근·현대사 또한 선택과목이 되면서 고등학생들 가운데는 한국 근·현대사를 접해 보지 못한 채 대학이나 사회에 나가는 학생들이 증가할 것이다.

이러한 위기의식에 따라 2003년 역사교육연구회와 전국역사교사모임의 공동학술대회가 열렸고, 그 주제가 '역사과 교육과정과 세계사 교육의 진로'였다. 그리고 2004년 청람사학회와 한국교원대학교 역사교육과가 공동 주관하는 여름 현장 교육 세미나의 주제도 '세계사 교육의 과제와 전망'으로서, 현재 중등학교에서의 세계사 교육의 부재에 대한 타개책이 심각하게 논의되고 있다.

대학에서도 '진보주의', '실용주의' 사상의 유행으로 역사연구의 필요성은 물론 역사교육의 당위성마저 크게 위협 받고 있다. 대학의 구조

조정 혹은 개혁 프로그램은 실용적 학문의 추구라는 구호로 집약되고, 역사학은 구조 조정의 대상이 되는 것 같다.

지금 대학에서 역사학을 전공한 졸업생들은 취업의 장벽 앞에 서성이고, 대중들은 역사드라마는 즐기지만 현실적으로 경제적 도움을 주지 못하는 역사학을 외면하고 있다. 그러니 역사학 전공자들은 설 자리가 없고, 대학에서 역사학을 전공하려는 학생들이 줄어들고 있다.

역사학의 위기를 초래한 이유에 대해서는, 역사학자들이 대중(수강 학생)의 흥미를 고려하지 않아 골치 아픈 학과목으로 여기게 만들었으며, 역사학이 갖는 학문적 폐쇄성 때문에 역사지식의 대중적 확산을 저해하였다는 지적이 있다. 그리고, 국가의 국사 교육 강화방침으로 마련된 자리에 안주하고, 역사 전공자들의 다양한 직업선택을 위한 현실적인 준비를 게을리했다는 것이다.

그동안 역사가들은 사회변동에 무관심하고, 자신의 어떤 역할과 방법론 등에 대한 성찰을 소홀히 하는 경향이 있었다. 또한 대중 및 학생과 멀리 떨어져 매우 세분화되고 전문적인 역사적 개념만을 다루며 자신이 연구하는 특정 영역에만 몰두해 왔다.

그러나 교육의 실용주의가 강력히 추진되면서 이제 학문활동에도 경쟁의 논리가 적용되고 있다. 이에 역사가들은 먼저 역사를 살아있는 지식으로 교육하는 노력을 아끼지 않아야 하며, 대중에게 가까이 다가갈 수 있는 교육을 펴는 데 힘을 기울일 필요가 있다. 변화하는 시대에 맞추어 새로운 역사교육의 방법을 개척함으로써 대중과 친밀한 역사학으로 만들어야 할 것이다. 과학기술에 압도되어 인문학이 전체적으로 존폐의 기로에 놓여 있는 지금이야말로 역설적으로 역사학의 역할이 가장 절실히 필요한 때임을 대중이 인식할 수 있는 역사교육을 하여야겠다.

2. 역사교육의 새로운 방향 모색

현재의 정보화 추세에 역사학은 어떻게 변모하여야 할 것인가? 과거 문자를 중심으로 하였던 지식정보는 인터넷 시대에 들어 영상언어와 '지각적인 것(the Visual)'의 영향력이 증대되고 있다. 전자매체는 거대한 정보시장을 만들고, 사진과 영상기술은 강한 호소력을 발휘하며 정보시장에서 뚜렷한 위치를 구축해 왔다. 따라서 역사학의 대중화는 이 같은 영상-음향 자료의 영향력을 수용하는 데서 시작될 수 있다.

역사학계의 '역사교육의 위기'에 대한 여러 차례에 걸친 진지한 논의에도 불구하고, 중등학교의 현장 교육에서는 그 우려의 목소리는 높아져만 가고 있다. 사교육비 절감을 위한 EBS 방송의 열풍에 전국이 휩싸이고 있음에도 세계사 교육을 위한 방송은 찾아보기 어렵고, 대학입시 준비를 위한 고등학교 세계사 참고서는 시중에 두 권이 있을 뿐이다. 학생과 학부형은 세계사 과목을 선택하는 데 불안감을 갖고 있으며, 교사들 역시 참고할 도서도 부족하고 변변한 CD자료조차 갖추고 있지 못한 상황이다. 심지어 역사교사들 가운데는 대중에게 이끌려서 국사 교육만 담당하려는 안이함조차 보이고 있다. 그러나, 7차 교육과정의 실시와 함께 세계사뿐 아니라, 오랫동안 정부의 보호 아래 필수과목으로서 굳건한 위치를 점하고 있던 국사 교육도 예외없이 위기에 빠져 있다. 국사도 수능시험에서 수리집중 과정 학생은 시험을 치르지 않아도 되며, 인문집중 과정의 학생이라 하더라도 역사과목을 선택을 하지 않아도 된다. 수능에서 역사과목을 선택하지 않는 학생이나 학부모들은 당연히 내신에 필요한 공부를 원하기 때문에, 교사들은 역사수업을 제대로 하기 어려운 실정이다.

한국 역사교육의 이 같은 위기를 극복하기 위한 방향을 모색하기 위하여, 지금까지 역사학회에서 발표된 세계 각국의 역사교육 강화를 위한 실천적인 노력들을 살펴보는 것이 도움이 될 것이다.

미국은 1960~70년대에 '역사교육의 위기'를 맞았다. 그리고 1980~ 90년대는 역사교육의 위기에서 벗어나 역사교육이 강화되는 방향으로 사회 교육 과정이 개혁되는 시기였다. 이러한 역사교육의 강화 뒤에는 역사가들의 역사교육에 대한 관심 회복과 역사교육을 부흥시키려는 실천적인 노력이 있었다.

1960년대 미국은 베트남 전쟁, 마틴 루터 킹과 케네디 암살 등 사회적 인 급격한 변화 속에서 사회과를 중시하게 되었고, 반면 역사교육, 특히 세계사 교육은 존폐의 위기에 처하게 되었다. 이에 역사학자들은 집단적으로 역사교육을 살리기 위한 노력에 나섰다. 특히 역사교육의 위기가 심각해진 1980년에는 미국역사협회(American Historical Asso- ciation), 미국역사가조직(the Organization of American Historians), 미국 사회과위원회(the National Council for the Social Studies)가 공동 세미나 를 통해 학교 현장 교사들, 대학교수들, 그리고 역사연구가들의 전문성 을 향상시키기 위해 역사교육연맹(the History Teaching Alliance)을 결 성하였다. 역사학자들은 현장 교사들과 직접교류하여 현장 문제를 인 식하고, 수업 모형이나 자료 개발에 적극 동참함으로써 역사교육의 위기를 극복하고자 하였다. 그 결과 1980년대 말 이후 사회과에서 역사 교육의 입지가 강화되었던 것이다. 사회변화와 사회요구에 부응하여 세계사 교육을 재구성하고 재정립하려 했던 역사학자들과 역사교육학 자들의 끊임없는 노력 덕분이었다.2)

영국에서는 1960년대에 시민사회의 역사학이라고 부를 수 있는 흐름 이 본격적으로 등장하기 시작하였다. 옥스퍼드의 러스킨 컬리지 역사

---

2) 강선주, 「미국 세계사 교육의 재정립-세계사 교육 강화를 위한 역사가들의 노력」(제44회 전국역사학대회 자료집 <공동주제 : 역사에서의 공공성과 국 가>), 2001.

교수였던 라파엘 사뮤엘(Raphael Samuel)이 성인 학생들과의 인터뷰를 통해 이야기식 역사서술을 개발해 내는 등 방법론적으로도 새로운 실험들이 이루어졌다. 여기에서 발전한 '역사작업장(History Workshop)' 운동은 지역사 프로젝트, 민중사, 이야기 역사, 텔레비전 다큐멘터리, 연극, 영화, 수필, 주민박물관 등으로 그 장을 넓혀 가면서 시민사회의 역사학을 확립하는 데 결정적인 기여를 하였다. 이를 통해 영국의 노동대중은 역사의 생산자이자 연구자이며 소비자가 되었다.3)

프랑스의 경우에는 '지역공동체박물관(Community Museum)' 프로젝트, 즉 '환경박물관(Ecomuseum)'에서 찾을 수 있을 것이다. '환경박물관'은 지역 공동체의 문화와 역사 그리고 자연사를 생생하게 보여주는 것을 지향하며, 박물관의 운영과 기획에도 전문 스텝과 더불어 주민들이 자원봉사 차원에서 직접 참여하는 경영방식을 취하고 있다. 환경박물관은 주민들의 현재적 삶과 역사를 자연스럽게 묶어 줌으로써, '대중의 역사화'를 성공적으로 수행하는 것 같다.4)

일본에서는 제2차대전의 패배 후 역사교육자와 역사연구자들이 함께 실천적인 운동으로서 '국민적 역사학' 운동을 전개하였다. 이 운동은 1950년대 초 민주주의과학자협의회 역사학부회가 중심이 되어 전개한 운동이었다. 활동 내용은 '민족예술을 만드는 모임'이나 '民畵의 모임'을 통한 활동, '어머니의 역사' 또는 '직장의 역사', '공장의 역사'를 쓰는 활동, 역사교과서 비판 활동, 역사인형극 제작 등 다양했다. 이러한 운동들은 일반인과 학생들에게 역사를 친숙한 학문으로 만들어 주는 역할을 하였다. 하지만 역사에 대해 보다 깊은 이해에 이르지 못하고,

---

3) 리차드 크로커, 「20세기 영국 노동계급을 위한 역사서술」, 『역사비평』 38호, 1997, 331~345쪽 ; 임지현, 「역사의 대중화, 대중의 역사학―시민사회의 역사학을 향하여」, 『중앙사론』 10 · 11합집, 1998, 661쪽.
4) 임지현, 위의 논문, 662쪽.

너무 정치적 성향이 강하다는 참가자들의 비판을 받아 1950년대 중반
이후 급속히 쇠퇴하였다.5)

대중의 역사화 혹은 역사의 대중화 작업이 뿌리내린 나라들에서
공통적으로 보이는 특징은 역사가들의 활발한 현실 참여다. 역사교육
은 학교뿐 아니라, 각종 시민단체, 민간연구소, 대학, 정당 등이 마련한
다양한 성인 교육 프로그램에서도 시행된다. 역사의 대중화를 위한
전문 역사가들의 노력은 저술과 강연에만 머무는 것이 아니다. 영상매
체에 대한 대중의 관심에 주목하여 다큐멘터리 등은 물론이고 영화와
연극 등의 제작에 관심을 기울이는 역사가들도 등장하였다. BBC의
고전적 다큐멘터리 「인간의 역사」 제작을 감수하고 직접 해설까지
맡은 브로노프스키(Bronowski)는 말할 것도 없고, 최근에 와서는 영화
「마르틴 기어의 귀향」 제작에 참여한 미국의 여성사가 나탈리 데이비스
(Natalie Davies) 등이 그들이다.

또 '미국역사가협회(Society of American Historians)'가 주관하고 마
이클 그랜트(Michael Grant), 로버트 단튼(Robert Darnton), 피터 게이
(Peter Gay) 등 60여 명의 쟁쟁한 역사가들이 참여하여 펴낸, 영화를
통한 역사보기 『완벽하지 않은 과거(Past Imperfect : History According
to the Movies)』도 같은 맥락에서 주목된다. 이 책은 고대에서 현대에
이르기까지 역사적으로 중요한 인물과 사건을 다룬 영화들을 일종의
역사책으로 재구성한 것이다. 해당 영화를 보고 원고를 집필한 사람들
은 그들이 다루고 있는 시대와 주제에 관한 한 최고 수준의 사가들이라
고 할 수 있다.6)

---

5) 조명철, 「전후 일본의 역사학－역사의 대중화와 역사의식」, 『중앙사론』 제10
   ・11, 690쪽.
6) 예를 들면 영화 「율리우스 카이사르(Julius Casear)」에 관해서는 유명한 고대사
   가인 마이클 그랜트(Michael Grant), 잔다르크와 관련된 세 편의 영화는 여성사

그러나 영화가 가지는 문제점도 있다. 최근 미국의 일부 역사가들은 할리우드가 역사를 얼마나 많이 그리고 어떻게 왜곡해 왔는지를 밝히는 작업에 활발하게 참여하고 있다. 상업주의의 상징으로 간주되는 할리우드를 향해 역사와 관련된 영화를 만들 때 좀더 역사에 충실하라고 주문하는 것은 무리일 것이다. 그러나 할리우드 영화가 대중에게 주는 폭발적인 영향력을 감안할 때, 역사가들이 할리우드 영화를 통한 역사적 사실에 대한 왜곡과 비틀린 시각을 지적하고 바로잡아 주는 일은 계속되어야 할 것이다.[7]

지금은 역사학의 위기가 아니라 전환기다. 새롭게 태어나는 역사학, 국가권력에 따라 움직이는 역사학이 아닌 시민사회와 작은 진보를 함께하는 역사학이 되어야할 것이다.

역사의 대중화라면 학교에서의 역사교육과 함께 대중을 대상으로 한 역사책, 영상물, 소설 및 공개 강의 등을 들 수 있다. 그러나 역사의 대중화를 지나치게 강조할 경우 자칫 전문화를 소홀히 할 수도 있다. 이 역시 올바른 방향이라고는 할 수 없다. 대중화와 함께 전문화가 동시에 이루어져야 할 것이다. 역사의 전문성과 대중성은 상호 모순이 아니라 보완 관계에 있기 때문이다.

지금 활발하게 활용되고 있는 인터넷은 문자언어에 토대를 두고 과거를 연구해 온 전문 역사가들에게 새로운 변신을 강요하고 있다.

가인 거더 러너(Gerda Lerner), 「당통(Danton)」은 프랑스사가인 로버트 단튼(Robert Darton) 「영화의 깃발(Glory)」은 남북전쟁 전문가인 미국사학자 제임스 맥퍼슨(James M. MoPherson), 「프로이트(Freud)」는 사상가인 피터 게이(Peter Gay)가 담당한 것 등에서도 알 수 있듯이 역사학도라면 그 이름만 들어도 알 만한 대가들이 기꺼이 영화에 대한 글쓰기에 참여하였다(마크 C. 칸즈 외 지음, 손세호·강미경·김라합 옮김, 『영화로 본 새로운 역사』, 조합공동체 소나무, 1998).
7) 손세호, 「미국 영화계의 역사 인식 : 흑인 인종문제를 중심으로」, 제43회 전국사학대회 자료집, 2000.

디지털을 중심으로 하는 정보화는 피할 수 없는 추세고, 문자언어와 문헌 대신 영상언어와 '지각적인 것(the visual)'의 영향력은 계속 증대되고 있다.

서구 역사학계에서는 정보화가 갖는 역사적 의미에 대한 분석이 아직 본격화되지 않고 있지만, 최근 미국에서는 역사 영화에 대한 역사가들의 비평서들이 줄지어 출간되고 있다. 전문적인 미국사 학술지인 『미국사학보(*Jounal of American History*)』에서는 이미 10여 년 전부터 역사가들의 영화평(film review)을 게재하고 있다. 또한『미국역사학보(*American Historical Review*)』는 1992년 4월호(Vol. 97)에서 올리버 스톤 감독의 영화「JFK」에 대한 특집을 싣기도 했다.8) 독일 함부르크대학 국문학과 59개 개설과목 중에는「허구적 기록영화」·「90년대의 TV드라마」같은 영상 매체 관련 강의가 21개나 포함되어 있다.9)

한국에서도 최근 외국에서 공부하고 돌아온 소장연구자들에 의해 교양과목으로서「영화속의 역사읽기」같은 강의들이 시도되고 있고, 몇몇 대학의 사학과에서는 영상기록의 중요성을 인식하여「영상역사학」강의 개설을 준비하고 있다. 전문 역사가들의 단체인 한국역사연구회에서도 '영상역사연구반'을 운영하는 등 영상역사학에 대한 관심이 고조되고 있다. 이 밖에도 한국외국어대는 외국학종합연구센터 내에 '영상문화실'을 두어 다큐멘터리를 제작할 수 있는 인력을 양성하고 있다.10)

이 밖에 영상자료를 제작하고 있는 기관으로 문화재 연구소 예능민속

---

8) 마크칸즈 외, 앞의 책.
9) 송전, 「유럽 인문학의 실상」『인문비평』창간호, 전국대학인문학연구소협의회, 2000.
10) www.kvi.re.kr 참조 ; 박경하, 「영상역사학의 현황과 과제」, 제44회 전국역사학대회 자료집, 2001.

연구실이 주요 무형문화재들을 제작하고 있으며, 몇몇 지방자치단체에서도 지정문화재에 대한 영상기록을 담고 있다. 영상자료를 수집 보관하고 있는 기관으로 문예진흥원 '예술자료관'은 1979년부터 주로 공연예술자료들을 보관하고 있다. 또한 한국 방송진흥원에서는 첨단 디지털 시스템을 이용하여 문화유산으로서 방송프로그램을 보존하고, 멀티미디어 산업의 육성을 목적으로 '디지털 아카이브 센터'11)를 운영하고 있다.

그러나, 현재 한국의 중등학교의 현장 교육에서는 한국사는 국정교과서의 안이함으로 시대의 흐름에 부응하는 재미있는 교과서가 되지 못하고, 불완전한 분류사에 바탕한 편집으로 교사·학생 모두가 내용 이해에 혼란을 겪고 있다. 특히 세계사 교육에서는 검정교과서의 장점을 살려 삽화를 포함시키고 다양한 읽기자료와 탐구자료를 제시하는 등 학생들에게 흥미를 자아내는 교과서로 편집되었으나, 교사나 학생들이 참고할 만한 자료는 매우 적다. 국사 관련 서적과 자료는 수십 개에 이르는 데 비해, 세계사 관련 참고서적이나 영상자료는 겨우 한두 개에 불과한 실정이다. 자료 제작 면에서도 한국사의 경우 TV에서 상영된 역사 다큐멘터리를 중요 주제를 중심으로 CD로 편집 제작하여 수업에 활용할 수 있게 하고 있으나(전국역사교사모임 국사 영상 수업 지도안), 세계사 관련 동영상 자료의 편집물은 찾아보기 힘들다. 이는 역사교사마저 대중에게 이끌려 국사교육에만 안주하고, 세계사 교육은 외면하고 있음을 보여주는 것이다.

그나마 매년 전국역사교사모임과 역사교육학회의 공동 주최로 학회가 열리고 있고, 각 대학에서도 대학 교수와 중등학교 교사가 공동연구하는 학회가 열리고 있으나, 현장 교사들의 학회 참여도가 낮아 전체

---

11) www.archive.kbi.re.kr 참조 ; 박경하, 앞의 논문.

역사교사들에게 파급이 되지 않고 있다. 한편, 영상을 활용한 역사교육에 관한 논문은 영화와 국내 KBS의 역사다큐멘터리를 중심으로 여러 편 나와 있으나, 실제 수업에 활용할 수 있는 역사 내용까지 담은 역사학자의 저서는 이재광·김진희의『영화로 쓰는 세계경제사—15세기에서 19세기까지』(혜윰, 1999)[12] 정도고, 다양한 역사 다큐멘터리 프로그램 내용을 담고 분석을 가한 책은 찾아볼 수 없다. 또 '교육방송연구회'에서 매년 초·중·고 교사들의 교육방송연구논문을 공모하는 데, 1996년에서 2003년까지의 당선작을 보면 총 504편 가운데 역사과 논문은 겨우 4편에 불과하다.

  현대인에게 TV를 비롯한 영상매체는 생활의 일부이며, 사람들은 영상을 통해 자연스럽게 많은 양의 역사 지식을 접한다. 외국의 사례에서 보듯이 역사교육자와 역사연구자들은 정보화시대를 맞이하여 다양한 영상자료를 활용하여 대중에게 가까이 다가가 의미있고 정확한 역사지식을 보급하는 데 힘을 기울여야 할 것이다.

---

12) 1492년 콜럼버스의 신대륙 발견에서 19세기 제국주의 시대까지의 영화를 소개하면서 세계경제의 격동을 그렸다.

제2장 영상자료와 역사교육

1. 영상자료의 개념과 종류

역사교재는 흔히 교과서를 비롯한 각종 인쇄물 등의 문자자료와 사진, 삽화, 슬라이드, 필름 등 비(非)문자 자료로 구분하거나, 과거의 직접적인 유물과 유적, 기록물, 문서 등 1차 자료와 후대 사람들이 과거를 해석하여 제시한 각종 문헌 등의 2차 자료로 나눈다. 대표적인 역사 교재는 교과서, 시각자료(지도, 연표, 사진, 그림, 슬라이드), 사료, 문학작품, 시사자료, 박물관자료, 영상자료(텔레비전 프로그램, 영화), 컴퓨터자료 등으로 분류한다.

현대사회에서 일상적으로 접하는 시청각 매체는 영화, 비디오, 사진 (Slide), 컴퓨터 및 신문, 잡지, 광고 등 다양한 형태가 있다. 이 중에서 시각과 청각 기능을 모두 필요로 하는 다감각 교수매체자료를 일반적으로 영상자료라고 한다. 이러한 다감각 교수매체의 가장 대표적인 것이 영화와 텔레비전이다.

컴퓨터나 VTR 같은 영상매체가 발달하기 전에 역사 강의에서 가장 많이 사용된 것이 슬라이드였다. 슬라이드는 사진을 벽면 전체에 크게 보여줄 수 있는 장점을 지니고 있으나, 제작과 준비 과정에서 비용이나 시간이 많이 들고 동영상이 없어 현대의 정보화 사회에 뒤떨어지는 감이 있다.

영상자료 가운데 역사 수업에 이용할 수 있는 대표적인 것이 영상기록, 영화와 TV에서 제작 방송되는 다큐멘터리일 것이다. 영상 역사물은 다큐멘터리, 사극, 영화, 에니메이션 등 다양한 형태가 있다.

다큐멘터리는 다시 약간의 가공을 거쳐 분류·분리한 기록 필름, 정통 다큐멘터리, 그리고 다른 장르의 기법을 차용한 변형 다큐멘터리로 나눌 수 있다. 그러나 크게 보면 역사적 사실에 토대를 두고 이를 실증적으로 재현하고자 노력한 다큐멘터리와 역사적 사실을 상상력을 통해 극으로 재구성해 낸 극화형식으로 구분할 수 있다.

TV 다큐멘터리는 다른 영상 장르에 비해 '사실'과 그 사실을 어떻게 '재구성'할 것인가에 초점을 맞춘다. 다큐멘터리(documentary)라는 용어를 처음 사용한 그리어슨은 다큐멘터리를 '내적 진실에 도달하기 위해 사실에 창조적으로 접근해 실체를 재구성'하는 TV 프로그램이나 사실적 영화라고 정의했다.[13] 이렇게 봤을 때, TV 역사 다큐멘터리는 과거의 역사적 진실에 도달하기 위해 현재 남겨진 다양한 사료와 관련자들의 증언, 역사가들의 연구성과를 TV라는 영상매체의 형태로 창조적으로 재구성해 낸 방송의 한 장르'라고 할 수 있을 것이다.[14]

영상자료 가운데 가장 흥미를 불러일으키기 좋은 자료는 역사와 관련된 영화일 것이다. 역사교육에서 활용할 수 있는 영화는 많은 편이다. 특히 역사적 인물, 역사적 사건을 다루는 영화는 시대적 상황에 대한 이해와 인물에 대한 평가 등을 뚜렷이 할 수 있다는 장점이 있다. 특히 하나의 시나리오를 통해 극화되고 흥미를 끌기 위한 허구성이 가미되어 있어서, 학생들이 호감을 품고 집중할 수 있다는 장점이 있다. 그러나, 영화는 그 자체가 상업적인 목적으로 제작되고 흥미위주의

---

13) 김사승, 「다큐멘터리란 무엇인가」(BBC 다큐멘터리 제작특강), 2000. 2. 7.
14) 홍성연, 『영상 역사서술의 특성과 교육적 적용—TV다큐멘터리 <역사스페셜>을 중심으로』, 서울대학교, 2001, 21~22쪽.

제작 과정을 거치기 때문에 역사적 사실을 왜곡하고 심지어는 근거 없는 사실을 실재인 양 오해하게 만드는 경우가 많다. 그래서 영화를 역사교육에 활용하는 문제에 대해서는 일찍부터 비판이 많았다.

영화와는 달리 TV 등에서 제작 방영하는 다큐멘터리는 쉽게 흥미를 불러일으키는 영화적 요소와 1차 사료적 가치를 갖는 영상기록의 특성을 모두 갖춘 자료다. 즉 학생들에게 사실에 입각한 영상기록을 재구성하여 설명해 줄 수 있다는 점에서 흥미와 교육적 효과를 동시에 거둘 수 있는 것이다. TV 역사 다큐멘터리를 보면, 그 주제와 관련된 전문가와 다양한 영상자료가 활용된다. 경우에 따라서는 문자로 된 역사저술보다 더 효과적이라고 할 수 있을 정도다.

한편, 영상기록은 그 선택과 편집 및 제작 의도에서 제3의 요인에 의해 어느 한쪽으로 치우쳐 사실을 왜곡하여 전달할 수 있다는 약점을 안고 있다. 대중을 잘못된 역사 이해로 몰고 간 데에는, 시대극 영화에 대한 전문 역사학자의 방관도 일정하게 역할을 했다고 할 수 있다.

현재 역사 관련 TV 다큐멘터리는 많이 제작되고 있으며, 전문역사가들도 여기에 직·간접적으로 참가하고 있다. 이러한 추세를 염두에 둘 때, 전문 역사가가 참여하여 만들어지는 역사다큐멘터리의 결과물에 대한 분석작업도 새롭게 요청된다 하겠다. 지금까지는 이러한 부분에 대한 역사연구자들의 검토작업은 거의 이루어지지 않고 있지만, 이는 역사가에게 새롭게 주어진, 거부할 수 없는 이 시대의 실천적 역사학의 한 측면이라 할 것이다.[15]

---

15) 김기덕, 『역사가와 다큐멘터리―〈역사스페셜〉의 사례를 중심으로―』, 『사학연구』 65집, 2002.

2. 영상자료의 교육적 효과

학생들의 학습장애나 불만을 일으키는 반복적인 강의식 교수방식의 한 대안으로 영상자료의 활용이 고려될 수 있다. 영상을 활용한 교육은 역사교육에서뿐 아니라 대부분의 교과목에서 지진아나 지능이 높은 학생들 모두에게 효과가 있는 것으로 증명되었다.[16]

역사수업에 활용할 수 있는 영상자료에는 역사적 사건이나 인물을 소재로 한 텔레비전 드라마나 다큐멘터리 프로그램, 역사를 소재로 한 영화 등이 있는데, 이들 자료는 학생들의 흥미와 관심을 진작시키고 생동감을 줌으로써 학습효과를 높일 수 있다. 영상자료를 활용한 역사학습은 교실의 전통적인 의사소통 기술의 한계를 보완하여, 역사의식을 함양하고 역사적 문제에 의문을 제기할 수 있는 사고력을 기르는 데도 효과적이다. 이 같은 영상자료를 활용한 수업은 다음과 같은 몇 가지 유용성을 지니고 있다.[17]

첫째, 과거의 사건을 대리인인 배우들을 통해 재현해 보이는 드라마와 영화는 학습자의 학습동기와 흥미를 자극한다.

둘째, 교과서 같은 인쇄자료나 단순한 구두전달과는 달리 학생들의 역사적 상상력을 구체화시켜 생생하고 실감나는 역사상을 체험하게 한다.

셋째, 과거 여러 인물의 생각과 느낌, 행동을 간접경험함으로써 역사가 인간의 사고와 행위의 복합적인 산물임을 인식하게 한다.

넷째, 다양한 매체를 사용하는 영상자료 활용수업은, 구두로 표현하는 능력이 부족하거나 강의방식의 수업에만 의존하는 교사의 수업을

---

16) 김태연,『가정과 수업에서의 영상매체 활용효과에 관한 연구』, 중앙대학교, 1991, 9~10쪽 참조.
17) 정선영 외,『역사교육의 이해』, 三知院, 2003, 159~160쪽.

보완하는 데 적절하다.

　교수 목적으로 영화매체를 활용하는 것은 2차대전 당시 미국의 군대 교육을 통해 빠른 속도로 확산되기 시작하여 학교 교실로까지 파급되었다. 영상자료는 때로 획일적인 주입식 교수법이 되거나 전시 목적의 한 교수방법으로 소개되기도 한다. 그리고 시청각 매체나 교수공학적인 방법들이 마치 교수자를 대신해서 가르치고 교수자는 필요 없다고 생각되기도 한다. 그러나 교수자들이 그 자료들을 어떻게 활용하며, 그 속에서 어떠한 역할을 발휘할 것인가 하는 인간적인 측면(software)은 매우 중요하다. 그러함에도 불구하고 이 부분을 소홀히 한 결과 교수공학에 대해 부정적인 견해를 갖게 된 것이 아닌가 한다. 실제로 시청각매체나 자료들은 교수자의 수업목표나 내용과 부합되지 못한 채 별개의 것으로 분절될 수 있다.[18]

　역사연구와 기술의 방식은 크게 두 부류로 분류된다. 하나느 분석, 개념, 일반화, 체계화 등을 강조하는 과학적 혹은 이론적 역사서술인데, 이는 근대의 지배적인 역사서술법이었다. 그러나 근래에 들어와서 이같은 역사서술법이 역사학의 위기의 한 요인이었다는 반성 위에, 문학적 방식으로 과거를 서술하는 소위 문학적 혹은 기술적 역사서술법이 대두되고 있다.[19]

　영화나 다큐드라마를 통한 역사교육은 지배자 중심의 역사서술이 아니라 다양한 인물의 묘사를 통하여 소외된 사람들의 역사도 탐구하는 기회를 가질 수 있다. 또 내러티브 형태의 역사서술은 사건들을 연관시킴으로써 시간적으로 연관된 사건목록으로서의 연대기를 사건의 해석으로서의 역사로 변화시킨다.

---

18) 이성호,『교수방법론』, 학지사, 2003, 106·112쪽.

19) James A. Banks 저, 최병모 공역,『사회과 교수법과 교재연구』, 교육연구사, 1995, 214쪽.

학생들은 친숙하지 못한 분석적 설명 같은 서술형태보다는 이야기의 형태를 선호한다. 학생들은 일정한 구성형식을 갖춘 이야기를 의미하는 '내러티브(narritive)로 표현된 역사'에 큰 관심을 가지고 있으므로 역사소설이나 전기와 같은 이야기를 영화나 역사 다큐드라마로 이용하면 학생의 역사해석을 증진시킬 수 있을 것이다. 그러나, 내러티브를 대하는 독자들은 저자의 역사해석 관점이나 정확성에 대해 문제를 제기하는 대신, 잘 꾸며진 이야기를 그대로 역사사실로 믿어버리는 경향이 있다. 이러한 내러티브 형식에 길들여져 있는 학생들이 증거를 통해 결론을 도출하는 역사의 본질적 과업을 잘 수행하지 못한다는 지적도 있다.[20]

그러나 영상자료를 활용한 역사교육은 행위, 음향, 문자 그리고 다양한 영상 테크닉을 사용하여 시대적 배경이나 인과관계, 혹은 계급, 성, 지역과 같은 여러 범주의 동적이면서 종합적인 역사를 표현할 수 있다. 학생들은 이를 통해 한 시대의 시대적 분위기를 감성적으로 이해하고, 자유로운 상상력을 키울 수 있게 된다.

---

20) 정선영 외, 앞의 책, 254~256쪽.

제3장 영상자료의 활용방법론

1. 영상자료의 선택과 내용 분석

중등학교나 대학에서 개설되어 있는 많은 과목에서 수강생들의 이해도를 높이기 위해 다양한 영상자료가 활용되고 있다. 이 경우의 영상자료는 문자로 된 교재와 설명을 통한 강의에서 부족한 부분을 보완하는 성격이 강하고, 그 영상자료의 선택이 즉흥적인 경우가 많다. 경우에 따라서는 학생들에게 소개한 영상자료가 본래의 강의 내용을 보완할 수 있는 내용이 아닌 경우도 있고, 영상자료와 수업 내용과 관련성이 낮아서 시간을 낭비하는 경우도 있다. 따라서 신중한 자료의 선택과 적절하고 효과적인 영상자료의 활용이 필요하다.

학습교재나 자료를 선정할 때 일반적으로 고려하여야 할 점은 다음과 같다. 첫째, 학습내용에 적합한 자료인가, 둘째, 학습자의 수준에 맞는 난이도를 가지고 있는가, 셋째, 이용하기에 편리한 자료인가, 넷째, 자료의 내용이 오류와 편견에 치우치는 않았는가 등이다.

특히 역사수업에서는 학생들의 역사적 사고를 자극하는 자료, 새롭고 창의적인 역사해석을 담고 있는 자료, 역사적 감동과 역사의식을 일깨우는 자료가 효과적이다. 학생들의 홍미를 유발시키고 탐구를 유도하는 자료, 하나의 역사적 사실이나 사건에 대한 전통적인 해석을 담고 있는 자료와 새로운 각도나 관점에서 다른 견해를 제시하는 자료가 좋다. 교사는 가지고 있는 여러 역사교재 가운데 학습목표, 학습내용, 학습방법, 학생의 수준에 맞춰 수업에 사용할 자료를 선정한다.[21]

또한 지구적 시각에 입각한 새로운 세계사 교육 내용은 유럽중심적인 시각에서 벗어나 각 지역의 문화를 균형있게 취급하여야 한다. 그리고, 지역 간의 상호교류 및 상호 의존 현상을 이해하여야 한다. 또, 세계사에 나타난 주요한 사실에 대한 다양한 관점과 해석을 중시하고, 특히 논쟁 문제에 대한 다각적인 접근방법을 강조한다.[22] 이 책에서는 중국사를 중심으로 동아시아 세계의 교류와 발전을 알 수 있는 영상자료를 선택하고, 다양한 역사적 관점을 보여주는 자료를 균형있게 제시하고자 한다.

역사 수업을 위해 어떠한 영상자료를 활용할 것인가에 대한 선택기준은 쉽게 정하기 어렵다. 그것은 수업을 담당하는 교사의 수업 모형에 다양한 기준을 세울 수 있기 때문이다. 여기서는 필자의 경험을 토대로 영상자료의 선택에 대한 일반적인 기준을 제시하고자 한다.

우선 영상자료를 활용한 역사교육을 위해 주로 영화와 다큐멘터리를 위주로 설명을 하고자 한다. 현재 역사교육에 효과적으로 활용할 수 있는 영상자료는 주로 이 두 가지로 압축할 수 있기 때문이다. 거기에 최근에는 역사에 대한 관심이 증대하면서 영화나 다큐멘터리의 제작이 늘어나 이들 자료를 보다 손쉽게 구할 수 있는 장점도 있다. 궁극적으로는 역사교육을 위한 전문적인 다큐멘터리 같은 역사 관련 영상물 제작이 소망스럽지만, 현실적인 문제로 아직은 시간이 필요하기 때문이다.

영화나 다큐멘터리를 영상자료로 활용하려 할 경우, 몇 가지 측면을 고려해야 한다. 첫째 영화는 제작과정에서 상업적 목적에 따라 그 방향

---

21) 정선영 외, 앞의 책, 141~143쪽.
22) 정선영, 「지구적 시각에 기초한 세계사 교육에의 접근 방안」, 『역사교육』 85집, 2003.

이 좌우된다. 그러나 다큐멘터리는 학술적이거나 계몽적인 목적이 강하기 때문에 흥미위주의 영화와는 성격을 달리할 수밖에 없다. 그렇기 때문에 제작비용이나 제작 방향은 서로 크게 다르다.

두 번째로는, 영화의 경우 역사적 사실을 제대로 반영하지 못하는 경우가 많고, 설사 반영한다고 하더라도 객관적이지 못한 것이 대부분이다. 따라서 영화를 활용하여 역사교육을 실시할 경우 반드시 영화의 허구성과 비사실적인 부분을 미리 전달해 주어야 한다. 포괄적이고 개설적인 강의의 경우 관련된 영화를 찾는 것이 어렵지 않다. 그리고 영화가 학생들의 흥미와 동기 유발에 긍정적으로 작용하는 것도 사실이다. 다만 수업 내용과의 일치도가 낮고, 수업 후 토론과 발표 등의 학습활동에서 활용도가 다소 떨어지기 때문에 교육적 효과는 적다고 하겠다.

반면 다큐멘터리는 학생들의 흥미를 불러일으킨다는 점에서는 뒤질지 영화에 비해서 모른다. 그러나 수업과의 일치도, 내용의 정확성, 높은 활용도라는 점에서 장점을 갖고 있다. 물론 이 같은 효과를 거두려면 교사와 학생들이 영상자료를 접하기 전에 사전 준비가 요구된다. 그럴 경우 강의와 직접 연계하여 이들 자료를 활용할 수 있고, 영상자료를 상영한 뒤 학생들에게 토론과 질의응답 같은 다양한 학습방법을 활용하여 주제에 대한 이해도를 높이는 등, 효과적인 성과를 거둘 수 있다.

다음으로는 자료선택의 일반적 기준 7가지를 제시하고자 한다.

첫째, 영상자료는 반드시 수업 내용과 관련이 있어야 한다. 이것은 너무나 당연하여 새삼 강조할 필요가 없지만, 가장 중요한 사항이다. 수업시간에 영상자료를 보여줄 경우, 수업 내용과 직접 관련이 없거나 상대적으로 관련성이 낮으면 오히려 역효과를 낼 수 있다. 따라서 영상자료를 활용할 때는 주제와 가장 밀접한 자료를 활용해야 한다.

둘째, 내용이 사실적인 영상기록을 위주로 하는 것이어야 한다. 수업 시간에 사진이나 슬라이드 혹은 유물 모형 같은 수업과 관련된 실물을 보여주면서 수업 내용의 이해를 높이는 방법을 쓰기도 한다. 그러나 역사 현장이나 과거의 사건 당시의 모습을 쉽게 재현하기는 어렵다. 그러한 약점을 보완해 주는 것이 역사기록물을 활용한 영상자료일 것이며, 이는 뛰어난 교육적 효과를 얻을 수 있게 해준다.

<표> 영상자료로서의 영화와 다큐멘터리의 장단점 비교

항 목	영 화	다큐멘터리
제작 목적	상업적 목적	학술적 계몽적 목적
제작 비용	고액의 비용	소액의 비용
제작 방향	흥미 위주, 상상력 필요	사실적 합리적 객관성 견지
시간 효율	비효율적, 조절이 곤란	효율적(40~50분), 조절 가능
역사적 사실성	일부 반영	구체적으로 반영
내용의 객관성	주관적 해석	객관적 해석
교사의 준비	간략한 정보가 필요	사전에 내용 분석이 필요
학생이 준비	간략한 준비	사전에 내용 숙지
수업 활용도	낮다	높다
주제와의 일치도	포괄적으로 일치	주제와 일치
학업성취도	낮다	높다
질의 응답, 토론	소극적, 분산적	적극적, 집중적
교육적 효과	효과 부족	효과가 크다

셋째, 영상자료는 전달하고자 하는 주제가 분명해야 한다. 영상자료의 내용이 산만하거나 전개 과정이 복잡하여 주제를 정확하게 파악하기 어려운 것은 수업에 활용하기 어렵다. 경우에 따라서는 일관된 메시지가 없어서 같은 영상자료를 보고 난 뒤에도 학생들이 서로 다른 견해를 제시하고 스스로 결론을 내리는 것을 종종 볼 수 있다. 따라서 의도하는 주제를 일관되게 제시해주는 자료가 우선 도움이 될 것이다.

넷째, 같은 주제에 대해 다양한 관점을 제시할 수 있는 자료를 선택한다. 하나의 영상자료가 균형 잡힌 시각을 갖고 있어야 한다는 것은 중요하다. 동일한 주제와 시대적 상황에 대해 관점을 달리하는 영상자료가 있을 경우, 이를 활용하여 학생들이 다양한 견해를 가질 수 있도록 한다.

다섯째, 영상자료의 분량이 적당하여야 한다. 수업시간에 주제 강의와 영상자료를 효과적으로 활용하기 위해서는 적절한 시간의 분배와 필요한 시간에 즉시 활용할 수 있는 시간의 배치가 고려되어야 한다. 대체로 영화는 상영시간이 두 시간을 넘는 경우가 많다. 그럴 경우 전체를 보여주거나, 아니면 필요한 부분만 보여주게 된다. 그리고 다큐멘터리 자료일 경우는 대략 1시간을 넘지 않는다. 이것도 사실 적은 분량은 아니다. 수업시간에 활용하기에는 20분 전후의 분량이 집중력을 유지하는 데 적당할 것이다. 따라서 영화나 다큐멘터리의 경우 사전에 적절한 선택·편집이 요구된다.

여섯째, 한글 자막이나 한글 설명이 있어야 한다. 이것은 부차적인 요구사항이지만, 영상을 통해 제시된 정보를 얼마나 효과적이고 정확하게 전달하는가 하는 문제 역시 중요하다. 학생들이 화면을 통해서 받아들이는 정보는 두 가지다. 하나는 영상기록이고 다른 하나는 제시되는 문자정보다. 자막이 없을 경우에는 정보 전달에 오류가 있을 수 있다. 학생들은 제시된 자막들을 통해서 영상자료와 함께 영상자료의 주제들을 환기할 수 있게 된다.

마지막으로 영상자료의 제작 의도를 고려해야 한다. 수업 내용과 성격에 맞는 영상자료를 직접 제작하여 활용한다면 그다지 문제가 되지 않는다. 그러나 불특정 다수를 대상으로 하여 만든 영상자료를 특정한 수업에 활용하기 위해서는 제작자와 그의 의도를 먼저 살펴볼 필요가 있다. 대부분의 경우에는 소개글을 통해 쉽게 확인할 수 있지만, 경우에 따라서는 전문가의 조언이 필요한 경우도 있다. 제작의 방향과 목적에 따라 사용하는 자료와 내용 및 줄거리에 큰 차이가 나기 때문이다. 영상자료가 강의를 듣는 학생들에게 주는 강렬한 효과를 생각한다면, 영상자료의 선택과 역사교육에서의 활용은 신중을 기해야 할 것이다.

이러한 원칙 하에 자료를 선택할 때는, 전공 역사학자들의 참여가 필요하다. 학생이나 교사들이 모든 영상자료가 역사적 자료로서 가치있는 것인지, 또는 객관적인지 그 여부를 사실과 비교 대조해 보고 나름대로 역사 해석을 내리기란 쉬운 일이 아니다. 그러므로 영상자료를 활용하는 역사교육을 위해서는, 시대와 분야에 따라 전문 역사학자들이 역사적인 배경을 가지는 영화나 다큐드라마 및 다큐멘터리에 대한 비평을 쓰거나, 저서를 출간하여 교사들에게 참고할 수 있게 해주어야 할 것이다.

2. 영상자료의 활용방안

영상자료를 제대로 이해하기 위한 교육적 방안은 무엇인가? 역사를 가르치는 문제에 접근할 때, 보다 중요한 것은 수업모형이나 학습방법이 아니라 교사와 학생의 인지과정으로 본다.[23] 역사가가 관점과 해석을 통해 역사지식을 만들어내는 것과 마찬가지로, 역사교사는 가르칠 내용을 재구성하고 역사이해에 도움이 되는 내용을 담은 수업을 준비해야 한다는 것이다. 즉, 역사 학습에서 추구하여야 할 내용을 담은 방법론이 제시되어야 한다.

---

23) 양호환, 「역사과 교수-학습론의 인식론적 전환」, 『역사교육』 73, 2000.

영상을 통해 보존되는 이미지와 맥락적으로 해석하는 영상자료 자체의 특성이 역사 내용을 이해하는 데 도움을 준다. 영상자료를 통한 역사 이해의 유형은 크게 5가지로 나눌 수 있다. 즉, ① 역사적 사실과 정보의 이해 ② 역사적 시간성의 이해 ③ 맥락과 상황의 이해 ④ 감정이입적·상상적 이해 ⑤ 영상자료에 대한 비판적 이해 등이다.[24]

영상을 활용한 교육에서 학생들의 수준에 따라 이해의 정도가 다르다. 영상자료를 보여준다고 해도 모든 학생들이 제대로 그 시대상을 이해하지는 못한다. 그러므로 교사의 역할은 다양한 학생들의 이해 정도, 특성 등을 고려하여 적절한 수업모형을 선택·개발함으로써 이 다섯 가지 유형의 역사이해가 유기적으로 연결되게 하고, 궁극적으로 역사 사실 및 주제에 대한 이해, 역사적 사고, 역사의식 등을 제고하는 데 있다.

오늘날 세계 각국의 교육과정에서는 역사자료의 분석과 해석, 역사자료의 활용능력이라는 기능적 목표를 강조하고 있다. 미국의 역사교육의 목표를 보면, 표준 3 '역사적 분석과 해석' 영역에서 역사적 픽션을 분석하고, 역사적 사실과 픽션을 구분하는 능력을 중시하고 있다. 그리고, 표준 4 '역사적 탐구 능력'으로 역사적 자료를 수집하고, 역사적 자료에 대해 질문을 제기할 것을 제시하고 있다. 또, 영국의 역사교육의 목표에서도 역사적 해석의 차이를 이해하고 분석하며 평가하는 능력과 정보원을 다각적으로 활용하는 능력을 중시하고 있다.[25] 그리고, 제7차 교육과정의 한국의 세계사 목표를 보면 여러 가지 역사적 자료를 활용하여 객관적이면서도 다양한 관점에서 역사적 사건을 살피는 가운데 역사적 사고력과 역사의식을 기를 것을 제시하고 있다.

---

24) 김민정, 「영상자료를 통한 역사 이해의 유형과 특성 – 영화를 이용한 역사수업의 사례를 중심으로」, 서울대학교 석사학위논문, 6쪽.

25) 정선영 외, 앞의 책, 83~87쪽.

교사나 학생 모두 사전 준비 없이 영상자료를 수업에 활용하는 방식
은 재고해야 한다. 교사는 수업에 앞서 학생들에게 제시될 영상자료의
역사적 시대 개관과 영상 역사 서술에 대한 유의점을 사전에 교육함으
로서, 학생 스스로 제시된 영상자료를 분석·비판할 수 있도록 해야
한다. 또한 영상 역사 서술을 감상한 후 집단토론을 통해 잘못된 지식을
교정하고 역사적 사고력을 확장시키는 방법과 미디어 일기 등의 글쓰기
를 통해 비판적이고 반성적인 사고력을 키우는 방법도 영상에 대한
이해를 높이는 좋은 방안이 된다. 실제로 영상 역사 서술에 대해 비판적
안목을 키우는 것은, 역사에 대한 상당한 지식과 안목을 요구하기 때문
에 개인 과제로 부과하기보다는 집단활동을 통해 수업에 활용하는
것도 바람직하다.26)

학생들은 또한 학생들의 개인적인 일에서 지역의 사건이나 교과
내용까지 개인별, 그룹별로 영상을 제작할 수 있다. 그럼으로써 영상
제작자들의 입장을 이해하고, 영상 역사 서술 과정에 대한 종합적인
이해를 증진시킬 수 있다.

필자가 수업에 활용하고자 하는 영상자료는 중국을 비롯한 동아시아
관련 자료다. 이 책에서 다루고자 하는 영상자료는 30편인데, 물론
중국의 역사와 문화를 교육하기에 충분한 양이라고 할 수 없다. 이들
영상자료는 주로 TV나 케이블 방송을 통하여 방송된 비교적 널리 알려
진 다큐멘터리 자료를 중심으로 구성하였다. 이 가운데에는 국내 영화
관에서 상영된 몇 편의 영화도 포함되어 있다. 간략하게 그 제목만
살펴보면 다음과 같다.

---

26) 홍성연, 앞의 논문, 48~49쪽.

<표> 시대별 자료목록

순번	시 대	자 료 제 목	방송사	자료성격	시간
1	문명의 탄생	첸지앙의 비밀	KBS	다큐	50분
2	문명의 탄생	아시아인의 기원, 북경원인(北京原人)	EBS	다큐	50분
3	고대시대	중국의 문명	MBC	다큐	50분
4	고대시대	인류의 스승, 공자 (Confucius, Words of wisdom)	히스토리	다큐	50분
5	고대시대	진시황제	MBC	다큐	50분
6	고대시대	현대 문명의 놀라운 이야기, 만리장성	히스토리	다큐	50분
7	고대시대	서초패왕(西楚覇王)		영화	135분
8	중세	깨달음을 얻은 자 붓다(佛陀)	EBS	다큐	50분
9	중세	달마와 함께 하는 선(禪) 기행 ; 1편 달마가 서쪽에서 온 까닭은?	KBS2	다큐	50분
10	중세	추적, 고구려 수나라 전쟁의 미스터리	KBS	다큐	50분
11	중세	역사기획 발해, 제1부 아시아네트워크, 발해의 길	KBS	다큐	50분
12	중세	고선지, 1부 서역으로 간 고구려인 고선지, 2부 파미르를 넘어 세계사 속으로	KBS	다큐	50분
13	근세	이슬람문명(2), 찬란한 아침	EBS	다큐	50분
14	근세	징기스칸 (Genghis Khan, Mongol Conqueror)	히스토리	다큐	50분
15	근세	중국의 여인들	MBC	다큐	50분
16	근세	상인(商人)의 나라 중국, 천하제일상(天下第一商) : 진상(晉商)과 휘상(徽商)	EBS	다큐	50분
17	근세	사무라이(Samurai)	히스토리	다큐	50분
18	근세	자금성의 비밀(The Forbidden City ; Dynasty and Destiny)	히스토리	다큐	50분
19	근세	잃어버린 우리정원	대구MBC	다큐	50분
20	근현대	아편전쟁 (鴉片戰爭, The Opium War, 1997)	蛾眉電影	영화	130분
21	근현대	상인(商人)의 나라 중국 ; 동양의 알리바바, 연해상인(沿海商人)	EBS	다큐	50분
22	근현대	삼합회(三合會)	히스토리	다큐	50분
23	근현대	EBS 시시다큐멘터리 ; 영광과 오욕의 106년, 宋美齡(1) (2)	EBS	다큐	50분
24	근현대	태평양전쟁과 히로히토	EBS	다큐	50분
25	근현대	남경대학살을 고발한다 (The Rape of Nanking, 1937)	히스토리	다큐	50분

26	근현대	731부대의 망령 (Unit 731 ; Nightmare in Manchuria)	히스토리	다큐	50분
27	근현대	붉은 별, 모택동(毛澤東)	히스토리	다큐	50분
28	근현대	MBC 창사 기념 5부작 ; 제4부 13억의 심장, 중국공산당	MBC	다큐	50분
29	근현대	21세기중국, 슈퍼파워, 중국은 지금 : 1억 9천만이 부자인 나라	KBS2	다큐	50분
30	근현대	대탐험 살윈강 : 지구 최후의 오지를 찾아 서-모수오족(摩梭族)과 나시족(納西族)	히스토리	다큐	50분

이것들은 앞서 살펴본 영상자료의 선택기준에 비교적 합치한다고 판단되는 자료들로, 특히 중국의 역사와 문화를 이해하는 데 필요한 것들이다. 중국사와 관련된 영상자료는 많지는 않지만, 최근 중국에 대한 관심이 늘어나면서 현대 중국과 관련된 영상물이 많이 제작·방영되었다. 그러나 중국의 역사를 시대사에 따라 전체적으로 살펴볼 수 있는 영상자료는 많지 않다. 이 자료들은 사전의 치밀한 준비 끝에 제작된 체계적인 것들이 아니기 때문에, 자료들마다 다소 편차가 있지만 비교적 중국사 전개에서 중요한 주제들을 포괄하고 있다고 할 수 있다.

자료들 가운데는 중국과 주변 국가와 민족들과의 관계를 다루는 것들도 있다. 현대 역사교육은 한 국가의 역사를 고립적으로 살펴보는 것에 머무르지 않고, 주변 국가와의 관련성을 중시하며 나아가 동양과 서양과 같은 주요 문명권 간의 교류를 중요시하고 있다. 이 같은 관점에서 주목할 만한 영상물로, 동아시아의 경우 「수나라와 고구려의 전쟁」, 「발해」, 「잃어버린 우리 정원」, 「사무라이」, 「히로히토와 태평양전쟁」, 「731부대의 악몽」, 「남경대학살」, 「징기스칸」, 「이슬람문명」, 「고선지 장군」, 「석가모니」, 「달마」 등 중국과 중앙아시아, 나아가 인도 및 서아시아 세계와의 관계를 다룬 것도 있다.

중국의 문명 탄생에 대한 자료는 「첸지앙의 비밀」과 「아시아인의
기원, 북경원인(北京原人)」이다. 이 두 가지 자료는 선사시대를 다루고
있기 때문에 엄밀히 말하면 역사적 자료라기보다는 문화인류학의 연구
성과라고 보아야 할 것이다. 그러나 중국대륙을 무대로 전개된 선사시
대를 이해하는 데는 중요한 자료다.

먼저 「첸지앙의 비밀」은 중국대륙에 일찍이 진화론과 관련된 주요한
발견이 있었다는 내용을 담고 있다. 바로 첸지앙에서 가장 오래된 척추
동물인 해구어(海口魚) 화석이 발견되었는데, 이 해구어의 발견은 중국
대륙이 2억년 이상 인류의 진화과정에서 중요한 역할을 담당하였음을
설명해 준다. 또 「아시아인의 기원, 북경원인」은 50만 년 전 중국에
도착한 북경원인이 중국인의 직접 조상이라는 주장에 입각하여 제작된
것이다. 북경원인을 호주와 아메리카 인디언의 조상이라는 관점에서
재조명하고 있는 이 영상자료는 현생인류의 아프리카 기원설을 반박하
는 논리로서 토론의 여지가 있는 것이다. 즉 현재 중국에서 논의되고
있는 역사적 사건에 대한 중국인들의 일정한 시각을 보여주고 있다.
학생들은 이 두 가지 주제를 활용하여 인류의 기원문제를 토론할 수
있을 것이다.

은주(殷周)시대의 자료는 「중국의 문명」과 「인류의 스승, 공자
(Confucius, Words of wisdom)」다. 「중국의 문명」은 하(夏) 은(殷) 주(周)
로 이어지는 중국의 문명 발달과 성격에 황토로 대표되는 황하지역의
자연환경이 끼친 영향이 큰 주제로 제시되고 있다. 「인류의 스승, 공자」
는 공자의 생애를 차례대로 서술한 자료로, 공자의 삶과 사상을 간략하
게 정리하고 공자와 관련된 주요 유적도 아울러 소개하고 있는데, 책
속에서 화석이 된 공자가 살아서 다가오고 있다.

진한(秦漢)시대의 자료는 「진시황제(秦始皇帝)」, 「현대 문명의 놀라

운 이야기, 만리장성(萬里長城)」「서초패왕(西楚覇王)」 등 세 가지다.
진시황제에 대한 자료는 많은 편인데, 그 가운데에서 이 자료는 비교적
진시황제의 통일사업을 집중적으로 다루고 있다. 이사(李斯)와 함께
문자, 도량형, 화폐, 법률, 제도 등을 통일하는 과정과 그 내용을 상세히
다루고 있다.

　진시황의 업적 가운데 특히 많이 거론되는 것이 만리장성이다. 「만리
장성」은 진시황의 혹독한 통치를 부각시키면서 만리장성이 그 상징이
라는 관점에서 소개하고 있다. 이 「만리장성」의 후반부는 명청(明淸)시
대의 만리장성에 관한 이야기다. 따라서 전반부는 진한시대 강의에
사용하고, 후반부는 명청시대 강의에 활용한다면 시대적 상황과 내용
이 일치하게 될 것이다.

　「서초패왕(西楚覇王)」은 영화다. 이 영화는 항우(項羽)와 유방(劉邦)
이 천하의 패권을 두고 다투는 과정을 비교적 사실적으로 그리고 있다.
다만 유방과 주변 인물과의 만남에 관한 내용이 부족하여 유방 집단의
임협적(任俠的) 성격을 부각시키는 데는 부족함이 있다.

　중세 역사를 설명하는 자료는 「깨달음을 얻은 자 붓다[佛陀]」, 「달마
와 함께하는 선(禪) 기행 : 1편 달마가 서쪽에서 온 까닭은?」, 「추적,
고구려 수나라 전쟁의 미스터리」, 그리고 「역사기획 발해, 제1부 아시아
네트워크, 발해의 길」 및 「고선지 장군, 1부 서역으로 간 고구려인」,
「고선지 장군, 2부 파미르를 넘어 세계사 속으로」 등이다. 이 자료들은
중세 중국의 특징을 전형적으로 보여주는 자료들이다. 중세 중국은
위진남북조(魏晉南北朝) 이래 오랜 분열기를 거쳐 수당(隋唐)제국에
이르러 중국을 통일하였다. 이 시기는 국제적이고 개방적인 시기로
특징지워지며, 중국 문명과 주변 제 민족의 문명이 서로 결합하고 통합
을 이루는 시기라고 보고 있다. 위의 자료들은 이 같은 수당제국의

주변지역에 대한 제압과 그들 지역을 문화적으로 통합하는 특징을
보여주는 자료들이라고 하겠다.

석가모니와 불교를 영상으로 접하기는 쉽지 않다. 그러나 여기서
소개하는 「깨달음을 얻은 자 붓다」는 석가모니의 출생과 구도 과정
및 득도 이후의 불교 확산 등에 대해서는 비교적 상세하게 설명하고
있다. 다만 아쇼카 대왕 이후 인도불교의 발전에 대한 내용이 부족하여,
다음에 소개되는 달마의 불교와 자연스럽게 연결되지는 않는다.

달마와 관련된 영상자료도 역시 많지 않다. 「달마와 함께하는 선(禪)
기행」은 달마를 실존 인물로 보고, 달마의 고향으로 알려진 인도의
칸치푸람에서 시작하여, 달마가 남경(南京)의 양(梁)나라를 거쳐 북위
(北魏)시대 소림사(少林寺)에서 혜가(慧可)를 만나 중국 선종(禪宗)을
여는 과정을 설명하고 있다. 특히 후한(後漢) 이래로 중국에 들어온
불교의 주요 유적을 영상으로 만나볼 수 있다.

수나라와 당나라가 왜 고구려와 그렇게 치열하게 싸웠는가는 오늘날
많은 역사학자들의 관심의 대상이다. 이 자료는 수나라와 고구려가
동아시아 패권을 두고 경쟁하던 과정을 유적지들을 중심으로 설명하고
있다. 발해의 경우는, 고구려가 멸망한 뒤 발해의 영역과 주변지역과
활발하게 교역하며 발전한 모습을 유적지를 찾아서 확인하고 있다.
특히 중국과 일본을 연결하는 발해의 동아시아 해상교역 활동은 발해의
위상을 높여준다.

고구려계 후손으로서 당나라에서 안서도호에 오른 고선지 장군은
특히 현종의 총애를 받으며 당나라의 서역 통치에 공이 컸던 인물이다.
여기서는 고구려의 후손이라는 측면보다는, 고선지의 활동을 통해서
당과 서역의 관계 및 서아시아 제국과의 대결과 교류 문제를 살펴보는
데 유익하여 선택하였다. 특히 돈황에서 타클라마칸 사막과 주변의

천산남로 및 서역남로의 오아시스 도시들을 살펴볼 수 있어서 유익하다. 또한 탈라스 전투를 계기로 이슬람 세력이 동아시아로 진출하고, 중국의 제지법이 유럽으로 전파되어 유럽사회에 대변혁을 불러일으키게 되는 과정도 살펴볼 수 있다.

중국 근세는 송·원(宋元) 시대와 명·청(明淸) 시대를 가리킨다. 이 주제와 관련된 자료는 「징기스칸(Genghis Khan, Mongol Conqueror)」, 「중국의 여인들」, 「상인(商人)의 나라 중국, 천하제일상(天下第一商) : 진상(晉商)과 휘상(徽商)」, 일본의 「사무라이(Samurai)」, 「자금성의 비밀(The Forbidden City ; Dynasty and Destiny)」 등이 있다.

징기스칸에 대한 자료는 많은 편인데, 여기에서 선택한 자료는 특별히 징기스칸의 정복활동을 사실적으로 정리한 것이다. 「중국의 여인들」은 여인들의 전족(纏足)에 대해 소개하고 있다. 최근 중국 여성들의 지위가 크게 높아져서 남녀평등이 실현되었다고 주장하고 있는데, 그 실상을 중국의 도시와 농촌을 방문하여 직접 취재하였다. 「상인의 나라 중국」은 진상(晉商)과 휘상(徽商)이 명청시대에 중국을 주름잡는 상인으로 발전하는 과정과 그들의 활동을 자세히 소개하고 있다. 일본의 「사무라이」는 임진왜란 이후 에도 막부 시대에 중요한 역할을 하는 사무라이에 대한 자료다. 특히 태평양 전쟁 때까지 일본 군부를 이끌었던 사무라이의 전통에 대해 살펴보고 있다. 「자금성의 비밀」은 자금성이 건설되는 명(明) 영락제(永樂帝)에서부터 시작하여 청조의 멸망에 이르기까지 자금성과 관련된 이야기를 담고 있다. 자금성의 모습과 명나라의 멸망 및 청조의 중국지배, 그리고 건륭제와 향비(香妃) 이야기와 서태후(西太后)를 거쳐 자금성에 살던 환관까지 소개하고 있다.

자료 가운데 가장 많은 것이 근현대와 관련된 것이다.

여기에서 소개하는 자료는 우선 중국근대사의 기점으로 간주되는 아편전쟁에 관련된 「아편전쟁(鴉片戰爭, The Opium War)」이 있다. 여기서는 영국의 아편 판매와 임칙서(林則徐)의 아편 단속 그리고 전쟁에 이르는 과정을 소개하고 있다. 아편전쟁 이후 중국의 양무(洋務)운동 과정에서 활동하던 상인들 및 그들의 뿌리에 관한 자료가 「상인(商人)의 나라 중국 : 동양의 알리바바, 연해상인(沿海商人)」이다. 바로 같은 시대에 중국사회의 저변에서 자라고 있던 비밀결사인 천지회(天地會)와 상해의 범죄조직 청방(靑幇)과 장개석(蔣介石) 그리고 현대 미국사회의 폭력조직인 삼합회의 역사를 추적하는 자료 「삼합회(三合會)」가 있다.

신해혁명(辛亥革命)으로 청조가 붕괴된 뒤 중국역사는 새로운 단계로 진입한다. 그에 관련된 자료가 「영광과 오욕의 106년, 宋美齡(1)」과 「영광과 오욕의 106년, 宋美齡(2)」가 있다. 1편은 송미령이 장개석과 혼인하여 서안사변(西安事變)을 해결하고, 태평양전쟁과 공산당과의 전쟁에서 미국의 원조를 얻기 위해 활동하던 전성기의 모습을 그리고 있다. 2편은 대만으로 쫓겨난 장개석과 송미령의 이야기를 담고 있다. 대만의 장개석 정권이 장경국(蔣慶國)을 거쳐, 오늘날 민주화되는 과정까지 대만의 역사를 이해하는 데 도움이 된다.

중국 현대사에서 빠질 수 없는 존재가 일본이다. 만주사변과 태평양전쟁으로 중국을 침략한 일본의 최고 지도자 히로히토의 생애와 전범인 그가 무사히 살아남게 된 과정을 추적한 자료가 「태평양전쟁과 히로히토」다. 히로히토와 관련된 두 가지 참혹한 사건을 담은 것으로, 수십만 명의 중국인을 학살한 남경대학살을 다룬 「남경대학살을 고발한다(The Rape of Nanking, 1937)」가 있고, 무서운 생물학 무기를 개발하기 위해 생체실험 등 끔찍한 만행을 저지른 이시이 시로에 대한 이야기를 그린 「731부대의 망령(Unit 731 ; Nightmare in Manchuria)」이 있다. 이 세

자료는 모두 태평양전쟁에서의 일본의 과오와 청산되지 않은 과거사의 잔재에 대해 당시 자료화면을 사용하여 심도깊게 다루고 있다.

다음으로 중국 근현대사의 마지막 승리자인 모택동과 중국공산당에 대한 자료가 있다. 중국에서 농민혁명을 성공시키고 농민들에게 땅을 나눠주고 중화인민공화국을 수립한 모택동의 생애와 그에 대한 정치적 평가를 다룬 「붉은 별, 모택동(毛澤東)」이 있고, 모택동과 함께 중국혁명을 성공시키고, 오늘날 중국을 이끌고 있는 중국공산당에 대한 모든 것을 보여주는 「13억의 심장, 중국공산당」이 있다.

마지막으로 현대 중국을 살고 있는 중국인의 두 가지 모습을 다룬 자료가 있다. 하나는 현대 중국의 개혁개방을 통해 급변하고 있는 중국인의 삶 특히 그 중에서도 경제적 성공으로 막대한 부를 축적하고 호화로운 삶을 살고 있는 중국 부자들의 모습을 살펴본 「21세기 중국, 슈퍼파워, 중국은 지금 : 1억 9천만이 부자인 나라」가 있다. 또 하나는 중국 오지에서 중국인이면서 소수민족의 이름으로 살고 있는 모수오족과 나시족을 살펴본 「대탐험 살윈강 : 지구 최후의 오지를 찾아서-모수오족(摩梭族)과 나시족(納西族)-」이다. 이 두 민족은 오랫동안 중국에 속해 있으면서도 자신들의 전통을 지키고 있는 민족들이다. 특히 모수오족은 전 세계에서 보기 드문 모계사회의 전통을 유지하고 있다. 나시족은 동파(東巴)문화로 유명한 전통있고 문화적 뿌리가 깊은 소수민족이다. 이들 소수민족은 오늘날 중국 변방의 대부분을 차지하고 있으며, 향후 중국의 변화에서 주요한 변수가 될 것이다. 우리가 관심있게 지켜보아야 할 사람들이다.

제4장 영상자료를 활용한 역사교육의 의의와 한계

1. 영상자료 활용의 의의

최근 7차 교육과정의 시행에 따라 강의 내용과 역사 강의법에 변화가 많았다. 세계사 교과서도 도표, 지도, 사진 등이 풍부히 실려 있어 역사교육의 기본 원칙을 꽤 충실히 이행할 수 있게 되었다. 강의실 여건도 많이 개선되었다. 멀티미디어 교육을 실시할 수 있는 필요한 장비와 시설도 갖추어져 있다. 그리고 현대 역사학의 위기 극복과, 효과적인 역사교육을 위해 많은 역사학자들과 현장 교사들이 다채로운 방법을 연구하여 왔다. 이제 방법론적 검토는 충분히 진행되었다고 할 수 있다.

따라서 이제 영상자료를 활용하는 이론적 방법론에 다양한 자료를 활용하여 직접 수업을 실행하는 것이 필요하다. 지금까지는 교사나 교수의 개인적 노력에 의해 다양한 영상자료를 활용하여 왔는데, 그것을 보다 체계적이고 효과적으로 활용할 수 있는 구체적 시행방법을 검토할 때다.

특히 최근 TV나 케이블 방송에서 다큐멘터리 영상물을 많이 소개하고 있다. KBS의 '역사스페셜'과 '일요스페셜'에서는 다큐멘터리를 정기적으로 소개하고 있으며, 특집 방송도 적지 않다. EBS의 경우에도 시사다큐멘터리, 역사다큐멘터리 등 정기적인 프로그램을 편성하여 다양한 자료를 방영하고 있다. 이는 MBC나 SBS의 경우에도 마찬가지여서, 다큐멘터리를 고정적으로 방영하고 있지는 않지만 특집으로 중요 자료를 편성하여 소개하는 경우가 많다.

케이블 방송의 경우, 대표적인 것이 히스토리 채널과 Q채널 그리고 KTV다. 중국과 관련된 다큐멘터리는 HaoTV에서 많이 방영되고 있다. 이 같은 주요 방송매체를 통해 제공되는 다큐멘터리는 꾸준히 관심을 가지고 정리하여 활용하면 역사 관련 강의에 매우 유익한 자료가 될 수 있다.

강의실에서 문헌자료를 이용해서 학생들에게 강의하는 것에 비해서 영상자료는 많은 장점이 있다. 학생들이 쉽게 주제를 파악할 수 있게 하고, 내용을 정확히 전달할 수 있으며, 정보를 오랫동안 보존할 수 있게 한다. 뿐만 아니라, 다양한 각도와 관점에서 제작된 다큐멘터리 등은 학생들로 하여금 주어진 시간 내에 토론을 활용한 수업과 강의도 가능하게 한다.

최근 과학기술의 발달에 따라 영상자료를 이용하는 다양한 매체들이 개발되었다. 인터넷을 이용하여 자료를 관리하고 이용하는 것은 전혀 새로운 것이 아니다. 많은 연구자들이 인터넷을 활용하고 있고, 수강생들도 직접 도서관을 찾아가서 자료를 확인하기보다 인터넷으로 다양한 자료를 검색하고 정리 조합하는 데 익숙하다.

영상자료를 보관 정리하는 기술적 발달 역시 눈부실 정도다. 지금도 폭넓게 이용되는 VTR은 영상자료의 녹화, 재생, 편집 등 영상자료의 활용에 크게 도움을 주었고, 현재는 이보다 더욱 발전한 DVD가 이용되고 있다.

영상자료를 활용하여 강의하는 데 가장 많은 자료를 확보하고 있는 분야의 하나가 역사과목일 것이다. 전통적인 유적과 유물, 그리고 다양한 세계의 문화가 모두 역사교육자료가 될 수 있다. 시대에 따른 유적

유물과 지역에 따른 문화유물은 모두 역사적 교재가 된다. 따라서 문헌
에만 의지하지 않고 여러 자료를 활용하여 역사교육을 다양하게 시도하
겠다는 의욕만 갖고 있다면 방법은 얼마든지 찾을 수 있을 것이다

2. 영상자료를 활용한 역사교육의 한계와 그 대안

인터넷은 많은 정보를 공유하고 그 자료를 손쉽게 주고받을 수 있는
편리한 매체다. 그곳은 많은 정보가 흐르고 있는 공간이며, 시간과
장소에 구애받지 않고 활용할 수 있는 훌륭한 지적 창고다.

그런데 이 인터넷은 정보의 제작 및 공급에는 취약하다는 문제를
안고 있다. 정보를 제작 공급하지 않는다면 인터넷은 제 역할을 할
수 없다. 거기에다 부정확하고 헛점투성이의 정보가 제공될 경우 오히
려 치명적인 오류를 발생시킬 수 있다. 따라서 인터넷을 효과적으로
활용하기 위해서는 양질의 정보를 제공하는 시스템이 갖추어져야 한다.

영상자료를 활용한 역사교육에서도 마찬가지다. 지금 제작되어 있는
많은 다큐멘터리 자료 중에는 우수한 것도 있지만, 그렇지 않은 경우도
많다. 특히 잘못된 번역이나 자막의 오류 및 정확하지 않는 해석은
자칫 편견과 잘못된 결론을 가져올지 모른다. 영상물의 교육적 효과가
큰 만큼 영상물의 활용에도 주의가 필요하다 하겠다.

역사강의에서 영상자료를 효과적으로 활용하기 위해서는 무엇보다
먼저 필요한 영상자료를 발굴하여 분석한 자료들이 많아야 한다. 그런
데 역사와 관련된 강의의 내용과 일치하는 자료를 필요할 때마다 쉽게
찾을 수 있는 지침서가 부족한 실정이다. 그러다 보니 대부분 손쉽게
구할 수 있는 자료를 강의에 맞추어 활용하고 있다. 정작 필요한 자료를
구하지 못하고, 필요할 때 적절히 사용하지 못하고 있는 것이다.

영상자료를 분석할 경우에는, 영상자료에서 다루고 있는 시대나 분야를 전공하면서 역사교육 방법론을 연구하고 있는 전공자가 그 역할을 담당하는 것이 최선일 것이다. 그렇지 않더라도 영상자료에 가장 가까운 역사 전공자가 자료를 분석하고 해설하여 자료집이나 지침서를 제공하는 것이 필요하다. 이는 기존에 제작되어 있는 영상자료를 활용하는 경우에 해당된다.

역사교육을 전공한 연구자일 경우는 영상자료를 활용한 수업모형을 만들 수도 있다. 동일한 영상물을 중등학교, 대학의 교양 및 전공 강의 등 다양한 수준에 맞추어 활용하는 경우가 많다. 이럴 때 수강생의 지적 수준과 이해력의 정도에 따라 별도의 수준별 학습이 가능할 것이다. 그리고 단순히 정보를 제공하는 수준의 강의와 영상을 토론 및 조별학습 등 다양한 방법으로 활용할 경우 그에 합당한 수업모형을 제작하여 실행한다면 더욱 효과적이 될 것이다. 현재 역사과가 아닌 다른 많은 분야에서도 영상자료를 활용하는 수업모형에 대한 연구가 전문 연구자나 현장 교사들을 중심으로 활발히 진행되고 있어서 자극이 된다.

영상자료를 활용한 역사교육의 이상적인 경우는 수강생과 교사 및 교수가 직접 자료를 제작하는 것이다. 그런데 이는 역사 연구자가 단독으로 실행에 옮기기에는 무리가 많고, 따라서 학교나 연구기관 및 다양한 제도적 뒷받침이 따를 때에만 가능하다.

영상자료를 제작하기 위해서는 여러 분야의 전문가가 협력해야 한다. 먼저 수업모형을 준비하는 역사교육 전공자가 있어야 한다. 그리고 그 모형에 따라 필요한 영상기록이나 영상으로 옮길 다양한 사료 및 유물과 유적을 활용할 수 있는 역사 전공자가 필요하다. 여기에 영상제작의 기술진과 시설도 필요하다.

이러한 조건을 갖추고 있는 곳이 바로 역사교육학과가 소속되어 있는 대학이다. 최근 한국학술진흥재단 같은 학술 지원 단체에서 다양한 아이템을 가지고 중등학교와 대학교육을 위해 지원을 하고 있다. 이러한 학술 지원 단체와 협력하여 역사교육과 차원의 이론적 방법론과 대학박물관이나 해외기관을 연결하는 협력체를 조직하여 자료를 제작한다면 비용을 최소화하면서 가장 절실히 필요한 영상자료를 제작 활용할 수 있을 것이다.

영상자료를 활용한 역사교육은 이미 시작되었다. 앞으로 교육 현장에서 다양한 영상자료를 활용하여 효과적인 역사 수업이 진행되고, 나아가 직접 영상자료를 제작하여 활용하게 되기를 희망한다. 그리하여 인문학의 위기로 일컬어지는 오늘날, 역사 전문가들이 새로운 역사 교육방법을 개발하여 역사학에 대한 관심을 다시 불러일으키기를 기대해 본다.

제2부 중국사 시대개관 및 영상자료

제1장 중국 문명의 탄생

1. 시대개관

1) 중국 문명의 기원

황하(黃河)는 중국 문명의 어머니라고 한다. 초기 중국 문명은 모두 황하와 밀접하게 관련 있다. 전설의 왕조인 하(夏)를 비롯하여, 은(殷) 주(周) 왕조는 모두 이 황하를 중심으로 성장하고 발전하였다. 황하 중·상류는 황토 고원지대로 오늘날은 경작이 어려운 지역이다. 그러나 선사시대의 황토지대는 푸른 초원이 넓게 펼쳐져 있어서 고대인들이 살기에 적합한 지역이었다. 고대인들에게는 오히려 건조한 초원지역이 생산활동에 더 유리하였다.

중국인의 조상이 지금의 중국대륙에 처음 발을 들여놓은 것은 언제일까? 아마도 아프리카를 떠나 멀리 중국대륙에 도착한 호모에렉투스(Homo erectus)가 그들일 것이다. 북경 근처 주구점(周口店)에서 발굴된 이들의 유적은 전 세계를 깜짝 놀라게 했다. 유적에서 발굴된 화석은 진화론에 입각하여 인류의 기원 문제를 이해하는 데 중요한 자료가 되었다. 그 화석의 주인공이 바로 북경원인이다. 그들은 직립보행을 하고 도구과 불과 언어를 사용할 수 알았던 것으로 간주되고 있다. 북경원인을 이어 이 동굴에서 살았던 많은 화석들이 잇달아 발굴되어 중국의 선사시대 역사는 새로 씌어지게 되었다.

북경원인 외에도 운남의 원모인(元謀人)이나, 섬서의 남전인(藍田人)은 초기 중국대륙에서 살았던 고인류로 알려져 있다. 이 밖에 중국대륙에서는 소위 구인(舊人)에 해당하는 호모사피엔스(Homo sapiens), 현생인류의 직접 조상인 호미사피엔스사피엔스(Homo sapiens sapiens) 등 신석기시대 이전의 화석들이 다수 발견되었다. 북경원인을 포함하여 이들이 중국인의 직접적인 조상은 아니라는 것이 정설로 되어 있지만, 북경원인이 중국인의 직접 조상이라는 주장도 제기되고 있다.

2) 중국의 신석기 문명

중국에서 신석기 문명이 일어난 것은 대개 8천~9천 년 전으로 추정된다. 지금 중국대륙에서 발굴된 신석기 유적만 해도 7천여 곳이 넘는다. 1920년대 스웨덴의 지질학자 앤더슨이 앙소문화를 발견하였을 때만 해도, 중국 신석기문명은 황하 유역에서만 일어났다고 추정하였다. 그러나 최근 황하 유역뿐 아니라 장강(長江) 유역 등 다양한 지역에서 신석기 유적이 발굴되면서 황하문명이라는 용어로는 전 중국의 신석기 문화를 아우를 수 없게 되어, 새롭게 중국문명이라고 부르기 시작하였다.

유명한 중국의 신석기문화는 황하 유역에서 일찍이 발굴된 앙소(仰韶)문화와 용산(龍山)문화다. 앙소문화는 기원전 4500년경의 신석기 문화로 초기 농경의 흔적과 토기와 석기의 사용 및 집단거주지가 확인되면서 중국의 초기 신석기문화를 대표하게 되었다. 이 문화와 관련된 주요 유적지로 반파(半坡) 유적과 강채(姜寨) 유적이 있다. 신석기시대 후기의 대표적 유적은 기원전 2000년대의 용산문화다. 용산문화는 인구가 늘어나고 생산력이 발전하고 도구가 발달하면서 일부일처제와 사유재산의 출현까지 추정할 정도로 수준 높은 신석기 문화를 갖고 있었다. 이 용산문화는 뒤이은 중국 고대 정치세력의 출현의 바탕이 되었다.

황하지역의 이 두 문화를 제외하고도 비슷한 시기의 신석기 문화가 전국적으로 발굴되었다. 예를 들면, 하북의 자산(磁山)문화, 하남의 배리강(裵李崗)문화, 감숙성의 대지만(大地灣)문화 등이 그것으로, 이들은 앙소문화보다 앞서는 것으로 추정된다. 양자강 유역에서는 벼농사 문화를 갖고 있었던 하모도(河姆渡)문화를 비롯하여 청련강(靑蓮崗)문화, 굴가령(屈家嶺)문화, 양저(良渚)문화 등이 발굴되었다. 이들 문화 유적의 발굴로 황하문화가 아니라 하강(河江)문화라고 불러야 한다는 주장이 제기되기도 하였다.

3) 삼황오제(三皇五帝)의 전설과 하(夏)왕조

중국에서 고고학적 유물이 대거 발굴되기 전에 중국 역사가들은 중국의 고대사를 신화와 전설에 의지해서 설명하였다. 유학자들은 민족과 문화의 뿌리를 설명하기 위해 자주 신화와 전설을 거론하였다. 중국의 창조신화로는 반고(盤古) 신화를 들 수 있고, 중국문명의 기원을 설명하는 삼황오제 전설이 있다.

반고 신화의 내용은 이렇다. 천지가 혼돈에 빠져 있을 때, 하나의 알이 나타났다. 이 알 속에서 반고가 태어났다. 이 때 가벼운 기운은 위로 올라가 하늘이 되고, 무거운 기운은 아래로 가라앉아 땅이 되었다. 반고는 날마다 1장(丈) 씩 자라 1만 8천년을 살다가 죽었다. 그가 죽을 때 천지만물이 만들어졌다. 그의 오른쪽 눈은 태양이 되고, 왼쪽 눈은

달이 되었으며, 그가 쓰러질 때 내지른 비명이 천둥이 되고, 그의 한숨이 바람이 되었다. 그의 핏줄은 황하와 장강이 되고, 그의 뼈대는 중국의 오악(五嶽)과 같은 산악을 형성하고, 그의 피부는 토양과 수목이 되었다. 마지막으로 반고의 몸에 기생하던 작은 벌레들이 인간이 되었다는 내용이다.

삼황은 복희(伏羲)·신농(神農)·여와(女媧)다. 신이면서도 인간과 동물의 모습으로 이 땅에 내려와 중국인들에게 새로운 문명을 전해준 이들 존재는 신석기의 시작으로 설명된다. 즉 신농은 인간에게 농경을 가르쳐 주고, 복희는 사냥을 가르쳐 주었으며, 여와는 정착과 주거생활의 문화를 가르쳐 준 존재로 알려져 있다.

오제는 황제(黃帝)·전욱(顓頊)·제곡(帝嚳)·요(堯)·순(舜)이다. 이들은 인간으로서 최고 인격을 갖춘 성인(聖人)으로 평가된다. 황제는 삼황에 의해 시작된 문명을 중국인에게 보급시켜 중국문명의 아버지로 일컬어지고 있다. 또 덕치(德治)로 유명한 요임금과 효(孝)로 유명한 순임금은 훗날 중국 유학자들에 의해서 가장 이상적인 인물로 묘사되기도 하였다.

삼황오제 신화는 처음부터 완비되어 있었던 것은 아니다. 후세에 학자들이 필요에 따라 추가하거나 변형한 경우가 많았다는 점을 염두에 두고 살펴보아야 한다. 따라서 중국의 신화와 전설을 그대로 믿을 수 없지만, 신화와 전설이 중국사회에서 민족의 정통성을 부각시키고 정치적 통일과 문화적·민족적 일체감을 심어주는 데 중요한 기능을 하였던 것은 무시할 수 없다. 또 중국인들이 이 신화와 전설을 사실로 믿고 수천 년 역사를 이끌어오는 힘으로 삼았다는 점도 잊어서는 안 되겠다. 중국의 역사와 문화를 이야기할 때 이 신화와 전설을 무시하고 설명할 수 없는 부분이 많은 것도 그 때문이다. 사마천(司馬遷)이『사기

(史記)』를 저술하면서 그 첫머리에 「오제본기(五帝本紀)」를 두었던 점은 주목할 필요가 있다.

순임금 다음에 충(忠)으로 치수(治水)를 완성한 유명한 우(禹)임금이 뒤를 이으면서 오제시대는 막을 내린다. 선양(禪讓)에 의해 이어지던 평화로운 권력계승의 원칙이 깨어지고, 우임금이 자신의 아들 계(啓)에게 권력을 계승하면서 하(夏)왕조가 시작되었기 때문이다.

『사기』에 따르면 하왕조는 건국 초기에 천도를 거듭하고 있다. 그것은 황하의 범람이나 이민족의 침입과 함께 선양의 원칙을 깨고 권력을 독점한 하왕조에 대한 기존 정치세력들의 저항 때문이었을 것으로 추정된다. 하왕조는 비교적 안정적으로 왕조를 유지하다가 걸(桀)임금 대에 와서 새롭게 등장한 은왕조에게 멸망당했다.

원래 하왕조는 전설의 왕조로만 알려져 왔었다. 그러나 새로운 유적지가 발굴되면서 하왕조의 실재 가능성이 제기되고 있다. 『사기』에 기록된 하왕조의 계보와 하남성 언사(偃師)현의 이리두(二里頭) 유적지의 궁궐터가 그 근거가 되고 있다. 또 최근 하남성 등봉(登封)현 왕성강(王城崗) 유적의 고성(古城)도 하의 왕성일 가능성이 높은 것으로 추정되고 있다. 이렇게 볼 때 하왕조의 존재 자체를 부정할 수는 없게 되었다. 그러나 하왕조의 실재를 증명하려면 문헌상의 기록과 일치하는 고고학적 유적의 발굴을 기다려야 할 것이다.

2. 영상자료

1) 첸지앙의 비밀

방송일시	2004년 2월 11일, KBS
상영시간	50분
주 제 어	대멸종, 페름기, 스트로마톨라이트(Stromatolite), 시아노 박테리아, 첸지앙, 해구어, 피카이아, 판게아, 하와이 열섬

| 내용 소개 |

인류의 기원에 관한 영향력 있는 의견은 두 가지인데, 하나는 창조론이고 하나는 진화론이다. 둘다 인간의 기원을 다루고 있지만 그 목적과 영역은 다르다. 창조론은 인간의 기원을 인간존재의 의미 나아가 인간의 도덕적 행위를 설명하는 것을 기본적인 목적으로 하며, 또한 설명의 방식도 피조 세계의 창조라는 초월적이고 궁극적인 관점에서 다루고 있다. 반면 진화론은 세계 내적 법칙성이라는 과학적 영역 속에서 인간의 기원 문제를 설명하려 하고 있다. 근대 역사학은 인간과 문화에 대해 초월적 관점에서가 아니라, 세계 내적 과학적 법칙성 안에서 접근하고 이해하려 한다는 점에서 종교나 철학보다는 과학의 영역에 속한다고 할 수 있다. 역사학에서 창조론보다 진화론적 입장에서 인간 기원을 이해하려는 것은 근대 역사학의 근본 성격에서 말미암는다고 할 수 있을 것이다.

현대 과학에서 진화론에 입각하여 인류의 기원을 설명할 때, 결국 연구 대상은 단순히 인류의 생물학적 진화과정에만 머물 수 없게 되고, 지구와 우주의 기원이라는 문제로까지 거슬러 올라갈 수밖에 없다.

지구의 역사와 인류의 기원과 관련하여 중국 대륙은 어떤 관계를 가지고 있고, 또 중국인들은 어떤 생각을 가지고 있는가를 보여주는 재미있는 영상자료가 「첸지앙의 비밀」이다. 이 자료는 KBS 과학다큐 멘터리 시리즈 중 하나로 제작되었는데, 여기서 다루는 주요한 주제는 46억 년의 지구 역사에서 다섯 번의 대멸종을 거치며 생물이 살아남아 진화해 온 과정을 설명하고 있다.

호주 서부 사크힐의 헤멀린 풀의 스트로마톨라이트(Stromatolite)는 지구 생물의 기원을 설명해 주는 매우 중요한 증거자료다. 이 바위는 원시 지구 생명체의 기원을 설명하는 살아있는 화석으로, 39억 년 전에 탄생한 원시 생명체의 후손 시아노 박테리아가 살고 있다. 시아노 박테리아는 남세균으로서 광합성 작용을 하여 대기 중에 산소를 뿜어낸다. 원래 이 곳은 바닷물의 염도가 다른 곳보다 두 배나 높아서 다른 생물은 살 수 없는 곳인데, 바로 그 때문에 스트로마톨라이트만 생존할 수 있었다. 그리고 이런 염도 속에서 시아노 박테리아는 오늘날까지 끊임 없이 산소를 생산해 왔다. 그 결과 지구에는 다양한 생명체들이 출현할 수 있었다.

지구의 생물의 역사와 중국 대륙은 어떠한 관계가 있을까? 중국 대륙에 오래 전부터 공룡이 살았다는 것은 잘 알려져 있다. 그리고 해발 2천 미터가 넘는 중국의 운남(雲南)지역은 수억 년 전 바다 속에서 솟아올라 형성된 고원지대다. 곤명(昆明)의 석림(石林)과 이웃 귀주(貴州)의 계림(桂林)은 그 같은 사실을 보여주는 유명한 장소다.

곤명에서는 인류 역사를 설명해 줄 중요한 유적이 발굴되었는데, 바로 첸지앙 메이슈춘 화석 산지다. 이 곳은 가장 오래된 광물질 껍질을 가진 동물 화석을 비롯하여 다양한 화석들이 나타난 곳이다. 곤명지역 의 화석에 대한 연구의 역사는 1903년부터 시작되었는데, 화석들이 처음 발굴된 것은 1984년이다. 여기서 5억 3천만 년 전 고생대의 연체동물 화석이 발견되었다. 고대 생물의 진화 과정을 밝히는 데 아주 중요한 화석들이었다. 이들 화석은 삼엽충 등 120여 종류에 달하는데, 현존하는 거의 모든 생명체의 조상들이 모두 다 있다고 볼 수 있다.

쳰지앙 화석의 발굴은 두 가지 점에서 중요한 의미를 갖는다. 하나는 5억 3천만 년 전에 캄브리아기 생물체가 폭발적으로 출현했다는 사실을 확인하게 한다는 점이고, 다른 하나는 생물 기원의 수수께끼를 풀어줄 실마리를 제공한다는 점이다.

이 지역 화석의 발굴 성과는 학계의 기존 정설을 흔들어 놓았다. 당시까지의 정설에 따르면, 캐나다의 버제스 쉘에서 발굴된 피카이아가 가장 오래된 척추동물이었다. 그러나 쳰지앙에서 발굴된 어류화석은 이보다 천만 년이나 더 이전의 척추동물이었다. 그것은 눈과 등지느러미를 가진 최초의 완전한 어류 해구어(海口魚)로서, 어류의 첫 출현을 5천만 년이나 앞당긴 완전한 척추동물이었다. 이 해구어는 최초의 척추동물로서 인간의 먼 조상일지도 모른다.

쳰지앙의 발굴은 중국 대륙이 바다 속에서 솟아올랐다는 사실과 동시에, 대륙판이 움직이고 있다는 사실을 입증한다. 이 지구에 살았던 고생물들은 다섯 번에 걸쳐 대멸종을 경험하였다. 그 중에서 공룡의 대멸종이 가장 주목을 받고 있지만, 생명의 역사상 최대 규모의 대멸종은 오히려 페름기의 대멸종이었다. 당시 모든 생물 종들의 약 90~95% 생명체가 멸종했는데, 그 멸종 원인이 바로 대륙판의 움직임 때문이었다.

원래 지구상의 모든 대륙은 5억 3천만 년 전에는 흩어져 있었다. 그러던 것이 2억 5천만 년 전에 모두 모여 하나의 대륙 즉 판게아가 되었다. 이때 대륙 사이의 바다가 사라지고 그 곳의 생물도 사라졌으며, 대륙 내부의 기후는 변해 사막이 되었다. 게다가 판게아의 북쪽 즉 지금의 시베리아 지역에서는 거대한 화산이 폭발하였다. 2억 5천만 년 전 시베리아 화산이 쏟아낸 용암은 지구 역사상 가장 비극적 재앙을 불러올 만큼 엄청난 것이었다. 재앙은 100만년 동안 계속되었다. 당시 분출된 용암은 지구 표면을 두께 2킬로미터로 뒤덮었는데, 화산이 쏟아 놓은 용암의 면적은 한반도를 일곱 배한 것보다 넓을 정도였다. 이제 지구는 더 이상 생물이 살수 없는 곳으로 변해 버렸다.

2억 5천만 년 전 고생대의 모든 것이 사라진 페름기의 대멸종이었다. 그러나 이렇게 사라진 고생대 생물들의 찬란한 비밀이 첸지앙에 간직되어 있었다. 첸지앙은 중국대륙에 위치하고 있어서 중요한 것이 아니라, 인류의 진화를 설명해 줄 중요한 자료를 간직하고 있다는 점에서 주목할 필요가 있을 것이다.

□ **생각해 봅시다**

(1) 첸지앙은 인류의 역사에서 왜 중요한가?

(2) 초거대 대륙 판게아의 형성과 대멸종은 어떠한 관계가 있는가?

(3) 해구어(海口魚)는 지구 진화의 역사에서 어떠한 위치를 차지하는가?

2) 아시아인의 기원, 북경원인(北京原人)

방송일시	2002년 9월 5일, EBS 역사다큐멘터리
상영시간	50분
주 제 어	북경, 주구점(周口店), 북경원인, 호모에렉투스, 호주인의 기원, 계림(桂林)

| 내용 소개 |

진화론적 관점에서 인류가 어디에서 기원했는가를 설명하는 두 가지 가설이 있다. 하나는 아프리카 기원설(Out of Africa Theory)이고, 또 하나는 다지역(Multi-regional Hypothesis) 기원설이다. 최고의 고인류는 아프리카에서 발굴된 오스트랄로피테쿠스(Australopithecus)지만, 오스트랄로피테쿠스와 현생인류를 연결하는 중간 고리에 해당하는 호모에렉투스(homo erectus)와 호모사피엔스(homo sapiens)가 어떻게 진화하였는가에 관해서 두 가지 견해가 있는 것이다. 아프리카 기원설은 호모에렉투스와 호모사피엔스 등이 차례로 아프리카에서 출현하여 유럽 아시아로 이동해 왔다는 보는 설이고, 다지역 기원설은 아프리카에서 이동한 호모에렉투스가 각 지역에서 독자적으로 진화하여 현생 인류까지 이르렀다고 보는 설이다.

이 영상자료 「북경원인」은 다지역 기원설에 근거하여 아시아인의 조상, 좁게는 중국인의 조상이 북경원인이라고 주장하고 있다. 아프리카 기원설에 따르면, 북경원인은 100만 년 전 아프리카를 떠난 호모에렉투스고, 아프리카에서 계속 진화한 호모에렉투스는 20만년 전 호모사피엔스로 진화하여 새롭게 이주를 시작하였다. 그들이 각지에서 원주민을 쫓아내고 새로운 주인공이 되었으며, 이때 북경원인도 멸종했다고 본다.

다지역 기원설에 따르면, 처음 아프리카에서 온 고인류들은 계속 중국에서 멸종의 위기를 극복하고 살아남았다. 이러한 견해를 가진 중국인 학자가 북경 척추동물 화석학 연구소의 우승조 교수다. 200만 년 전 직립원인인 호모에렉투스가 아프리카를 떠나 50만 년 전 아시아에 정착하였는데, 이들이 바로 북경원인이라는 것이다. 우 교수는 50만 년 전의 북경원인의 두개골을 연구하여 중국인의 조상이 북경원인이라고 주장하였다. 그에 따르면, 200만 년 전 아시아로 온 북경원인은 중국에서 진화를 계속하였다. 이들 북경원인은 발견 당시에는 유인원에 가깝다고 생각하였지만, 지금은 현대인에 더 가까운 존재라고 주장하고 있다. 우 교수는 모든 중국인은 북경원인의 후손이며, 북경원인은 멸종된 것이 아니라 지금도 중국에 그 후손들이 살고 있다고 주장한다. 북경원인의 후손들은 아시아를 정복하였을 뿐만 아니라, 인도네시아를 거쳐 호주로 이주하였으며, 또한 아메리카 인디언의 조상이 되었다. 그들이 바다를 건너 호주와 아메리카로 갈 수 있었던 것은 당시가 빙하기여서 바다가 지금보다 130미터나 낮았기 때문이다.

그럼 북경원인의 두개골은 어떻게 발견되었을까? 중국 대륙은 수억 년 전에 이미 대륙이 형성되었고, 여기에는 공룡을 포함한 고대 생물이 많이 살고 있었다. 지금도 중국 하남성박물관에는 공룡화석이나 공룡알 화석이 다수 전시되고 있다. 이 공룡뼈를 예로부터 중국인들은 용의 뼈라고 믿고 귀한 약재로 사용하고 있었다. 농민들이 이 용의 뼈를 찾아내어 북경의 약국에 팔았는데, 이것을 본 외국 학자들이 조사한 결과, 많은 동물 화석이 발견되었다. 이때 인간의 치아도 발견되었다. 이 치아를 보고 1899년 칼 하버라는 북경원인의 화석을 추적하기 시작하였다.

북경원인의 두개골 화석은 북경 주구점(周口店)의 개골산 기슭에서

1929년 처음 발견되었다. 이곳에는 50만 년 전에 살던 북경원인의 동굴이 있다. 이 동굴에서 40여 명 이상의 원시인류의 화석과 수백 점의 동물 화석이 발굴되었다. 북경원인은 계절의 변화에 따라 이동생활을 하였다. 창과 작살로 사냥을 하고, 자연적으로 만들어진 불을 사용한 것이 특징이다.

  그런데 이 북경원인의 두개골은 지금 어디에 있을까? 1937년 중일전쟁이 일어나자 북경원인 유적을 계속 발굴하는 것은 곤란해졌다. 일본군이 주구점까지 진격해 들어온 것이다. 북경원인의 두개골은 전쟁의 화를 피해 미국으로 가기 위해 포장되어 기차에 실렸다. 그러나 이후 북경원인의 두개골의 종적은 확인할 길이 없다. 천진(天津)으로 가야 할 기차가 중간에 일본군의 습격을 받았을 것으로 알려져 있다. 그렇다면 북경원인 화석은 일본이 가지고 있는 것일까?

□ 생각해 봅시다

(1) 북경원인은 인류의 문명사에서 어떤 지위를 차지하는가?

(2) 중국인의 조상은 북경원인인가?

(3) 호주나 아메리카 원주민이 이주한 북경원인이라는 주장과 다른 의견은 무엇인가?

(4) 북경원인의 두개골 화석은 지금 남아 있을까? 그렇다면 어디 있을까?

제2장 고대 중국의 역사

1. 시대개관

1) 은(殷)왕조의 정치와 문화

⑴ 은허(殷墟)의 발굴과 은의 실체

하왕조를 이은 은왕조는 청동기를 기초로 한 고대국가였다. 청동기
는 세계사적으로 강력한 정치세력의 출현을 가능하게 한 중요한 수단이
되었다. 청동기를 무기로 삼은 집단은 주변 세력을 통합 지배하면서
맹주의 지위를 획득하였다. 중국 각지의 신석기 문명은 점차 빈부의
격차, 지배세력의 등장 등 사회분화가 시작된 후기 신석기 문화의 단계
로 들어서고 있었다. 청동기는 이들 공동체들을 아우를 수 있는 보다
상위의 연맹을 형성시키고 고대국가를 수립하는 데 결정적인 작용을
하였다.

은의 조상은 누구일까? 지금으로서는 용산문화에서 발전하였다는
설, 북방에서 청동기를 소유한 민족이 남하하였다는 설, 혹은 동방에서
동이족이 하왕조를 점령하고 황하유역을 차지하였다는 설이 있다. 이
중에서 산동 용산문화에서 발전하여 하왕조 시절에 함께 발전하다가
서서히 중원을 장악하였다는 설이 정설로 되어 있다.

은왕조의 시조는 설(卨)이고, 성은 자(子)다. 설은 제곡(帝嚳)의 두

번째 부인 간적(簡狄)이 현조(玄鳥)의 알을 삼키고 낳은 아들이라고
한다. 전설에 따르면, 은나라는 삼황오제의 마지막인 순임금과 하왕조
를 세웠다고 하는 우임금 때 설이 상(商)에 제후로 분봉되면서 그 역사가
시작되었다. 즉, 순임금 때는 사도(司徒) 벼슬에 있었고, 우임금 때는
치수(治水)를 맡았다. 이후 탕(湯)임금 때 하왕조를 멸망시키고 새 왕조
를 세웠으며, 제19대 반경(盤庚) 이후부터 안정을 이루었다. 이때가
은허에 도읍한 시기로, 은허의 발굴을 통해 당시의 발전 모습을 확인할
수 있다.

(2) 갑골(甲骨)과 청동기를 통해 본 은의 문화

은왕조 시대는 씨족과 부족단계의 공동체에서 고대국가로 나아가는
연맹체 단계로 추정된다. 즉 은왕조를 대표하는 중앙의 상(商)이 지방의
여러 공동체를 지배하는 초기 고대사회였다. 당시 정치와 문화가 어떠
하였는가를 알려주는 것은 바로 갑골과 청동기다. 여기에 기록되어
있는 문자 자료를 통해서 우리는 은왕조 시대의 여러 상황을 구체적으
로 확인할 수 있다.

은왕조의 성격을 이해하는 첫 번째 수단인 청동기는 은왕조 시대의
새롭고 강력한 무기였으며, 그 비밀스러운 제조법을 갖고 있던 은왕조
는 다른 공동체들을 지배할 권력을 만들어 낼 수 있었다. 은왕조는
중앙의 상읍(商邑)과 지방의 방국(邦國)으로 형성되었으며, 이들은 상
호 쌍무적 의무를 갖고 있었다. 가장 기본적인 지배단위가 읍으로 되어
있었기 때문에 읍제국가(邑制國家)라고도 한다. 이 읍을 그리스의 폴리
스(polis)와 비슷한 도시 형태로 보고 성읍국가(城邑國家)라고 부르기도
하지만, 성격상 다소 차이가 있다. 이것은 은의 사회를 어떻게 볼 것인가
라는 문제에서 중요한 토론거리이기도 하다.

고대 은왕조 사회의 내부에는 다양한 계층이 있었을 것이다. 갑골에서 귀족들의 칭호(甸·侯·伯·子·南)와 여러 가지 관직 이름(司徒 등)이 발견되었다. 이들 지배 귀족은 일반 공동체의 구성원과 차별되는 권력을 형성하기 시작하였고, 그들은 노예를 거느리는 지배계층을 형성하였으며, 청동기로 만든 각종 장신구를 소유하였다. 예를 들면, 청동 무기를 비롯하여 청동 거울, 청동 귀고리, 청동 혁대 등이다. 특히 거대한 정(鼎)과 같은 제기를 제작하였고, 작(爵)과 같은 청동기를 소유함으로써 권위를 과시하기도 하였다. 이로 볼 때, 청동기의 소유는 지배를 상징할 뿐 아니라, 신분을 상징하는 수단이 되기도 하였던 것이다.

갑골(甲骨)은 소의 뼈[獸骨]와 거북의 껍질[龜甲]을 이용하여 만든 것이다. 후에 이것은 용골(龍骨)이라는 이름으로 불리며 근대에 이르기까지 중국인들에 의해 약재로 사용되었다. 그러다가 1899년 은허(殷墟)에서 갑골이 발견되면서 본격적으로 연구가 이루어져 갑골학으로 발전하였다. 지금 현재 10만여 편이 남아 있으며, 대략 3천여 개의 문자가 확인되었다. 갑골에는 점을 친 시기, 목적, 결과, 정인(貞人) 등이 기록되어 있고, 대체로 군사, 천문, 사냥, 농업과 같은 국가적 문제와 왕실의 사사로운 문제 등 포괄적인 내용들이 기록되어 있다. 그것은 역사적으로는 은왕조 시대 후반기의 정치 문화를 이해하는 중요한 사료일 뿐 아니라, 중국 한자의 기원과 발전을 이해하는 데 중요한 근거가 되었다.

(3) 은의 정치와 신정(神政)

은왕조가 공동체를 대표하는 힘을 가졌지만, 그들을 일원적으로 지배하는 데는 아직 한계가 있었다. 당시 은왕조는 황하의 치수문제, 외부 이민족의 위협, 공동체 내부의 질서 유지 등 상호 협력해야 할 과제가 많았다. 현실적 과제를 효과적으로 해결하기 위해서는 상호

이해관계를 조절하기 위해 중원을 통일한 은왕조는 체제에 힘을 싣는
이념이 필요하였다.

은왕조 시절에는 많은 문제를 귀신에게 점을 쳐서 해결하였다. 원시
신앙은 자연에 대한 지식과 이해가 거의 없던 선사시대 인간들에게는
자연의 공포로부터 벗어나는 효과적인 방법이었다. 그들은 모든 자연
현상 이면에 초월적 능력을 지닌 신이 존재한다고 믿었고, 그 신들과
관련된 다양한 신화와 전설을 만들었다. 이를 통해서 고대인들은 공동
체의 결속과 정통성을 유지시킬 수 있었다. 그 신화와 전설을 효과적으
로 정치에 활용할 수 있게 되면서 권력이 힘을 가지게 되었다. 그 권력을
가진 은왕조는 자신들의 공동체에 대한 지배를 확인하기 위해 신의
뜻을 묻는 제사를 자주 지내게 되었다.

은왕조가 공동체의 주요한 의사결정을 앞두고 신의 뜻을 묻기 위해
사용한 것이 바로 갑골이었다. 그것을 주도한 사람은 정인(貞人)이었고,
그는 점괘에 따라 하늘의 뜻을 해석하고 이를 정치에 반영하였다.

(4) 은왕조의 사회 경제

은대의 청동기는 생산도구가 되지 못하였다. 사람들은 여전히 신석
기 시대의 생산도구를 활용하였다. 기본적으로 목축업을 위주로 한
경제활동을 전개하였으나, 후기로 갈수록 농업생산이 주요한 경제가
되었다. 공동체 위주의 사회단계였기 때문에 주된 생산방식은 공동
노동과 생산이었다. 사유재산이 있다고 해도, 토지의 사유화는 아직
없었고, 공동체 구성원 내부의 계층분화는 미미하였다.

이들이 생산한 것은 기장, 밀, 조가 중심이었고, 지역에 따라 벼농사가
활발하였다. 목축업이 발달하여 개, 소, 닭, 양, 돼지 등이 사육되었으며,
양잠술의 발달로 비단을 생산하기도 하였다. 당시 양조기술도 발달하

였는데, 이것은 빈번한 제사에 필요한 술을 공급하는 것과 밀접히 관련되어 있다. 수공업의 분야에서도 청동기와 같은 금속류 제품이 생산되었을 뿐 아니라, 상아와 보석류의 장신구 종류도 많이 생산되었는데, 전문 기술자에 의해 제작되었으므로 그 가공 기술 수준이 높았다. 당시 천문 역법의 발전도 이와 같은 측면에서 이해할 수 있다.

2) 주(周)왕조의 역사와 문화

(1) 역성혁명(易姓革命)과 주왕조의 건국

주왕조의 시조는 후직(后稷)이다. 후직은 농업의 신으로 기록되어 있다. 『사기(史記)』에 따르면, 그의 어머니 강원(姜原)은 유태씨(有邰氏)의 딸로서 제곡(帝嚳)의 아내였다. 그녀가 나들이 길에 커다란 발자국을 밟고 임신을 하여 아들을 하나 낳았다. 상서롭지 못한 임신이었기 때문에 주위 사람들이 이 아기를 내다버렸다. 그러나 버릴 때마다 다시 구조되어 할 수 없이 기르게 되니, 그가 후직이었다. 태어나서부터 버려졌기 때문에 그의 이름은 버린다는 뜻의 기(棄)가 되었다. 성장하여 요임금 아래에서 농업을 담당하는 관직에 임명되었고, 태(邰) 땅에 봉(封)하였으며, 성을 희(姬)라고 하였다.

주왕조의 13대째 고공단보(古公亶父)가 기산(岐山)에 도읍을 정하고, 국호를 주(周)라고 하였다. 당시 주왕조는 은왕조의 제후국이었는데, 고공단보의 손자 문왕(文王) 때에 이르러 점차 서방의 강국으로 성장하였다. 문왕은 위수(渭水) 가에서 뒷날 강태공이라고 일컬어지는 여상(呂尙)을 만났고, 이후 함께 주왕조를 키워 은왕조로부터 서백(西伯)으로 임명되었다. 사실 문왕 당시의 주왕조는 은왕조를 위협할 정도는 아닌 후진 국가였다.

주왕조가 중원을 위협하게 된 것은 문왕의 아들 무왕(武王) 때부터였
다. 무왕은 문왕 이래 주왕조에 봉사해 온 강태공의 보좌를 받으며
국력을 키웠다. 마침 당시 은나라는 주왕(紂王)이 방탕한 생활로 여러
제후의 지지를 잃어버린 상태였다. 이에 무왕은 백이(伯夷)·숙제(叔
齊)의 간쟁을 물리치고 은나라를 정복하여, 호경(鎬京)에 도읍을 정하
고 중원을 지배하게 되었다. 이것이 첫 번째 중국의 역성혁명이다.
은 지배 하의 지방세력이었던 주 무왕이 중앙의 은나라를 멸망시키고
권력을 빼앗은 것이다.

(2) 주(周)왕조의 봉건(封建)

은을 대신하여 중원을 지배하게 된 주왕조는 기본적으로 은의 정치제
도를 계승하였다. 그러나 무왕이 죽고, 그의 어린 아들 성왕(成王)이
즉위하자 건국 초기부터 위기가 도래하였다. 은의 유민과 무왕의 동생
들이 반란을 일으킨 것이다. 이에 무왕의 동생이자 성왕의 삼촌인 주공
단(周公旦)이 반란 진압에 나섰다. 주공은 모든 반란을 진압하고, 더
나아가 장강 유역으로까지 대규모 정복활동을 전개하였다. 그는 정복
지에 노(魯)·위(衛)·진(晉) 등의 제후국을 세워 이곳을 동족에게 분봉
하였으며, 그 밖에도 70여 개 국의 제후국을 세워 많은 공신들을 제후로
임명하였다. 이것이 봉건(封建)이다. 봉건은 '경계(封)를 세운다(建)'라
는 뜻으로, 주왕조가 주도적으로 영토를 제후들에게 나누어준다는 의
미가 있어서, 자연발생적인 측면이 강했던 은의 봉건제도와는 크게
다르다.

주왕조는 역성혁명을 통해 왕조를 세웠기 때문에 은왕조에 비해
지배력이 한층 강해졌다. 은왕조가 제사를 통해서 지배력을 강화하려
는 신권정치의 성격이 강하였다면, 주왕조는 힘에 근거한 덕치(德治)와

예치(禮治)를 표방한 점도 다르다. 제사를 지내더라도 자연신에 대한 제사가 아니라, 주왕조의 조상신에 대해 제사를 지냈다. 주왕조의 뿌리는 전설에 따르면, 하늘의 신이다. 따라서 주왕조에게는 조상신에 대한 제사가 바로 하늘에 대한 제사였고, 여기서 천자(天子) 의식이 싹트게 되었다. 나아가 천명(天命)사상에 근거하여 하늘의 뜻을 저버린 은왕조의 타락한 주왕(紂王)을 징벌하고 새로운 왕조를 열었다는 명분도 함께 얻을 수 있었다.

주왕조는 봉건제도를 영원히 존속시키기 위해 두 가지 장치를 마련하였다. 하나는 종법제도(宗法制度)다. 종법은 공동체의 상호관계, 지배 예속 관계를 대종(大宗)과 소종(小宗)으로 나누어 질서를 세운 제도다. 대종은 적장자 중심의 씨족질서를 말하며, 소종은 그 방계의 질서다. 대종의 계보를 중심으로 소종의 계보를 예속시킨 체제로써 주왕조 지배영역의 모든 세력을 일원화시켜 지배하는 원리다. 피라미드 형식을 띠고 있는 이 종법질서에 포함되면, 상호 군사와 공납과 같은 쌍무적 관계를 맺게 된다. 이 질서를 유지하는 책임자인 주왕조는 종법제도의 운용을 통해 자율적이면서 간접적인 천하질서를 유지 운영할 수 있게 되었다. 즉 지방 제후국은 각자 독립적인 지배권을 가지면서도 종법제에 따라 위계질서를 형성하고 있었다.

각각의 제후국 내부에서도 봉건적 질서를 규정하고 있는 것이 오등작제(五等爵制)다. 즉 각 제후국의 지배자는 공(公) 후(侯) 백(伯) 자(子) 남(南)의 봉건작위를 받으며, 이러한 작위를 받는 자들은 공(公) 경(卿) 대부(大夫) 사(士)의 사회적 지위를 보장받고 채읍(菜邑)이라는 토지를 다시 분봉 받는다. 즉 토지의 분배를 기준으로 정치 사회 경제적 지위가 정해지는 질서가 봉건제다.

이러한 봉건제를 확고히 운영하고 유지하는 또 하나의 중요한 이념이

제사다. 이 제사는 분사(分祀)라고 하는데, 대종과 소종의 구분에 따라
제사방식도 모두 다르다. 예를 들면 대종은 시조에서부터 모든 적장자
선조에 대해서 제사를 지내지만, 소종에서는 제주(祭主)로부터 5대조
까지만 제사를 지낸다. 여기서 불천위(不遷位)의 개념도 만들어졌다.
이러한 제사는 종법에 근거하여 참여자가 정해지며, 제사에 참여하는
것은 공동체 구성원의 중요한 의무였다.

3) 춘추전국(春秋戰國)시대의 변화

(1) 춘추전국시대의 정치적 변화

① 춘추오패(春秋五覇)의 회맹(會盟) 정치

주왕조는 봉건제도가 완성된 이후 300여 년간 안정을 유지하다가
점차 내부로부터 동요하기 시작하였다. 이후 시기를 동주(東周)라고
하여, 초기의 서주(西周)와 구분한다.

동주시대는 서주 유왕(幽王)의 패망으로부터 시작하였다. 공자는
유왕이 포사(襃姒)에게 매혹되어 정치를 도외시 하다가 천명을 잃어
패망하였다고 한다. 유왕이 포사를 총애하여 내정이 문란해져서 견융
(犬戎)의 침입을 받아 자신은 살해되고 서주가 멸망한 것은 사실이지만,
근본적으로 주왕조의 봉건질서의 동요가 더욱 중요한 서주 멸망의
원인이다. 이 시기는 대내적으로 제후국 사이에 경제력의 차이가 생겨
나고 상호 경쟁이 시작되며, 주왕실의 권위가 추락하여 형식적인 존재
로 전락하고, 외적의 침입으로 중원이 위협받기 시작하는 시기다.

서주가 멸망한 뒤, 유왕의 아들 평왕(平王)은 주공이 건설했다고
하는 낙읍(洛邑)에 도읍을 정하고 주를 부흥시켰다(BC.771). 후세인들
은 이 시대를 동주시대라고 하고 춘추시대(春秋時代)라 하기도 한다.

춘추시대에는 제후들의 이반으로 국내의 정정(政情)이 불안정하였고, 열국 간에 전쟁과 회맹(會盟)이 끊이지 않았다. 제후들은 쇠퇴한 주왕조 대신 정치의 주도권을 장악하였다. 중원의 정치를 장악한 세력을 패자(覇者)라고 하는데, 패자는 대제후를 의미하며 회맹을 주재하여 중원의 질서를 유지하였다. 그러나 명목상으로는 주왕실의 권위를 존중하였으며, 주의 봉건질서를 적극적으로 허물어뜨리고자 하지는 않았다.

패자의 세력 기반은 회맹(會盟)을 통해 확인되었다. 중원의 봉건국가 중에서 부국강병을 이룬 제후가, 주왕조를 대신하여 중원질서를 지킨다는 '계절존망(繼絶存亡)', '존왕양이(尊王攘夷)'라는 명분 아래 주변 제후들을 결집시키는 것이다. 이렇게 해서 패자에 오른 대표적 인물을 춘추오패라고 하였다. 제(齊) 환공(桓公), 송(宋) 양공(襄公), 진(晉) 문공(文公), 진(秦) 목공(穆公), 초(楚) 장왕(莊王), 오(吳) 부차(夫差), 월(越) 구천(勾踐) 등이 그들이다.

제 환공은 최초의 관료라고 하는 관중(管仲)을 등용하여 첫 번째 패자가 되었다. 진 문공은 후계자 문제로 오랫동안 유랑생활을 하다가 제후에 올라 강력한 중원의 패자가 되었다. 부차와 구천은 초나라의 쇠퇴기에 치열한 패권다툼을 벌였다.

이들은 중원을 지배하기 위해 경쟁하였고, 그 과정에서 정치개혁, 새로운 경제제도의 도입 및 생산력의 확대를 통해서 부국강병을 이루기 위해 노력하였다. 그 결과 춘추전국시대는 각국간에 치열한 전쟁이 끊이지 않았다.

② 전국시대(戰國時代)의 변법(變法)

기원전 5세기가 되자, 여러 나라의 내부에서 하극상의 풍조가 일어나, 그 기세에 눌린 주의 위열왕(威烈王)이 진의 유력한 귀족 한(韓)·위(

魏)·조(趙)의 3씨를 정식으로 제후로 인정했다(BC.403). 이 때부터 새로이 전국시대가 시작되었다. 주왕 자신이 봉건의 근본 원리를 포기하고 하극상을 인정하였기 때문이다. 이제 주왕은 낙양 부근을 영유하는 일개 제후에 지나지 않게 되었다. 그러다가 진시황제에 의해 중국이 통일되기 전인 기원전 256년 일찍이 진(秦)에 항복하고, 이로써 주왕조는 공식적으로 멸망하였다.

전국시대에는 치열한 영토전쟁이 전개되는 약육강식의 시대였다. 이 시대는 한(韓)·위(魏)·조(趙)·진(秦)·초(楚)·연(燕)·제(齊) 등의 전국7웅으로 제후국이 합병되었다. 이들은 생존경쟁에서 승리하기 위해 각자 부국강병을 위한 변법(變法)을 적극 실시하였다.

전국시대의 변법을 추진한 경우는 여럿 있다. 당시 선진국이던 위(魏)나라에서는 이회(李悝)와 오기(吳起)가 변법을 시도하였다. 오기는 뒷날 초나라에서 변법을 시도하다가 오히려 기득권을 가진 귀족들의 반격을 받아 죽임을 당한다. 이들은 시대를 앞서가는 변법을 시행하였지만, 기득권의 반격으로 실패하였다.

이들과 달리 진(秦)나라 효공(孝公) 때의 상앙(商鞅)의 변법은 성공을 거두었다. 상앙은 효공의 적극적인 지원에 힘입어 과감한 변법을 추진하였다. 그는 법을 기초로 하여 가족제를 개혁하여 씨족제를 해체하고, 연좌제[什伍連坐制]를 실시하고, 귀족들을 약화시켰으며, 토지 개간을 장려하여 농업생산력을 높였다. 나아가 군공(軍功)을 장려하여 강력한 군사력을 키워 군주권을 강화하는 등 일련의 과감한 변법을 추진하였다. 이제 귀족이라고 하더라도 국가 정책에 부응하지 못하면 그 지위를 박탈하였으며 백성들 중에서도 큰 공을 세우면 과감하게 귀족의 작위(二十等爵制)를 내렸다. 이러한 개혁을 성공시키면서 한(韓)나라로부터 관중 땅을 빼앗아 그 곳에 현(縣)을 설치하고 중원으로 진출하는 기초를 마련하였다. 이후 진나라는 변방의 후진국이 아니라 전국시대의 강력한 제후국으로 등장하여 뒷날 진시황제가 전국을 통일하는 기초를 마련하였다.

⑵ 춘추전국시대의 사회 경제의 변화

춘추전국시대는 중국 역사에서 첫 번째로 맞이한 변혁기였다. 이러한 변화가 시작된 이유를, 공자는 서주의 마지막 임금인 유왕이 타락하여 천명(天命)을 잃어버린 때문이라고 한다. 그러나 사실 주왕조의 봉건 제후국가 내부의 사회경제적 변화가 더 이상 봉건제도를 유지할 수 없을 정도로 진행되었다는 점이 보다 근본적 이유라고 보아야 할 것이다.

춘추시대의 변화는 농업생산력의 증가에서 시작되었다. 서주 이래 안정기를 거치면서 인구가 증가하고 경작 면적이 점차 늘어갔다. 이 같은 변화는 중원의 전통적인 제후국에서보다는 변방의 넓은 영역을 차지하고 있던 제후국에서 활발하였다. 새로운 생산방식이 도입되었고, 철기의 도입 또한 농업생산력을 높였다. 철제 농기구를 사용하여 새로운 토지를 개간하고, 심경(深耕)과 시비(施肥) 등 새로운 농법을 개발하여 토지의 지력을 높였다. 이러한 과정에서 잉여 노동력을 징발하고 철제무기로 무장한 강력한 군대를 보유하고 정복전쟁을 전개할 수 있었다.

농업생산력의 증가와 잦은 정복전쟁은 상업이 발달할 수 있는 토대가 되었다. 잉여 생산물이 생겨나고 수공업자들에 의해 생산된 다양한 상품들이 상인들을 통해 각지로 판매되었다. 교역의 규모가 커지면서 지역적으로 유통되는 화폐도 출현하고, 시장이 세워지기도 하였으며, 정치와 경제의 중심지에는 도시가 출현하였고, 거대한 소비시장이 형성되었다.

농업생산의 증가와 상품경제의 발전은 농민층을 분해시켜 다양한 계층을 만들어 냈고, 그것은 봉건제의 해체를 가져왔다. 전통적인 봉건 원리에 따라 운영되던 향촌사회는 새로운 사회적 변화에 의해 출현한 상인, 수공업자, 학자, 군인 등 다양한 계층으로 분화되어 갔다. 사회경 제적 변화에 순응하여 지위가 상승되는 경우도 있었지만, 반대로 몰락 하는 자들도 나타나 사회 불안 요소가 되기도 하였다.

변화하는 사회에 발맞추어 새로운 제도와 원리가 도입되었다. 봉건 제도를 대신하여 군현제에 기초한 전제군주체제로의 변화가 나타났다. 세습적인 신분귀족을 대신해서 오로지 능력과 실력을 갖춘 관료가 출현하고, 변화하는 사회에 발맞추어 성문법이 제정되었다. 또 정복전 쟁을 위한 수십만의 군대를 유지하기 위해 민간으로부터 정기적으로 조세를 징수해야 했다. 이제 5인 가족[五口之家]의 단혼 소가족이 사회 의 기초가 되었다.

춘추전국시대의 사회적 혼란과 계속되는 국가 간의 전쟁 속에서 권력을 장악하고 있던 세습 신분 귀족 대신 유능하고 실무에 뛰어난 인재들에 대한 요구가 강해졌다. 이와 같은 시대적 요구 속에서 '사(士)' 계층의 역할과 성장이 크게 두드러졌다.

(3) 춘추전국시대의 학술 사상과 제자백가(諸子百家)

춘추전국시대의 정치적 변화와 다양한 사회경제적 변화는 봉건제도 의 기초인 사회관계를 혼란에 빠뜨렸다. 이러한 상황에서 신분 귀족층 의 해체와 함께 새롭게 등장한 지식인 학자들이 그 대안을 모색하기 시작하였다. 이들은 전통 지식을 토대로 현실을 분석하고, 나아가 미래 의 대안을 제시했다. 처음 이들은 자신들의 지식을 통해 제후들에게 관리로 발탁되는 기회를 얻고자 하였다. 그러나 점차 학자들이 늘어나고 사회 변화가 다양해짐에 따라서 서로 치열한 유세와 논쟁을 통해서 점차 사상적 발전을 이루게 되었고, 마침내 다양한 학파인 제자백가(諸子百家)를 형성하게 되었다.

학자들의 초기 관심은 사회 혼란의 원인을 찾는 것이었다. 공자(孔子)는 전통적 사회 가치와 질서의 붕괴가 그 이유라고 지적하였고, 노자(老子)는 개인의 끝없는 탐욕이 그 원인이라고 지적하였다. 묵자(墨子)는 지배계층의 사치와 낭비 및 영토전쟁이야말로 민생 파탄의 주범이라고 했다.

그들은 현실의 문제를 해결하기 위해 각각의 근본적인 치유책을 제시하였다. 공자는 전통적인 권력의 세습을 부정하고, 새로운 인간형을 제시하였다. 즉 인간이야말로 문화 창조의 주인공이며, 인간의 도덕성 회복을 통해서 사회혼란을 바로잡을 수 있다고 주장하였다. 그는 이상적 인간상으로서 군자(君子)를 내세우고, 군자가 갖추어야 할 덕목으로 인·의(仁·義)를 제시하였다. 이러한 인의를 갖춘 군자가 덕치(德治)를 베푸는 성인정치야말로 무너져 가는 사회질서를 바로잡을 수 있으며, 궁극적으로 조화와 평화를 정착시킬 수 있다는 것이다. 그의 사상은 맹자(孟子)와 순자(荀子)에 이르러 깊이를 더하였다. 즉 맹자는 인(仁)을 중심으로 공자의 사상을 발전시켜 성선설(性善說)과 사단설(四端說)을 제시하여 내면의 수양을 강조하였다. 순자는 공자의 예(禮)를 발전시켜 성악설(性惡說)을 제시하고 외적 교육을 통해서 인간세상의 혼란을 바로잡을 수 있다고 주장하였다. 인간의 본성에 대해서는 차이를 보이지만, 이들은 궁극적으로 공자가 이상으로 제시한 성인정치를 이룰 수 있다는 데는 공통점이 있었다.

한편 노자는 도(道)의 새로운 해석을 통해서 인간들에게 무위자연(無

爲自然)의 삶을 촉구하였다. 인간이 욕망을 줄이고 자연의 이치에 따라 살면서 조화로운 세계를 만들자는 것이다. 그의 사상은 장자(莊子)에 이르러 탈세속적이고 신비주의적인 단계로 발전하였다. 많은 우화를 통해서 장자는 인간 세상의 온갖 탐욕이 하찮은 것이며 보다 참된 삶을 추구하는 원대한 이상세계를 제시하였다.

묵자는 겸애(兼愛) 사상을 기초로 평등하고 평화로운 세계를 만들고 자 하였다. 그들은 하층민이 귀족의 사치와 낭비로 피폐해지는 것을 목격하고 그들에게 절약과 검소한 생활을 촉구하였다. 특히 하급 계층 출신이 많았던 이들 집단은 침략전쟁을 반대하는 논리를 발전시켜 전쟁에 반대하는 주장을 분명히 하였다. 이러한 대책을 통해서 상하가 조화를 이루고, 전쟁이 없는 평화로운 세계를 만들고자 하였다.

한편 법가(法家)는 순자의 제자인 한비자(韓非子)와 이사(李斯)가 대표적인 인물들이다. 이들은 인간은 근본적으로 이기적인 존재이기 때문에, 엄격한 법에 의한 통치를 통해서 세상을 바로잡을 수 있다고 했다. 제도와 원칙에 의한 통치, 바로 관료제에 기초한 전제군주정치를 이상적인 목표로 제시하였다.

이들 여러 학자들은 모두가 현실 정치에 관심이 많았다. 개인적으로 는 관리로 발탁되어 자신들의 포부를 펼쳐보는 것이 목적이었다. 그런 목적을 위해서 현실을 분석하고 대책을 마련하였으며, 견해가 다른 학자들과 치열한 논쟁을 벌이기도 하였다. 전국시대의 제나라 직하(稷 下)는 바로 그러한 장소를 대표하는 곳이었다. 그 과정에서 인간에 대한 연구, 자연의 속성에 대한 연구 및 정치제도와 사회 경제 분야 등 다양한 학문 영역이 개척되었다. 문학과 사상뿐만 아니라, 의학과 천문학 같은 자연과학 분야에도 깊이 있는 연구가 진행되었다. 그러나 그들의 학문 연구의 궁극적인 목적이 학문을 현실 정치에 접목시키는

데 있었기 때문에 순수과학으로의 발전은 보이지 않았다. 그런 한계에도 불구하고 당시 제자백가들의 다양한 학술사상이 중국 전통문화의 기초를 형성하게 되었음은 분명하다.

4) 진(秦)제국의 중국 통일

(1) 진시황제(秦始皇帝)의 통일사업

500여 년간 지속된 춘추전국시대의 혼란과 분열은 진 시황제에 의해 통일되기 시작하였다. 시황제는 기원전 259년에 태어나 기원전 210년에 50세의 나이로 사망할 때까지 38년 동안(BC.247~BC.210) 중국을 통치하였다. 그는 장양왕(莊襄王) 자초(子楚)의 아들인데 자초가 조(趙)나라 한단(邯鄲)에 인질로 가 있을 때, 대상인(大商人)인 여불위(呂不韋)를 만났다. 여불위는 자초를 지원하여 진나라의 후계자로 만들고자 하였다. 이에 자신의 첩을 자초에게 바쳤는데, 그 사이에서 태어난 아들이 바로 진시황제가 된 정(政)이다. 자초는 귀국 후 장양왕에 올랐지만, 갑자기 사망하는 바람에 불과 열세 살난 정이 왕위에 오르게 되었다. 자초는 왕위에 오르면서 인질로 있던 시절에 자신을 도와준 여불위를 승상(丞相)에 임명하였는데, 장양왕이 사망하자 태후가 섭정을 하고 여불위는 권력을 장악하게 되었다.

태후의 섭정 아래 있던 진왕 정은 성인이 되자 친정의 기회를 엿보고 있었다. 그러던 중 자신의 어머니인 태후가 노애(嫪毐)와 불륜 사이라는 소문이 나자, 그 배후 인물로 여불위를 지목하고 대대적으로 숙청을 단행하였다.

한편 당시 진나라에서는 관개수리 전문가인 한(韓)나라의 정국(鄭國)이 대규모 사업을 추진하고 있었다. 원래 이 사업은 한나라가 진나라를 약화시키기 위해 정국을 진나라로 보내 일으킨 대공사였다. 한나라의 음모는 공사가 마무리되기 전에 발각되어, 많은 사람들이 희생되었다. 이것이 바로 정국거(鄭國渠)인데, 이 사업은 오히려 진의 생산력 증대에 크게 기여하여 뒷날 진시황제의 통일전쟁에 중요한 물적 뒷받침이 되었다.

그런데 정국거 사건 때 진왕 정은 축객령(逐客令)을 내려 진나라에 와 있던 외국인들을 추방하였다. 그러자 이사(李斯)는 축객론(逐客論)을 지어 축객령의 부당함을 간하였고, 이를 계기로 진왕 정은 오히려 그를 중용하게 되었다. 그는 이사와 함께 법가의 정책을 채택하고, 아울러 북방 유목민으로부터 도입한 기마술에 기초한 강력한 군사력과 각 국을 이간시키는 외교정책 등을 사용하여 6국을 멸망시키고 마침내 중국을 통일하였다(BC.221).

중국의 지리적 통일과 함께 진시황제는 차례차례 통일사업을 추진해 나갔다. 먼저 정치적으로는 서주 이래 중국사회를 지배하던 봉건제(封建制)를 폐지하고 전국을 군현제(郡縣制)로 재편성하였다. 또한 황제라는 칭호를 새로 마련하고, 이와 관련된 각종 제도를 정비하였다. 중앙에는 승상(丞相)·태위(太尉)·어사대부(御史大夫)를 두어 국정 전반을 담당하게 하고, 지방 군현에는 중앙에서 관리를 직접 파견하여 다스리게 하였다.

진시황은 또 사회경제 분야의 통일사업을 전개하였다. 이사의 건의에 따라 화폐와 도량형을 통일하고, 문자를 소전체(小篆體)로 통일하였으며, 전국의 주요 지역을 연결하는 도로망을 정비하였다. 진시황은 이 도로를 따라 다섯 차례에 걸쳐 순행(巡行)을 실시하였다. 이러한 통일정책을 통하여 진시황은 전국의 사회경제 분야의 제도를 일원화하고, 문화분야까지 통일을 도모하여 제국통치의 기초를 마련하였다.

대외적으로는 만리장성(萬里長城)을 정비하여 북방의 경계를 굳건히 함으로써 흉노(匈奴)의 위협에 대비하였다. 남방으로는 최초의 운하인 영거(靈渠)를 완성하고, 이를 이용하여 단숨에 상강(湘江)을 거쳐 주강(珠江) 하류지역의 강대한 남월(南越) 세력을 점령하기도 하였다. 남북으로의 군사적 팽창은 내부적 통일에 이어 제국의 판도를 확정짓는 주요한 사업이었다. 이로써 중국의 기본 판도가 진시황제에 의해서 그려지게 되었다.

진시황은 제도의 통일과 영토의 확장에 이어서 사상의 통일도 추진하였다. 그는 이사와 함께 법가 이론에 따라 각종 제도와 원칙을 세우고 이를 유지하기 위해 여타 사상을 정리하였다. 예를 들면, 법률과 농업 및 점술과 관련된 서적을 제외한 모든 도서를 불태운 분서(焚書), 자신의 획일적인 통일사업을 비판하던 지식인들을 불태워 죽인 갱유(坑儒) 등이 그것이다. 이러한 사상통일은 진시황으로서는 당연한 것이었지만, 민심을 모으는 데는 실패하였다.

만리장성의 정비와 함께 많은 토목사업이 추진되었다. 수도 함양의 건너편에 아방궁(阿房宮)을 세웠고, 자신이 죽으면 묻힐 여산릉(驪山陵)을 미리 건설하였다. 이러한 대규모 토목사업은 방대한 노동력을 필요로 하였다. 당연히 여기에 동원된 백성들의 원성이 갈수록 커져갔고, 민심은 진시황제를 떠났다.

특히 만년에 그가 크게 관심을 가졌던 신선불로(神仙不老) 사상은 훗날 큰 비판의 대상이 되었다. 이러한 사상은 당시로서는 자연스러운 것이라고 할 수 있지만, 뒷날 유학자들에게 비판의 좋은 빌미를 제공하였다. 시황제는 50도 안 된 나이에 산동지역으로 순행을 떠났다가 객사한다(BC.210). 당시 그를 따르던 핵심 수행원은 승상 이사(李斯)와 환관 조고(趙高), 그리고 그의 아들 호해(胡亥)였다. 이들은 맏아들 부소(扶

蘇)를 다음 황제로 세우라는 시황제의 유언을 조작하여 호해를 2세
황제로 세우고 국정을 농단하게 되었다.

부소를 죽이고 2세 황제를 옹립한 뒤 급속히 동요하기 시작한 진나라
는 진승과 오광이 일으킨 첫 번째 농민반란으로 무너지기 시작하였다.
조고는 이 반란을 틈타 이사까지 제거한 뒤 권력을 독점하였지만, 항우
와 유방의 반란군에 의해 결국 멸망하게 되었다.

진시황제가 영원하리라고 생각하였던 통일제국 진나라는 불과 15년
만에 망했다. 이토록 짧은 시간 안에 진이 멸망한 이유에 대해서는,
대체로 성급하고 획일적인 통일사업의 추진과 가혹한 법치에서 찾고
있다. 즉 수백 년간 지속되었던 지방의 정서를 무시하고 무리하게 통일
사업을 추진하다 민심을 잃은 데서 그 원인이 있었다고 보는 것이다.

(2) 진승(陳勝)·오광(吳廣)의 난과 진의 멸망

진나라는 전국을 통일한 지 불과 15년 만에 멸망하였다. 그 시작은
농민반란에서부터였다. 바로 중국의 첫 번째 농민반란인 진승(陳勝)과
오광(吳廣)의 난이다. 진승과 오광은 하남(河南)의 빈농 출신으로 병사
들을 이끌고 BC.209년에 징병되어 북방 수비를 위해 길을 떠났다.
그런데 도중에 큰비를 만나 길이 막히는 바람에 정해진 날짜에 목적지
에 도착할 수 없게 되었다. 진나라 법에 따르면 이 경우 군법에 따라
사형에 처해지게 된다. 막다른 길에 이른 이들은 무리들을 선동하여
"왕후장상에 씨가 따로 있는가"(王侯將相有種乎, 『史記』, 「項羽本紀」)
라는 구호 아래 반란을 일으키고, 국호를 장초(張楚)로 정하였다.

진승 오광의 난이 일어나자 환관 조고는 이를 기회로 이사를 제거하
고자 하였다. 당시 반란군이 봉기한 지역의 진압은 이유(李由)가 맡고
있었는데, 그는 이사의 아들이었다. 조고는 처음 도적 무리에 불과하였

던 반란군의 규모가 커진 것은 이유가 반란군과 내통한 때문이라고 무고함으로써 이사 부자를 처형하는 데 성공하였다. 이후 조고는 2세 황제를 허수아비로 만들고 더욱 전횡을 일삼았다.

진승과 오광의 반란은 1년여 만에 진압되었다(BC.208). 비록 이들의 반란은 실패로 끝났지만, 이 반란은 진의 멸망에 결정적인 타격을 주었다. 특히 이 반란을 계기로 진시황제의 획일적인 통일사업에 불만을 품고 있던 전국 각지의 지방 귀족세력들이 반란을 일으켰다. 그 대표적인 두 인물이 바로 항우와 유방이다. 진승과 오광의 난은 이후 중국 역사에서 농민반란에 의해 왕조가 교체되는 첫 번째 사례가 되었다.

5) 한(漢)제국의 건국과 발전

(1) 항우(項羽)와 유방(劉邦)의 대결

중국 역사에서 대표적인 영웅호걸로 꼽히는 인물이 항우(項羽)와 유방(劉邦)이다. 이 두 사람은 출신 배경과 성격이 너무나 대조적이어서 항상 많은 사람들의 관심의 대상이 되었다.

항우는 기원전 232년 초 나라 귀족의 후예로 태어났다. 항우는 진승과 오광의 반란이 일어나자 숙부 항량(項梁)과 함께 초왕의 후손인 회왕(懷王)을 앞세우고 군사를 일으켰다. 당시 진나라 조정에서는 내분이 일어나 조고가 이사를 주살하였고, 권력을 농단하던 조고는 드디어 2세 황제를 죽이고 공자 영(公子嬰)을 3세 황제로 세웠다.

유방은 기원전 256년 빈궁한 농민의 아들로 태어나 향리에서 정장(亭長)의 직책을 맡고 있었다. 그러던 그가 명망 있는 여공(呂公)의 딸 여치(呂雉)를 아내로 맞게 되었다. 그는 향리의 죄인들을 호송하여 여산릉을 축조하는 임무를 받고 이동하다가 역시 기일에 도착하지 못하자, 죄인들을 풀어주고 반란을 일으켰다. 그는 강소(江蘇) 패현(沛縣)의 유협 무리[遊俠之徒]를 중심으로 거병하였는데, 초기에는 세력이 미미하여 항우와 연합하였다.

유방은 함양(咸陽)을 점령하고 진나라를 멸망시켰다(BC.207). 이 때 항우는 진나라 주력군과 전투를 벌여 결정적 승리를 거두고 항량을 대신하여 대장군이 되었으며, 유방보다 한 달 후 함양으로 향하였다. 항우의 참모인 범증(范增)은 유방을 살해하기 위해 홍문에서 연회를 베풀었지만(鴻門之會), 유방은 항우가 주저하는 사이 장량(張良)과 번쾌(樊噲)의 도움으로 위기를 벗어났다. 당시 항우의 40만 대군에 비해 고작 10만 명의 군사를 거느리고 있던 유방으로서는 항우와 정면 대결을 펼칠 수는 없었다. 이에 함양으로 돌아온 유방은 일단 항우를 맞아들였다. 항우군은 함양을 약탈하고 건물을 불태우고, 진나라 관리와 황실 귀족들을 모두 살해하였다. 진시황제의 아방궁은 석 달 동안이나 불탔다고 한다.

항우는 회왕을 의제(義帝)로 삼고, 유방을 포함하여 반란에 참가한 18명의 주요 인물들을 제후왕으로 분봉(分封)하였다. 그리고 스스로 자신을 서초패왕(西楚覇王)이라 하였다.

관중(關中)을 차지할 것이라고 기대하였다가 한왕(漢王)에 봉해진 데 대해 불만을 품은 유방은 한편으로는 한중 땅에서 민심을 얻는 데 노력하면서, 다른 한편으로는 항우에게 불만을 가진 주변 제후들을 결집해 나갔다. 그러던 중에 항우가 의제를 살해하는 사건이 일어났다. 유방은 연합군을 조직하여 항우 토벌에 나섰지만 팽성(彭城)전투에서 항우에게 패하고 말았다. 항우는 자신의 아버지와 아내를 인질로 맡기고 다시 화해하였다.

유방은 기회를 틈타 다시 항우와의 싸움을 재개하였다. 그러나 오랜 전쟁으로 백성들과 군사들은 지쳐 있었고, 전쟁을 중지하라는 요구가 높았다. 이에 항우는 유방과 홍구(鴻溝)를 기준으로 동서를 나누어 다스리기로 약속하고 휴전하였다. 휴전을 약속하고 고향으로 돌아가던 항우는 해하성(垓下城)에 머물러 쉬고 있었다. 이 때 달려온 한신(韓信)이 약속을 어기고 유방과 함께 항우를 기습했다. 방심하던 차에 사면초가(四面楚歌)의 위기에 몰린 항우는 우미인(虞美人)과 함께 달아나다 오강(烏江) 기슭에서 최후를 맞았다. 이렇게 하여 빈궁한 농민 출신 유방은 5년에 걸친 치열한 초한전(楚漢戰)을 마감하고 초나라 귀족 출신인 항우세력을 물리치고 천하의 패권을 차지하였다(BC.202).

(2) 한 초기의 정치

기원전 201년 유방은 최초의 농민출신 황제가 되었다. 그는 대체로 진나라의 정치체제를 그대로 계승하였지만, 군현제의 약점을 봉건제로 보완하는 군국제(郡國制)를 시행하였다. 각 군(郡)에는 공신들 즉 한신(韓信), 영포(英布), 팽월(彭月) 등을 제후왕(諸侯王)과 열후(列侯)로 임명하였다. 이들은 대체로 한 고조를 도와 반란 초기부터 함께 싸워온 집단들로서 긴밀하게 인적 관계를 맺고 있었다. 이들이 차지한 영토는 전체 한제국의 2/3에 달하였다.

제후왕은 주로 동성 귀족과 최고의 공신들이었다. 이들의 영토는 몇 개 군 혹은 수십 개 현에 걸칠 정도로 넓었다. 상국(相國)을 제외한 대부분의 관리는 독자적으로 임명하였으며, 경제적 군사적으로도 상당한 독립성을 누리고 있었다. 이처럼 제후왕국의 권력은 우려할 정도로 강대하였다. 고조와 황후 여후(呂后)는 기원전 198년부터 이성 제후왕들에게 각종 혐의를 씌워서 약화시켜 나갔다.

열후의 경우는 제후왕에 비해 규모나 세력이 상대적으로 작았다.

그들은 진나라 이래로 사용되어 오던 20등급 관직에서 최고위직으로
1개 현 정도를 봉토로 받고, 거기에서 나는 조세를 자신의 수입으로
삼았다. 이들은 장안에 거주하였기 때문에 독립적인 세력을 이룰 수는
없었지만, 지위를 세습할 수 있었고, 인구수가 늘고 토지가 확대되면서
수입도 점점 늘어나게 되었다.

한의 정치제도는 대체로 진나라 것을 계승하였다. 중앙에는 민정의
최고책임자인 승상(丞相)을 두고, 감찰을 담당하는 어사대부(御史大
夫), 군사를 담당하는 태위(太尉), 재정을 담당하는 치속내사(治粟內
史), 법률을 담당하는 정위(廷尉) 등을 두었다. 그리고 지방에는 군에는
군수(郡守), 현령(縣令), 향관(鄕官)을 파견하였다. 리(里)에는 부로(父
老)를 두어 행정과 치안 등을 맡아보게 하였다.

  (3) 문경지치(文景之治)

한 고조가 사망하자 병약한 혜제(惠帝)가 즉위했다. 그는 얼마 지나지
않아 사망하고 여후(呂后) 일족이 한때 득세하였으나 공신들에 의해
여후 일파가 축출되고 문제가 즉위하였다.

문제(文帝)가 즉위하면서 비로소 한왕조는 안정을 이루게 되는데,
문제를 이어 즉위한 경제(景帝) 시기를 합쳐서 '문경지치(文景之治)'
라고 부른다. 이 시기는 대외적으로 흉노와의 전쟁을 피하고, 대내적으
로 민생을 안정시키고, 정치적으로는 소위 황노(黃老)정치로 특징지워
진다.

문제의 주요한 민생안정책은 세 가지였다. 하나는 백성의 세금을
1/30로 줄여 부담을 경감시켜 주고 민작(民爵)을 수여하여 황제의 은총
을 백성들이 알게 하였다. 이를 통해 향촌사회의 자연적 질서를 흡수하
여 한제국의 기초를 다졌다. 두 번째로 대외적으로 흉노와의 전쟁을

피하였다. 이미 한 고조는 흉노를 정벌하기 위해 원정을 떠났다가 평성
(平城)에서 치욕적인 패배를 당한 적이 있었다. 이후 흉노가 필요로
하는 물자를 제공하고 전쟁은 피하는 정책을 계속하였다. 이는 막대한
전비의 절약을 가져왔고, 백성들은 군대에 동원되는 부담을 피할 수
있었다. 마지막으로 여전히 많은 영토를 차지하고 할거하고 있던 제후
왕에 대한 억제책을 실시하였는데, 그들의 영토를 삭감하고 각종 특권
을 축소시켜 나갔다.

　문제와 경제의 민생안정책은 가의(賈誼)와 조조(晁錯)의 주도로 추
진되었는데, 이 같은 제후왕에 대한 억제정책은 제후왕들의 반란을
불러왔다. 바로 오초칠국(吳楚七國)의 난이다. 이 반란이 진압되면서
비로소 한 황실은 전체 제국을 안정적으로 지배할 수 있게 되었다.

⑷ 무제(武帝)의 대외정복과 국내 재정개혁

　기원전 104년 경제를 이어서 즉위한 무제는 '문경지치'의 사회적
안정과 경제적 성장을 토대로 하여 제국의 최대 전성기를 이루어 내었
다. 무제는 54년간 재위에 있으면서 대외적으로는 활발한 정복활동을
전개하고 대내적으로는 각종 경제개혁을 추진하여 국가의 재정을 충실
히 하고 유교를 국교로 채택하여 황제체제를 군건히 하였다.

　우선 무제는 군사적 침략을 통해 한의 판도를 최대한 확대하였다.
북으로는 흉노에 대한 원정을 단행하고, 남으로는 오늘날 광동·광서
지역의 남월(南越)을 점령하고 그 곳에 군현을 설치하였다(BC.112).
이어 고조선을 정복하고 한사군을 설치하였다(BC.108).

　무제가 특히 전력을 기울인 것은 흉노정벌이었다. 무제는 기원전
133년부터 외척인 위청(衛靑)과 그의 조카 곽거병(霍去病)에게 흉노
토벌을 지시하였다. 이들은 대규모 원정을 통해 흉노의 주력군을 무너

뜨리고, 기원전 119년경에는 그들을 멀리 고비사막 이북지방으로 축출
하였다.

흉노의 주력군을 격파하고 난 뒤에도 무제는 그들을 완전히 괴멸시키
기 위해 장건(張騫)을 서역으로 파견하였다(BC.140). 장건을 서역에
파견한 것은 흉노와 대립하고 있다고 알려진 대월지(大月氏)와 연맹하
여 흉노를 협공하기 위해서였다. 그러나 장건이 서역에 도착했을 때
대월지는 흉노의 공격을 받아 더 서쪽으로 달아나 버린 뒤였고, 장건은
흉노의 포로가 되어 버렸다. 장건은 흉노의 포로로 10여 년을 지내다가
탈출하여 돌아왔는데, 그는 대월지를 찾아 서역지역을 헤매는 동안
이 지역에 대한 풍부한 지식을 얻게 되었다. 비록 무제의 명령을 완수하
지는 못하였지만, 그가 갖고 온 서역에 대한 지식은 동서문화교류의
첫 장을 여는 중요한 의미를 갖고 있었다. 마찬가지로 장건의 서역에서
의 활동으로 한나라에 대한 소식도 서역을 거쳐 서방 세계에 알려지게
되었다.

무제는 흉노 원정을 계속했지만 대부분 패배로 끝났다. 당시 흉노
원정은 이광리(李廣利)와 이릉(李陵)이 주도하였다. 특히 이릉은 흉노
와의 전투에서 패배하고 포로가 되었는데, 사마천이 그를 비호하다가
궁형에 처해지기도 하였다.

한편 무제에 의해 추진된 장기간의 흉노원정은 막대한 전비를 소모하
였다. 초반에는 문제와 경제시대에 축적된 국고가 충실하였지만, 점차
재정 위기가 초래되었다. 이에 무제는 재무관료인 상홍양(桑弘羊)을
등용하여 새로운 재정정책을 실시하였다.

무제는 우선 염철전매(鹽鐵專賣) 사업을 통해 재정 수입을 늘리고자
하였다(B.C.119). 즉 이전에는 호족들이 소금과 철의 생산과 판매에
참여하였는데, 국가에서 철관(鐵官)과 염관(鹽官)을 설치하여 이를 직

접 판매함으로써 막대한 이익을 거두어들였다. 또한 균수법(均輸法)과 평준법(平準法)을 실시하였다. 이를 통해 과거 상인들이 차지하였던 상품 유통상의 이익과 시세 차익을 국가가 거둬들이게 되었다. 이 밖에도 상인들에게 각종 세금을 늘리는 증세정책을 실시하였다. 재정정책과 긴밀히 관련이 있는 화폐제도도 개혁하여 오수전(五銖錢)을 제정하였다(BC.119).

이러한 여러 정책을 통해 국가재정은 충실해졌지만, 당시 상업에 종사하고 있던 호족들은 심각한 타격을 입고 불만을 품게 있었다. 이에 한 무제는 호족들을 감시하고, 재정정책이 각지에서 충실히 진행되고 있는지 감찰하기 위해 주자사(州刺史)를 설치하였다.

한편 무제는 유학(儒學)을 국가이념으로 채택하였다. 한 무제 당시의 관료임명은 추천제였다. 이것을 향거리선(鄕擧里選)이라고 하는데, 향촌의 인재들을 현량(賢良), 방정(方正), 효렴(孝廉), 문학(文學) 등의 능력을 갖춘 인물로 추천 받아 관리에 임용하는 방식이었다. 이 방법을 통해 유학자들이 많이 등용되었는데, 공손홍(公孫弘)과 동중서(董仲舒)가 그 대표적인 인물이다.

한 무제는 동중서의 유교 채택 건의를 받아들여 태학을 설치하고, 오경박사(五經博士)를 두어 유학을 교육하게 하였다. 그러나 당시 한 무제는 이러한 유학자보다 자신의 흉노정벌에 필요한 자원을 충실히 채워줄 혹리(酷吏)를 필요로 하였다. 그럼에도 유학을 채택한 것은 자신의 재정정책과 대외원정에 대한 비판을 회유하려는 의도가 다분히 들어 있었다.

(5) 유교의 국교화와 왕망(王莽) 정권

무제의 뒤를 이어 소제(昭帝)가 즉위하였다. 이 시대부터는 민생안정

을 요구하는 내조(內朝 : 霍去病)와 부국강병을 적극적으로 추진하자
는 외조(外朝 : 桑弘羊)의 대립이 시작되었다. 이 대립 속에서 무제
이래의 국가 재정정책에 대한 대토론이 벌어졌다. 바로 염철회의(鹽鐵
會議)다. 염철회의에서는 유교적 이념을 실현하려는 입장과 법가적인
정책의 필요성을 요구하는 입장이 뚜렷하게 대립하였다. 결국 상홍양
이 승리하였지만, 이는 유교이념의 침투를 확인하는 계기가 되었다.

한제국이 유교화되는 시기는 원제(元帝) 때부터였다. 유학사상의
뿌리는 향촌사회였다. 이미 향촌사회에서는 유교이념이 깊이 침투해
있었고, 염철회의를 통해 그들은 정계에 영향력을 발휘하기 시작하였
다. 원제 때에 이르면 본격적으로 유교사회로의 제도개혁을 동반한
유교의 국교화가 추진되었다. 그리고 참위설(董仲舒의 災異說)에 근거
하여 유교이념 속에 황제를 인정할 수 있게 되었다.

유교의 국교화가 진행되면서 본격적인 고전의 정비가 뒤따랐다. 진
시황제의 분서갱유 이후 유학의 원전은 사라졌다. 그래서 한나라에
들어와서는 당시의 서체인 예서(隸書)로 고전을 복구하는 작업이 이루
어졌다. 이를 금문경(今文經)이라고 한다. 그러다가 무제시대 때 공자의
집에서 고문경전이 발견되면서 금문학과 고문학 간의 논쟁이 시작되었
다. 금문파는 고대 원전의 내용의 진위보다 공자의 미언대의(微言大義)
를 파악하는 것이 더 중요하다고 주장하였고, 고문파는 원전의 내용을
정확하게 파악하는 것이 중요하다고 주장하였다. 이 논쟁에서는 초기
에는 금문파가 득세하였지만, 점차 고문파가 세력을 잡고, 그러한 상황
에서 왕망(王莽)이 출현하였다.

왕망은 성제(成帝)의 외척이었다. 성제가 죽고 애제(哀帝)가 즉위하
면서 권좌에서 물러났으나, 애제가 갑자기 사망하고 평제(平帝)가 즉위
하자 다시 등용되었다. 권력을 잡은 왕망은 이 때 예제(禮制)와 학제(學

制)를 개혁하는데, 이를 유교 국교화의 완성이라고도 한다. 그런데 얼마 후 평제가 갑자기 사망하고, 왕망은 참위설(讖緯說)을 이용하여 스스로 황제 자리에 오르고 국호를 신(新)이라 하였다(A.D.8).

왕망은 『주례(周禮)』에 입각하여 철저한 유교사회를 건설하려고 하였다. 우선 관제(官制)를 주례에 따라 개혁하고, 토지제도 역시 주나라의 이상적 토지제도로 간주된 정전제를 모방하여 왕전제(王田制)를 시행하였다. 화폐제도도 개혁하였다. 처음에는 인플레이션을 극복하기 위해 고액화폐(大錢, 契刀, 錯刀)를 주조하였으나, 후에는 화폐제도를 폐지하기도 하는 등 혼란에 빠져들었다. 또 무제가 실시한 상인억압정책을 흉내내어 윤관(六筦)·오균(五均) 정책을 채택하였지만, 역시 실패하고 말았다.

왕망의 개혁은 철저한 유교사회의 실험이라는 점에서 의의가 있지만, 결국 사회경제적 혼란을 더욱 심화시켜 호족과 상인들뿐만 아니라 백성들까지 도탄에 빠뜨렸다. 이에 농민들의 반란과 호족 연합세력에 의해 왕망 정권은 무너지게 되었다.

(6) 광무제(光武帝)의 후한(後漢) 건국

왕망 정권은 적미(赤眉)의 난으로 붕괴되었다. 적미의 난이 일어나자, 그 동안 왕망 정권에 불만을 갖고 있던 호족들이 남양(南陽) 유씨(劉氏)들과 연합하여 반란을 일으켰다. 적미 집단은 남양 유씨와 손잡고 유현(劉玄)을 추대하여 갱시제(更始帝)로 옹립하였다. 갱시제는 왕망군을 격퇴하고 장안을 점령하였으나, 포악한 성미 때문에 적미 집단과 대립하다 축출되고, 대신에 유수(劉秀)가 제위에 올랐다(A.D.25). 그가 광무제(光武帝)다.

광무제는 낙양(洛陽)을 수도로 삼고, 후한 왕조를 열었다. 그는 새로

운 왕조를 건설한 뒤 민생을 안정시키는 각종 조치를 실시했다. 노비를
대거 해방시키고, 세금 경감, 호구조사, 오수전 부활 등의 조치를 취했다.

광무제 이후 명제(明帝), 장제(章帝) 때는 비교적 안정기였다고 할
수 있다. 그러나 화제(和帝) 이후 후한의 정치는 '외척(外戚)의 전횡(專
橫)', '환관(宦官)의 횡행'으로 특징 지워지는 혼란에 빠졌다.

(7) 후한의 환관(宦官)과 청의(淸議)

후한 사회에서는 호족들의 세력이 증대되어 향촌사회에 대한 지배력
을 확대시켜 나갔다. 이 시대는 화제(和帝) 이후 외척이 전횡하던 시대
로, 이들은 중앙과 지방의 관직을 좌지우지하고 있었다.

환제(桓帝) 때부터는 환관(宦官)의 전횡이 시작되었는데, 원소(袁召)
가 환관들을 살육하기까지 계속되었다. 따라서 화제 이후는 외척과
환관의 권력투쟁이 계속되는 시대였다. 이들의 전횡이 가져온 가장
심각한 문제는 향거리선제의 붕괴였다.

이미 유교사회로의 진행이 상당 수준에 이른 후한 사회에서 태학생
(太學生)을 중심으로 한 유학자들은 환관과 외척의 전횡에 맞서 투쟁을
벌이기 시작하였다. 이들을 청의(淸議)라고 한다. 일부 유력 호족들은
환관과 외척의 권력투쟁에 편승하여 부패고리의 일부를 차지하고 있었
지만, 대부분의 중소 호족들은 청의운동에 참가하여 그들을 비판하였
다. 이들에 대한 환관 측의 공격이 두 차례에 걸친 당고(黨錮)사건이다.
이 두 차례의 당고 사건으로 많은 유생들이 살해되거나 금고형에 처해
졌다. 이렇게 되자 반환관 운동을 주도하던 청의 세력들은 향촌사회에
은거하면서 여론을 형성해 나갔다.

이러한 청의 세력에게 기회가 왔다. 황건(黃巾)의 난이었다. 황건의
난은 환관정치와 호족들의 향촌 사회에서의 농민에 대한 착취의 결과로

발생한 것이었다. 몰락 농민은 유민이 되었고, 그들은 새로운 도교계통의 태평도(太平道)로 결집하였다. 태평도는 장각(張角) 형제가 시작하여 빈민들 사이에 파고들었다. 그들은 184년에 "창천은 이미 죽고 황천이 세워진다. 갑자년에 천하가 대길하다"(蒼天已死 黃天當立 歲在甲子 天下大吉)라는 구호 아래 반란을 일으켰다. 황건의 난이 일어나자 환관들은 호족들에게 이번에는 오히려 무장하고 황건농민군을 진압하라고 하였다. 이에 무장한 호적들이 황건 농민군의 진압에 나섰고, 호족들의 군웅할거시대가 도래하였다. 호족들은 황건의 난을 진압한 후 환관 타도의 기치를 내세웠다.

2. 영상자료

1) 중국의 문명

방송일시	2001년 12월 5일, MBC
상영시간	55분
주 제 어	황토, 황하, 은(殷), 은허(殷墟), 청동기, 갑골, 진시황, 병마용(兵馬俑), 황제령(黃帝領), 정주(鄭州), 서안(西安), 안양(安養), 정국거(鄭國渠), 춘추전국시대, 시경(詩經)

| 내용 소개 |

중국의 문명은 중국의 서북 황토 고원 지대에서 생겨났다. 이 땅에서는 1만 년 전부터 사람들이 살기 시작하였고, 그들은 이 황토지대를 경작하였다. 물기를 머금은 황토 땅은 풍성한 수확을 가능하게 한다. 이 영상자료는 황토지대가 중국의 신석기 문화와 청동기 문화의 중요한 토대가 된다고 주장한다. 그리고 황토지대에서 하(夏), 은(殷), 주(周) 같은 중국의 고대국가들이 일어났다.

하왕조는 아직도 그 실재성을 확인할 수 없지만, 은왕조는 은허의 발굴로 그 존재가 확인된 최초의 중국 고대국가다. 1928년 하남성(河南省) 안양(安養)에서 은허(殷墟)가 발굴되었는데, 기원전 15세기의 여러 왕릉에서 청동기 등 많은 유물들이 발굴되었다. 황토 땅 지하 30m 곽실(槨室)에는 왕의 시신이 안치되어 있었고, 그 주변에서 순장자의 시신이 발견되었으며 왕이 사용하던 청동제품이 놓여 있었다. 지금까지 발굴된 왕릉은 11개다.

황토 고원 지대는 지금은 연간 강우량이 400mm 정도밖에 안 되는 건조지대로서, 이 곳에서 문명의 탄생을 상상하기란 힘들다. 그러나, 1978년 은허에서 출토된 코끼리를 비롯한 동물들의 뼈, 이 지역의 흙 속에 섞여 있는 식물들의 씨앗의 연구 분석 등을 통해서, 3천 년 전 이 지역은 푸른 삼림과 초원이 펼쳐져 있는 아름다운 곳이었음이 드러나고 있다. 오늘날 이 지역의 삼림 초지는 5%에 불과하지만, 1500년 전에는 50%, 3500년 전의 왕조시대에는 80% 이상이 푸른 삼림과 초지로 이루어져 있었다. 삼황오제 가운데 황제의 능이라고 전해지는 황제령(黃帝嶺)도 이 같은 사실을 방증한다. 이 곳에는 주위 환경과는 달리 5천 년이 넘는 측백나무가 있고 땅에서는 깨끗한 물이 솟아난다. 은왕조와 고대 중국문명은 이런 자연 조건에서 출현할 수 있었다.

고대 중국인들은 자신과 가축을 야생동물로부터 보호하기 위해서도 황토를 이용하여 토담을 쌓았다. 나무틀 속에 흙을 쌓아 놓고 돌로 다지면 미세한 황토 흙 사이의 공기가 빠져나가게 되고 그것이 마르면 돌처럼 딱딱해지는데, 이 같은 방법을 판축법(版築法)이라고 부른다. 이 판축법은 지금도 사용되고 있는데, 은허에서 남쪽으로 150km 떨어진 정주시(鄭州市)에는 은왕조 시대의 판축법으로 쌓은 성벽이 남아 있다.

은나라가 이런 토성을 쌓은 이유에 대해, 자료 제작자는 유목민족인 강족(羌族)과의 전쟁 때문이라고 보고 있다. 은과 강족의 여러 차례에 걸친 전쟁은 갑골(甲骨)문을 통해 추정 확인된다. 또 은허에서 목 없는 유골이 묻힌 무덤이 많이 발굴되었는데, 10명씩 묻혀 있는 무덤이 1천5백 기나 된다. 이 또한 강족의 무덤일 것으로 추정한다.

그러나 이러한 해석은 논란의 여지가 있다. 순장은 고대 문명이 발생한 세계 여러 문명권에서 나타나는데, 그것이 어떤 의미를 갖는가를 두고는 해석이 분분하다. 중국에서는 순장된 사람이 노예일 것이라고 보고, 은나라를 노예제 사회로 해석하기도 한다. 따라서 순장된 사람을 반드시 강족이라고 단정하기는 어렵다.

중원을 지배한 왕조의 힘은 우수한 청동에 있었다. 청동은 구리와 주석을 합금한 것인데, 은왕조는 이 청동을 이용하여 검, 화살, 제기 등을 만들었다. 은허에서는 황토로 만들어진 주형들이 발굴되고 있는데, 구리를 녹여 부어 무기를 대량으로 제작하였음을 알 수 있다. 청동 제기는 왕의 권위를 높이기 위해서도 사용되었다. 은나라 왕은 커다란 청동기를 제작하게 하여 매일 신에게 제사를 올리고, 전국 각지에서 올라온 음식과 과일을 신에게 바쳤다. 당시 사용한 청동 제기로는 높이 80cm, 무게 128kg의 정(鼎)이 있고, 신에게 술을 담아 바치던 도구인 뇌(罍), 술을 데우는 데 사용한 작(爵) 등이 있었다. 영상자료는 은나라의 우수하고 정교한 청동기 제조의 가장 중요한 요소가 황토흙에 있었음을 전문가의 재현을 통해 입증해 보이려 하고 있다.

은나라 왕들은 하늘에 제사를 지낼 때 갑골(甲骨)을 이용하여 점을 쳤다. 갑골은 소뼈나 거북 껍질로 만들고 가뭄, 전염병과 같은 자연재해, 전쟁, 제사, 혼인 등과 같은 내용들을 기록하고 불에 구워 길흉을 점쳤다. 이러한 정치를 신정(新政)이라고 한다. 그 점괘를 갑골에 기록한 문자가 지금까지 사용되고 있는 한자의 기원이 되었다.

은나라의 청동기 문화는 중국의 여러 지역으로 확산되어 장강(長江) 유역에서도 청동기 문화가 발견되고 있다. 호남성 영향(寧鄕)현 청동기와 사천성 삼성퇴(三星堆) 유적지는 그 중요한 증거가 되고 있다. 이 밖에도 지금까지 110곳 이상에서 유사한 청동 유적이 발굴되었다.

은의 청동기 문화는 서주(西周)시대에도 이어졌지만, 그 제작 수준은 오히려 뒤진다는 평가를 받는다. 그것은 주나라가 은나라에 비해 문화적으로 후진국가였다는 증거도 되지만, 더 이상 청동기를 이용한 왕권 강화의 필요성이 없어졌기 때문이기도 하다. 주나라는 강력한 군사력을 기초로 하여 중원을 지배하기 시작하였기 때문이다. 특히 기원전

8세기부터 시작되는 춘추전국(春秋戰國)시대가 되면 청동 항아리에 신의 모습이 아닌 사람의 모습이 새겨지게 되는데, 이것은 인간중심의 세계관이 출현하였음을 의미한다.

은나라와 주나라, 춘추전국시대를 거쳐 황토지대를 처음으로 통일한 인물은 진시황제(秦始皇帝)였다. 진시황제의 유적으로는 그의 무덤인 여산릉(驪山陵)이 있고, 1974년에 발견된 지하의 방대한 병마용(兵馬俑)이 있는데, 8천여 개의 다양한 모습을 한 병마용이 발굴되었다. 아마도 실제 진시황의 군대를 본떴을 것이다. 진시황은 자신이 죽은 뒤에도 자신을 호위하게 하고자 이 같은 병마용을 만든 것이다. 이 병마용도 황토로 구워 만든 것이다.

진시황제는 모두 550년 동안 계속된 걸친 치열한 전쟁에 종지부를 찍고 기원전 221년 중국을 통일하였다. 통일을 이룩한 진의 힘은 새로운 무기 즉 철기에 있었다. 철기는 예리한 무기로서도 위력을 발휘했을 뿐만 아니라, 농기구 같은 연장을 만드는 데도 사용되어 사회경제적으로 청동기와 비교할 수 없는 막대한 영향을 끼쳤다.

진나라는 철제 농기구를 이용하여 넓은 토지를 경작하였다. 중국을 통일하기 위해서는 철제 무기뿐 아니라 경제적 토대 역시 중요하였다. 그것을 보여주는 시설이 관중(關中) 분지에 건설된 것으로 알려진 정국거(鄭國渠)다. 이 정국거는 한(韓)나라의 정국(鄭國)이라는 사람이 세운 것으로 전해진다. 그는 진나라가 강성해지는 것을 막기 위해서 대규모 토목사업을 일으켜 진을 약화시키려는 목적으로 파견된 일종의 간첩이었다. 그러나 진나라는 오히려 그것을 이용하여 결국 전국을 통일하는 거대한 경제적 기초를 확보한 것이다. 이 토벽은 2,650m 크기의 댐으로서, 거대한 호수를 만들어 관중분지를 옥토로 바꾸어 놓았다. 황토와 판축법이 이 사업을 가능하게 하였는데, 오늘날 판축법으로 쌓은 이

제방의 토벽 중 일부가 발견되었다.

　지금은 황폐화된 이 황토지대는 2200년 동안 중국 역대 왕조의 흥망성쇠를 지켜보았다. 늘어나는 인구를 위해 개발이 이루어지고, 울창하던 산림은 훼손되어 버렸다. 현재 중국정부는 이 황토지대의 토양 침식을 막고 건조화를 막기 위해 녹화사업을 전개하고 있다. 경제개발을 위해서 산림을 파괴하였던 중국인들이 다시 황토지대를 푸른 숲으로 되돌리고자 노력하고 있는 것이다. 이 지역에서 발생하는 황사는 중국뿐만 아니라 우리나라에도 심각한 피해를 주고 있다. 그들만의 문제가 아닌 것이다.

　□ **생각해 봅시다**
　(1) 황토지대에서 중국문명이 일어날 수 있었던 이유는 무엇인가?
　(2) 황토지대에 푸른 초원이 펼쳐져 있었을 것으로 추정되는 증거는 무엇인가?
　(3) 청동기의 용도는 무엇인가?
　(4) 진시황이 중국을 통일할 수 있는 배경이 철기였는가?

2) 인류의 스승, 공자(Confucius, Words of wisdom)

방송일시	2001년 12월 5일, 히스토리 채널
상영시간	50분
주 제 어	춘추전국시대, 공자, 사학(私學), 인(仁), 덕(德), 곡부(曲阜), 대성전(大成殿), 안회(顔回), 군자(君子)

| 내용 소개 |

중국을 대표하는 인물의 하나가 공자(孔子)일 것이다. 공자의 이름은 구(丘)인데, 못생긴 외모 때문에 붙여진 것이었다. 중국에서는 공자를 높여서 '공부자(孔夫子)'라고 칭하는데, 이 용어를 명(明)나라 때 중국에 온 유럽 선교사들이 라틴어로 옮기면서 'Confucius'가 되었다.

2천년 동안 중국의 가장 중요한 사상가로 꼽히는 공자는 중국에 유학을 일으킨 위대한 사상가이자 학자이며, 많은 제자들을 길러낸 위대한 스승이기도 하다. 한(漢)나라 때 유학자들은 그를 왕으로 높이기도 하였고, 송(宋)나라 때 그의 사상은 주희(朱熹)에 의해서 신유교(新儒教)로 재정비되어 국가통치 이념으로 자리잡았다. 또 근대에 이르러서 중국의 개혁가 강유위(康有爲)는 공자를 교주로 하는 공교(公敎)를 세우려고도 하였다. 그러나 청(淸)나라가 멸망하고 중국의 전통 가치에 대한 비판이 일어나면서 공자의 사상은 민중을 억압하는 봉건사상의 핵심으로 지목되어 비판을 받았다. 이후 5·4운동 시기의 유교 비판과 중국의 공산화 이후 문화대혁명에 이르기까지 공자와 유교사상에 대한 비판은 끊이지 않았다.

최근 공자의 사상 즉 유가(儒家)사상에 대해 새롭게 재평가가 이뤄지고 있다. 하버드 대학의 두웨이밍 교수는 "공자는 정치 변화를 위해 노력하였고, 권력자들의 부패와 탐욕에 맞서 싸웠으며, 평화와 정의를 실현하기 위해 노력하였다. 오늘날 아시아인들은 그의 가르침에 따라 놀라운 성장을 이룩하였다"라고 평가한다. 또 그는 "천안문 사태 이후 중국 지식인들은 유교의 전통이 자국의 지적 자산이며 저항정신의 토양이 된다는 사실을 깨달았고, 인권·자유·평등·적법 절차 등의 서구 가치관을 이해하는 데 많은 도움이 된다는 것을 이해하게 되었다"고 평가한다.

공자를 이해하는 것은 2천년 중국 사상사를 이해하는 관건이 된다. 이 자료는 이러한 공자의 출생에서부터 시작하여 그의 활동과 사상의 핵심을 차분히 소개하고 있다.

공자가 태어난 기원전 550년경 고대 중국은 찬란한 문명을 꽃피우고 있었다. 중국은 문자·달력·법전·철제 농기구를 사용하였고, 세련된 청동 제품을 제작하였다. 그러나 기원전 500년경 중국에 암흑기가 도래하였다. 봉건제도(封建制度)가 붕괴되고 사회혼란이 야기되었으며 주(周)왕조의 권위는 추락하고 전쟁이 계속되었다. 사회는 극심한 혼란에 빠졌다. 바로 춘추전국(春秋戰國)시대였다.

공자의 아버지는 숙량흘(叔梁紇)이라는 유명한 무사였는데, 70세에 16세 소녀 징재(顔氏 徵在)를 만나 공자를 낳았다. 숙량흘은 아들 공자가 태어난 지 얼마 안 되어 사망하였다. 공자의 탄생과 관련해서는 여러 가지 이야기들이 전해 내려오는데, 공자의 어머니가 황야에 나갔다가 검은 황제를 만나 결합하여 임신하였다는 전설도 있다.

그런데 공자는 어떻게 위대한 사상가 될 수 있었을까? 이 영상자료에서는 어려운 유년생활 속에서도 학문에 열정을 보였던 공자와 그 어머니의 사랑을 강조하고 있다. 아버지가 사망한 후 공자 모자는 곡부(曲阜)로 이사하였는데, 이 곳에서의 삶은 어려웠지만 어머니는 아들을 열심히 가르쳤다. 공자는 제사 지내는 놀이를 좋아하였고, 10대에 이르

러서는 고전을 읽고 역사를 공부하고 시를 공부하였다. 비록 어머니마
저 일찍 사망하는 그는 더욱 어려운 생활을 해야 했지만, 유달리 총명하
였던 그는 이 고통을 위대한 가르침으로 승화시켰다. 그 결과 그는
"군자(君子)는 고귀한 태생이 아니라, 고귀한 인품이 기준이고, 가족에
대한 사랑이 가장 중요하다"라고 가르치게 된다.

공자는 19세 되던 해에 결혼을 하였지만, 그의 아내에 대해서는 잘
알려져 있지 않으며, 아들 하나와 몇 명의 자식이 있었던 것으로 전해진
다.

잠시 곡물창고의 관리를 지내기도 했던 공자는 나이 30에 세상을
바로잡을 열쇠를 찾기 위해 도서관에서 역사와 문화를 공부하였다.
그 결과 그는 "인간은 교육을 통해 계층의 차이가 사라지게 된다"라는
새로운 주장을 내놓게 된다. 따라서 인간은 교육을 통해 훌륭해진다고
믿고 신분의 차이를 무시하였다. 자질이 부족하면 귀족이나 황제의
아들이라도 소인(小人)에 지나지 않으며, 자질만 있으면 평민의 아들이
라도 군자가 된다는 것이다.

공자는 신분에 관계없이 제자를 받아들였고, 이것은 당시로서는 파
격이었다. 공자를 스승 중의 스승으로 평가하는 이유도 여기에 있다.
그는 제자들에게 군자(君子)가 되라고 가르쳤다. 그는, "군자는 덕에
밝고, 소인은 이에 밝다." "군자는 자신에게 구하고, 소인은 남에게서
구한다." "군자는 자신의 운명을 담담하게 받아들이고, 소인은 항상
불평한다."라고 가르쳤다. 그에 따르면, 군자가 될 수 있는 것은 사람들
이 모두 인(仁)을 실천할 수 있는 존재이기 때문이었다. 여기에서 공자
가 말하는 인이란, "네가 원치 않으면 남에게 요구하지 말라." "내가
하고자 하는 것을 남에게 양보하라"라는 표현으로 요약할 수 있다.

이러한 공자사상의 핵심은 누구든 원하면 군자가 될 수 있다는 것이

었다. 권력과 신분의 세습을 정당한 것으로 받아들이던 당시에, 개인적인 노력을 통해서 신분을 바꿀 수 있다는 이러한 주장은 매우 중요한 사고의 전환이었다. 소위 '기원전 6세기 지식혁명의 시대'라는 세계사적 흐름을 공자에게서도 찾을 수 있다고 하겠다.

공자는 중국을 변화시키기 위해 조정에 진출하고자 하였고, 마침내 기원전 501년 나이 50세 되던 해에 노나라의 젊은 군주인 정공(定公)에게 발탁되었다. 공자가 나라를 다스리는 동안 노나라에서는 사람들이 길거리를 마음놓고 돌아다닐 수 있었고, 범죄가 없었으며, 상인은 마음놓고 장사를 할 수 있었다. 그러나 그를 시기하던 대부들이 공자를 축출했다.

기원전 479년, 54세의 공자는 자신을 알아줄 군주를 찾아 방랑길에 올라 13년 동안 중국의 동부지역을 여행하였다. 그러나 당시의 군주들은 영토를 넓히고 많은 권력을 확보하는 데에 열중하고 있었기 때문에 공자를 필요로 하지 않았다.

그런데 공자가 동주지역을 여행하던 중 노자(老子)를 만났다는 설이 있다. 당시 노자는 공자를 향해 "총명한 사람이 죽을 고비에 이르는 것은 남을 잘 비판하기 때문이다. 그렇게 남을 비판하다가 화를 입게 되기 쉽소."라고 충고하였다고 한다. 그러나 유학자들은 이 이야기를 인정하지 않고 있다.

기원전 484년 공자는 67세에 별 성과를 거두지 못한 채 곡부로 다시 돌아왔다. 이후 공자는 제자를 기르고 저술하는 작업에 몰두하였다. 『사기(史記)』에 따르면 그에게는 3천여 명의 제자가 있었는데, 그 중에서도 72명의 제자를 아꼈다 한다. 특히 애제자 안회(顔回)를 좋아하였다. 가난하면서도 만족하고, 학문을 좋아하는 안회의 열정을 높이 평가하였던 것이다. 그러나 안회는 41세의 나이에 갑자기 사망하여 공자는 크게 슬퍼하였다고 한다.

기원전 479년, 평생토록 바라던 개혁을 끝내 실행에 옮기지 못한 채 공자는 73세의 나이로 눈을 감았다. 그러나 그의 사상은 제자들을 통해 『논어(論語)』로 오늘까지 살아 남아 있고, 유교는 오랫동안 중국을 포함하여 동아시아의 사상체계와 철학에 지배적인 영향을 미쳤다.

오늘날 아시아의 두드러진 경제성장도, 열심히 일하고 배우면 누구나 성공할 수 있다는 그의 가르침 때문인지도 모른다.

□ **생각해 봅시다**

(1) 공자의 사상의 가장 중요한 핵심은 무엇인가?

(2) 공자가 제시한 군자(君子)는 어떠한 인간상인가?

(3) 공자의 사상은 오늘날 어떠한 영향을 끼치고 있나?

3) 진시황제(秦始皇帝)

방송일시	2001년 12월 5일, MBC
상영시간	50분
주 제 어	만리장성, 흉노(匈奴), 이사(李斯), 서안(西安), 함양(咸陽), 소전체(小篆體), 직도(直道), 동마차(銅馬車), 병마용(兵馬俑), 반냥전(半兩錢), 분서(焚書), 갱유(坑儒), 법가(法家), 한비자(韓非子), 운몽진간(雲夢秦簡), 남월(南越), 영거(靈渠), 번옹(番禺), 엘리우트라

| 내용 소개 |

　중국을 최초로 통일한 인물이 진시황제다. 이 시황제에 대해서는 서로 다른 두 가지 평가가 엇갈리고 있다. 전통적인 평가는 그를 엄격하고 혹독한 정치자로 본다. 그가 평생 추진한 대규모 토목사업, 즉 만리장성과 아방궁의 건설, 생전에 조성한 자신의 무덤 여산릉(驪山陵) 등에는 일반 백성과 죄수들 등 엄청난 인원이 동원되었다. 그리고 그의 획일적이고 강력한 법치(法治)정책은 각 지역에서 전통 문화를 발전시켜 오던 백성들을 고통스럽게 하였다. 뿐만 아니라, 그는 불로장생의 환상에 젖어 있던 인물이라는 평가를 받는다. 이러한 평가는 철저한 법치주의에 기초한 그의 정책에서 말미암고 있지만, 진 멸망 후 건국된 한(漢)나라의 통치이념과도 관계가 있다. 한나라는 진나라의 정책을 부정하고 유교이념을 기초로 하고 있었기 때문에, 진시황제의 엄격한 법가적 통치에 대해 매우 부정적이었다.

　그럼에도 불구하고 진시황제는 최초로 중국을 통일하였고, 중국 전체를 지배하는 제국의 질서를 확립하여 2천년 중국의 전제군주체제의 기초를 마련하였다는 점에서는 긍정적 평가를 받는다. 그가 시작한 황제체제, 군현제(郡縣制)와 관료제, 그리고 다양한 사회경제적 통일사업은 청(淸)나라가 멸망할 때까지 국가 통치의 근간이 되었다.

이 영상자료는 진시황제가 추진한 구체적인 통일사업의 내용을 적극적으로 평가하며 살피고 있다. 즉 진시황에 관한 도덕적이고 이념적인 평가보다는, 중국을 통일하고 지배원리를 확립하였다는 실제적인 측면에서 평가를 내리고 있다.

영상자료는 먼저 통일사업 및 지배이념과 관련하여 진시황제를 도운 재상 이사(李斯)의 역할에 주목하고 있다. 이사는 진시황제의 통일사업에서 매우 중요한 역할을 담당하였다. 그는 진시황제가 죽을 때까지 옆에서 보좌했던 인물이다. 『이사열전(李斯列傳)』에 따르면, 그는 초(楚)나라 출신으로 자신의 포부를 펼치기 위해 춘추전국시대를 통일할 군주를 찾다가 진시황을 만났다. 한비자(韓非子)와 함께 순자(荀子)의 제자였던 그는 성악설(性惡說)에 입각한 법가의 대표적인 인물로, 그의 법가사상과 진시황제의 사상은 서로 통하였다.

진시황제는 천하를 통일한 후 수도 함양(咸陽)을 전국의 문화의 중심지로 만들었다. 함양궁 1호궁은 정복한 각 국의 양식을 종합하여 세운 거대한 궁전으로 전국의 문화가 한데 섞여 있었다. 여기에 전국으로부터 부호(富戶)들을 불러들여 화려한 도시를 만들었다. 이들은 각지에서 영향력 있는 인물들이었다. 이러한 조치는 지방세력을 약화시켜 황제체제를 확고히 하려는 뜻도 있었다.

진시황제는 천하를 통일한 뒤, 다양한 사회경제적 제도를 통일시켜 나갔다. 춘추전국시대 내내 각지에 할거하고 있던 제후들은 각자의 문화와 전통을 유지하면서 독립 경쟁하였다. 그리고 그 주변에는 유목민족들이 할거하고 있었다. 황제로 즉위한 진시황제는 이를 통일하는 사업들을 추진하였다. 즉, 도로 정비, 경제유통의 정비, 지방제도의 개혁, 사상과 문화적 통일을 시작하였다.

진시황은 먼저 진나라에서 사용되던 문자에 기초하여 이사가 만든 소전체(小篆體)로 문자를 통일시켰다. 소전체에 대해서는 『설문해자(說文解字)』에 소개되어 있는데, 2천년 동안 중국에서 사용된 한자체의 원형이 되었다. 시황제는 이 문자를 보급하기 위해 전국에 비석을 세웠는데, 태산의 대묘(大廟)에도 10여 자가 남아 있다. 진시황의 제국 통치는 이 문자의 통일로부터 시작되었다.

그리고 광대한 영토를 구석구석까지 지배하기 위해 도로를 건설하였다. 시황제는 수도 함양에서 북쪽 부현(富縣)으로 가는 직도(直道)를 건설하여 흉노의 침입에 대비하였다. 이 도로들은 판축법으로 건설되어 나무조차 자랄 수 없기 때문에 지금도 확인이 가능하다. 이 밖에도 전국 각지를 연결하는 도로를 건설하여, 필요할 때 대군을 신속히 이동시킬 수 있었다. 이 길을 따라 진시황제는 다섯 차례에 걸쳐 전국을 순수(巡狩)하였다. 이 때 진시황이 타고다녔을 동마차(銅馬車)가 병마용에서 발굴되었다.

화폐와 도량형도 통일하였다. 그는 당시 사용되던 도전(刀錢)이나 포전(布錢) 등을 폐지하고, 반량전(半兩錢)으로 통일하였다. 그리고 청동 저울추의 무게와 두(豆)라는 도량형을 통일하였다. 그는 이 도량형을 통일을 통하여 경제적 통일을 시도하였던 것이다.

한편 그는 법치주의를 통해 엄격한 질서를 세웠다. 인종, 문화, 관습의 차이를 무시하고 강력한 전제군주체제를 수립하고자 한 그는 사상통일을 목적으로 분서(焚書)와 갱유(坑儒) 사건을 일으켰다. 그가 『한비자(韓非子)』의 사상에 기초하여 일원적인 지배질서를 확립하고자 했다는 것은 당시의 법률문서인 운몽진간(雲夢秦簡)을 통해 확인된다. 1975년 호북성 운몽현에서 발굴된 진나라의 무덤에서 이 운몽진간이 발견되면서, 진시황제의 법치가 혹독한 것이었다라고만 비판할 수 없게 되었다. 여기에는 일상 생활과 관련된 법이 상세히 기록되어 있었는데, 관리들의 법 집행을 객관화시켰다는 사실이 확인되었다. 이러한 진시황제의 법률에 기초한 제도적 통일은, 진시황을 비판하던 한나라에 그대로 계승되어, 2천년 중국의 황제 절대정치의 기초가 되었다.

진시황은 국내 제도의 정비와 함께 영토 팽창에 나섰다. 그는 남방의 남월(南越)을 정복하고, 이 때 영거(靈渠)라는 운하를 만들어 50만 대군에게 백월(百越)을 공격하게 하여 오늘날 광주(廣州)인 번옹(番禺)을 함락시켰다. 그는 남중국의 대표적 국가를 점령함으로써 동남아로의 교역로를 확보하였다. 이 교역로에서 활동하던 아라비아 상인들을 통해 진나라의 이름이 '티이나'로 서방 세계에 알려져 오늘날 China의 어원이 되었다.

북쪽으로는 흉노(匈奴) 정벌에 나섰다. 만리장성을 건설하고 기원전 215년 30만 대군을 동원하여 흉노를 공격하였다. 그러나 만리장성을 유지하는 데는 많은 인력과 비용이 필요하였고, 흉노는 쉽게 제압할 수 없었다. 이러한 무리한 흉노원정은 진나라 멸망의 한 원인이 되었다.

□ 생각해 봅시다
(1) 진시황제가 중국을 통일할 수 있었던 배경은 무엇인가?
(2) 진시황제의 처음으로 만든 제도는 어떤 것들이 있나?
(3) 대제국을 건설한 진나라는 왜 그렇게 빨리 망하였는가?

4) 현대 문명의 놀라운 이야기, 만리장성(萬里長城)

방송일시	2003년 8월 4일, 히스토리 채널
상영시간	50분
주 제 어	만리장성(The Great Wall), 윌리엄 에드거 길, 산해관(山海關), 가욕관(嘉峪關), 진시황제, 몽염(蒙恬), 부소(扶蘇), 징기스칸, 주원장(朱元璋), 만리(萬里), 이자성(李自成), 중일(中日)전쟁, 문화대혁명, 등소평(鄧小平), 닉슨

| 내용 소개 |

중국인들은 자신들을 상징하는 네 가지 자랑거리로, 이황(二黃) 즉 황하(黃河)와 황산(黃山), 그리고 이장(二長) 즉 장강(長江)과 장성(長城)을 든다. "남자로 태어나 만리장성에 한 번 오르지 못하면 대장부가 아니다"라는 말은 중국인들에게 만리장성이 얼마나 상징적인 의미를 갖고 있는지 말해 준다.

만리장성은 진시황제 때 북방의 흉노를 막기 위해 건설한 건축물이었다. 이것은 군사적 목적으로 세워졌지만, 문화적으로도 매우 중요한 의미를 갖고 있다. 중국의 역사는 북방 유목민족과 남방 농경민족의 교류를 통해 전개되었다고 해도 과언이 아니다. 이 교류에서 장성은 장애물이 되었다. 중국은 여러 차례 북방 이민족의 지배를 받았지만, 그럴 때마다 오히려 최대의 판도를 형성하면서 국제적으로 번영하였다. 전통 한족(漢族)에 의해 세워진 중국 왕조는 만리장성 안에 웅크리고 있을 때가 많았다. 이렇게 보면 만리장성은 단순히 북방 이민족의 침략을 막는다는 원래의 의미를 넘어서 2천년 중국 역사의 성쇠를 이해하는 기준이 될 수 있다.

이 영상은 만리장성의 역사를 중심으로 중국 역사의 흐름을 소개하고 있다. 만리장성이라는 이름은 길이가 만리에 달했다는 뜻에서 붙여졌다는 설도 있고, 명나라 때 만리(萬里)라는 사람이 세웠던 데서 붙여졌다는 설도 있다. 서양에 만리장성이 알려진 것은 최근이다. 1908년, 미국인 윌리엄 에드거 길이 처음 만리장성을 여행하였는데, 그는 만리장성이 인간이 만든 건축물 가운데 달에서 보이는 유일한 건축물이라는 근거 없는 소문을 퍼트렸다.

중국이 북방에 성을 쌓기 시작한 것은 춘추전국시대였다. 제(齊)·초(楚)·진(秦)·진(晉)·연(燕)·조(趙) 등 제후국들은 북쪽 이민족과 자신들의 적을 막기 위해 성을 건설하였다. 진시황은 중국을 통일한 뒤이 성들을 연결하여 만리장성을 완성하였다. 당시 만리장성은 새로 축조된 성벽이 수백km 정도였고 나머지는 기존의 성벽을 연결한 것으로서 기원전 210년에 완성되었다.

진시황을 둘러싸고는 여러 가지 전설이 전한다. 위대한 인물이 전설을 낳는다는 전례 때문이기도 하고, 진시황의 잔혹성을 드러내기 위해 꾸며진 이야기일 수도 있다. 예를 들면, 진시황이 마법의 양탄자를 타고 달로 날아가는 꿈을 꾸었는데 그 때 타고 떠난 배가 신주(神舟)라고 전한다. 중국 최초의 유인 위성의 이름은 여기서 왔다.

그의 출생과 관련된 이야기도 있다. 진시황의 아버지는 자초(子楚)라고 하는데 어린 시절에 조(趙)나라에 인질로 있을 때 그를 도와준 여불위(呂不韋)를 뒷날 왕위에 오른 뒤 크게 중용하였다. 그런데 자초는 여불위의 애첩을 아내로 맞아 아들을 낳았는데 그 아들이 바로 정(政), 즉 뒷날의 진시황제고, 정은 여불위의 아들이라는 것이다. 시황제는 성장하면서 광기와 편집증을 보이게 되는데 바로 이 같은 출생 배경과 관련이 있다는 이야기다.

또 다른 이야기도 있다. 진시황은 연금술과 불로장생과 같은 신비주의에 빠진 과대망상증 환자였다는 것이다. 진시황제의 다섯 차례에 걸친 순행은 불로장생약을 찾기 위한 것이었고, 결국 그는 순행 중에 사망하였다. 그의 사망과 관련해서도, 그가 오래 살기 위해 마신 단약(丹藥) 때문에 사망했다는 이야기도 전한다. 그러나 진시황의 이런 모습은 사실 다른 역대 중국의 황제들과 별반 차이가 없다. 황제들이 신선 사상에 빠져 납중독으로 사망했을 것이라는 설은 여럿 있다.

오히려 우리의 관심은 진시황제가 왜 그토록 무리하게 만리장성을 쌓았는가 하는 점에 있다. 북방 유목민을 막고 농경문화를 지키기 위해 고비 사막까지 장성을 확대하였다고 해석할 수도 있다. 또 자신을 위해 거대한 건축물을 세우고 싶어했을 수도 있다. 그러나 장성의 구불구불한 모습에 기초하여, 북쪽의 괴물이 넘지 못하게 일부러 그랬다는 이야기도 있다. 어떤 이는 장성의 건설로 대지의 기운이 막혔기 때문에 결국 진나라가 멸망했다고 설명하기도 한다. 이러한 여러 해석 가운데 아마 가장 중요한 것은 흉노를 막기 위한 군사적 목적이었을 것이다. 지금의 장성에는 진시황 때의 것은 거의 없고, 명나라 때 것이 남아 있다. 그러나 이 장성은 모두 기본적으로 진시황제 때의 노선을 따라 만들었을 것이다.

진시황의 의도에도 불구하고 중국 역사를 통해서 만리장성은 북쪽 유목민족의 침입 앞에서 별 효과를 발휘하지 못했다. 웨이크만은, "만리장성은 원래 북방민족으로부터 중국을 지키려는 용도로 건설되었지만, 오히려 중국의 북쪽 진출을 방해하였다. 뿐만 아니라 북경을 지킨다는 만리장성 본래의 목적은 달성되지 않았다. 장성에서는 유목민들이 궁핍한 군사를 매수하여 자유롭게 출입하고 있었다. 북경 바로 앞까지 쳐들어오기도 했다."라고 평가하였다.

한(漢)은 만리장성을 보수하였지만, 당(唐)은 만리장성을 방치하였다. 징기스칸은 몽골을 통일한 후 만리장성을 넘어 중국으로 쳐들어왔다. 그의 손자 쿠빌라이 칸은 중국의 황제가 되고 원(元)을 세웠다. 몽골의 지배 아래 중국은 국제화하였고, 동서교역의 발달로 마르코 폴로가 중국을 방문하기에 이르렀지만, 만리장성에 대한 언급은 없었다. 만리장성은 이미 거의 1천 년 동안 방치되어 있었던 것이다.

주원장(朱元璋)이 몽골을 몰아내고, 명(明)나라를 건설하였다. 명나라는 중국 역사상 가장 활발하게 성벽을 쌓은 왕조다. 지금의 만리장성을 건설한 것은 명나라 영락제(永樂帝)였다. 명나라 장성은 벽돌과 화강암으로 건축하였기 때문에 많은 비용이 들었다. 장성도 진나라에 비해 훨씬 길어서, 천하제일문(天下第一門)이라는 별명이 붙은 산해관(山海關)에서 가욕관(嘉峪關)까지 6천 km나 이어졌다.

만리장성의 유지에도 엄청난 비용이 들었다. 비용을 감당할 수 없었던 명나라 조정은 병사들로 하여금 스스로 농사를 지으면서 식량을 자급자족하게 했다. 그러자 병사들은 그 곳에 정착하고, 유목민의 말도 배우고 무역 거래도 하였다. 유목민들은 월급이 적은 병사들을 매수하여 교역을 하기도 하였다. 결국 유목민을 방어하기 위해 주둔하고 있던 군사거주지는 오히려 명조가 몰락하는 원인이 되었다.

만리장성은 만주족의 청(淸)나라를 막지 못했다. 이자성(李自成)의 난을 계기로 1644년 청나라가 북경을 점령하였다. 청나라는 이 때부터 신해혁명(辛亥革命)까지 중국을 지배하였다.

그런데 최근 들어와서 만리장성의 역할과 의미는 달리 평가되고 있다. 외국인들에게 만리장성은 중국 문명의 상징으로서, 중국을 방문한 외국인은 항상 만리장성을 방문하고 중국에 경의를 표한다. 만리장성은 중국의 힘과 번영을 보여주는 대표적 상징물이 된 것이다.

이에 비해 중국인들은 이 만리장성을 몽골족과 만주족에게 점령당한 군사적 실패를 의미하는 건축물이자, 진시황 때 동원된 양민들의 무덤

으로 보았다. 한때 중국공산당은 학생들에게 만리장성을 민중에 대한
전제군주의 억압을 상징하는 건조물로 강조하기도 하였다.

그러나 1930~40년대 중일(中日)전쟁이 만리장성 근처에서 진행되
면서, 만리장성은 민중의 저항을 상징하는 존재로 변하기 시작하였다.
모택동(毛澤東)은 시와 노래로 만리장성을 찬양하였고, 이는 중국의
국가에 반영되었다. "노예 되기를 거부하는 자 일어나라, 우리의 피로
새로운 만리장성을 세우자□□□□□□". 중국이 공산화된 된 후 만리장성은
새로 수리되었고, 문화대혁명 동안 허물어지고 파괴되기도 하였지만,
1984년부터 등소평(鄧小平)에 의해 대대적으로 복구되어 지금에 이르
렀다.

만리장성은 이처럼 중국의 역사 속에서 중국의 통일을 상징하기도
하고, 농민의 억압을 상징하기도 하였다. 지금의 만리장성은 중국의
화려한 문명과 유구한 역사를 상징하면서, 세계적으로 막대한 고객을
끌어들이는 관광시장으로 변하였다.

□ 생각해 봅시다
(1) 진시황과 영락제가 만리장성을 세운 이유는 각각 무엇인가?
(2) 만리장성이 유목민의 침입을 막지 못한 이유는 무엇일까?
(3) 지금 중국인들은 만리장성을 어떻게 보고 있을까?

5) 서초패왕(西楚霸王)

방송일시	1995년 5월 12일, 張藝謨 제작
상영시간	135분
주 제 어	항우(項羽), 유방(劉邦), 패공(沛公), 패왕(霸王), 의제(義帝), 장량(張良), 한신(韓信), 소하(蕭何), 번쾌(樊噲), 홍문(鴻門)의 연(宴), 초한전(楚漢戰), 해하(垓下), 사면초가(四面楚歌), 호해(胡亥), 조고(趙高), 함양(咸陽), 아방궁(阿房宮)

|내용 소개|

중국 역사상 대표적 영웅호걸을 든다면 항우(項羽)와 유방(劉邦)이 첫손가락에 꼽힐 것이다. 이들은 진나라 말기 최초의 농민반란인 진승(陳勝)·오광(吳廣)의 난을 계기로 기의하였다. 항우는 초(楚)나라 귀족 세력을 대표하고, 유방은 농민계급을 대표한다. 특히 유방은 전국시대에 유행하던 의리에 기초한 인적인 결합인 임협(任俠)세력을 대표한다. 이러한 의리 집단이 정치세력화 하여 최초의 농민정권을 탄생시킨 것이다 중국역사에서 농민으로서 황제의 자리에 오른 대표적인 인물이 바로 이 유방과 명나라의 주원장(朱元璋)이었다.

유방과 항우가 천하의 패권을 다투는 내용을 담은 역사적 기록과 소설 및 영화는 헤아릴 수 없이 많다. 사마천의 『사기』에는 「항우본기(項羽本紀)」와 「고조본기(高祖本紀)」 등 이 싸움에 참여한 많은 영웅호걸들의 열전(列傳)이 수록되어 있다.

이 영화는 전체적으로는 역사적 사실을 토대로 하고 있지만, 영화적 흥미를 위해 극화된 부분들도 많다. 예를 들어, 항우의 부인 우(虞)미인과 유방의 부인 여치(呂雉)의 애정관계는 픽션으로서 사료를 통해서 확인되지 않는 부분이다. 여치는 가족을 살리기 위해 시어머니를 버렸지만, 우미인은 피를 보고도 기겁하는 연약한 성격의 여자로 묘사된다.

항우가 아방궁을 불태우는 것도 우미인 때문이고, 의제(義帝)를 죽인
인물은 우미인의 오빠로 되어 있다. 특히 여치는 질투심이 강한 여자로
묘사된다.

이 영화에서는 항우와 유방의 성장 과정이 생략되어 있다. 항우는
어려서 부모를 잃고 삼촌 항량(項梁) 아래에서 자랐다. 항량이 항우에게
글을 가르치려 했을 때 항우가 "사나이는 이름 석자만 쓸 수 있으면
되지 글을 배워 무엇하겠는가?" 하였던 것은 잘 알려 있다. 이에 비해
유방은 가난한 농민으로 어려서부터 의리를 중시하여 소하(蕭何), 번쾌
(樊噲) 같은 친구들과 어울리기를 좋아하였다.

이들은 성장 과정도 달랐지만, 성격도 달랐다. 항우는 사람을 잘
믿지 않았지만, 일단 믿으면 끝까지 그를 믿다가 낭패를 보기도 하였다.
이에 비해 유방은 남을 잘 믿지 않지만, 필요하다면 눈물을 보여서라도
자기 사람으로 만드는 교활한 인물이었다.

사마천의 『사기』에는 항우 이야기가 「항우본기(項羽本紀)」에 실려
있는데, 이는 사마천이 항우를 황제의 반열에 위치시켰음을 의미한다.
사마천은 항우가 뛰어난 용력과 재주를 갖고 있었으나, 때를 잘못 만나
황제에 오르지 못하였다고 평가하였다. 이 영화는 패권 다툼에서 항우
가 결국 패하고 유방이 승리하는 과정을, 민심을 얻은 자와 그렇지
못한 자의 운명적인 생애로 보여주고 있다.

영화는 기원전 209년 항량과 항우가 회계(會稽)에서 봉기하고, 유방
도 패현(沛縣)에서 봉기하는 시점으로부터 시작된다. 유방이 반란을
일으켰다는 소식이 알려지자, 진나라 병사들이 유방의 집을 습격하였
다. 소하(蕭何)가 유방의 가족을 구하러 갔는데, 유방의 어머니가 지체
하자 여치는 냉정하게 시어머니를 버리고 달아난다.

항우는 삼촌 항량이 전사한 뒤 반란군의 우두머리가 된다. 반란 초기

유방은 세력이 미미하였기 때문에 항우를 찾아가 그에게 의탁하였다. 항우가 세운 초나라 회왕(懷王)은 유방을 정서(征西)대장군에 임명하고, 진나라의 수도인 함양에 먼저 쳐들어가면 관중왕(關中王)에 봉하겠다는 유지를 내렸다.

기원전 207년 항우는 2만 군대를 이끌고 진나라 왕리(王離)의 20만 대군과 거록(鉅鹿)에서 접전을 벌였다. 이 전투에서 항우는 큰 승리를 거두고, 이 기세를 몰아 요충지인 극원(棘原)에서 진나라 장한(章邯)과 전투를 벌였다. 당시 장한은 30만 대군을 거느리고 있었고, 항우 군대는 수만에 불과하였다.

항우가 극원에서 장한과 대치하고 있을 때 진나라 병사들이 초나라의 회왕을 급습했다. 이 때 유방은 적극 대응하지 않았다. 성은 함락되고 회왕은 실종되었다. 번쾌(樊噲)가 유방의 가족을 구해냈으나 우미인은 진나라 병사에게 잡혀갔다. 이 와중에도 유방은 자신의 세력을 유지하려는 속셈이 있었다.

항우는 장한과의 전투에서 앞뒤로 협공을 당하였으나 치열한 전투 끝에 결정적인 승리를 거두었다. 그러나 그는 포로로 잡힌 진나라 병사 20만을 생매장하여 죽여 버린다. 항우가 민심을 잃게 되는 이 첫 번째 사건으로 그는 생매장 당한 병사의 가족까지 포함하여 최소 100만 이상의 백성들로부터 원성을 사게 된다. 항우의 참모 범증(范增)은 이 때 천하의 민심을 잃어버렸다고 땅을 치며 원통해 하였다.

항우는 전투에서 승리한 후 천하의 장군들을 모아 회맹(會盟)을 하고 패왕(覇王)이 되었다. 당시 유방의 참모인 소하(蕭何)는 회왕의 지시를 상기시키며 유방에게 회맹에 참여하지 말고 바로 함양 땅으로 들어가자는 대안을 내놓았다. 유방은 그의 건의를 받아들여 의리를 저버리고 함양에 들어가기로 하였다.

한편 진나라의 2세 황제 호해(胡亥)는 환관 조고(趙高)에 둘러싸여
주색잡기에 빠져 정사를 돌보지 않고 있었다. 조고는 이 2세 황제를
죽여버리고 그의 조카 자영(子嬰)을 3세 황제로 세웠다. 3세 황제는
조고를 죽이고 유방에게 황제 옥새를 바치며 항복하였다. 이렇게 하여
유방은 피 한 방울 흘리지 않고 함양 입성에 성공하였다. 소하는 진나라
의 가혹한 법을 폐지하고 '약법삼장(約法三章 : 살인 · 도적질 · 간음죄
처벌)'을 반포하였다.

항우와 범증은 유방이 다른 마음을 품고 있다고 의심하여 함양에
들어오지 않았다. 먼저 함곡관(咸谷關)을 점령하고 홍문(鴻門)에서 진
을 치고 유방을 불렀다. 이 때 유방의 부하인 장량(張良)과 가까운
항백(項伯)이 이는 항우가 유방을 죽이려는 음모임을 알려주었다. 항백
은 항우의 삼촌이었지만 과거 장량에게 도움을 받은 적이 있었다. 이에
준비를 단단히 한 유방은 번쾌를 대동하고 홍문의 연회에 참여하였다.
유방을 죽이려는 범증 등 항우의 측근들과 유방을 보호하려는 번쾌를
비롯한 유방 측근들 사이의 팽팽한 긴장 속에서 유방은 결국 살아
돌아온다.

항우는 함양에 입성한 뒤 3세 황제 자영을 죽이고 아방궁을 불태웠다.
범증이 민심을 잃을 것이라고 극구 말렸지만 항우를 막지는 못했다.
아름다운 아방궁은 3개월 동안 불탔고, 수많은 보물이 모두 잿더미로
변해 버렸다.

진나라를 멸망시킨 뒤 항우는 회왕을 의제(義帝)로 삼고, 18명의
장군들에게 봉건을 실시하고 고향인 팽성(彭城)으로 돌아왔다. 그 자신
은 스스로 서초패왕(西楚覇王)이 되었다. 이 때 유방은 관중 땅의 왕으
로 봉해지리라 기대했으나, 멀리 한왕(漢王)에 봉해지자 울분을 머금은
채 떠났다.

한편 의제는 허수아비 황제였음에도 불구하고 항우에게 불만을 표시하다 죽임을 당하였다. 이 사건으로 범증은 또다시 천하의 인심을 잃었다고 분해하였다.

항우의 분봉에 불만을 품고 있던 유방은 의제 살해사건을 핑계로 제후들을 모아 항우를 공격할 군대를 일으켰다. 이 때부터 초·한(楚漢)전쟁이 시작되었다. 항우가 반란군 전영(田榮)을 진압하는 동안 유방과 제후의 연합군은 초나라 수도 팽성을 함락하였다. 항우의 부하 경포(鯨布)의 배신 덕이었다. 그러나 항우가 팽성으로 돌아오자 유방은 팽성에서 다시 쫓겨났다.

그 뒤에도 초한전쟁은 2년간 지속되었다. 기원전 203년 항우와 유방은 광무(廣武)에서 대치하고 있었다. 유방은 군량미도 부족하고, 소하의 군대와 한신(韓信)의 군대로부터 아직 지원을 받지 못한 채 곤궁한 상태에 빠져 있었다. 항우 쪽에서도 오랜 전쟁으로 병사들이 지쳐 있었고, 천하의 민심도 휴전을 희망하였다. 끝까지 싸우자고 요구하던 항우의 군사인 범증은 항우를 떠나버렸다.

유방과 항우는 홍구(鴻溝)를 경계로 동쪽은 초(楚), 서쪽은 한(漢)나라로 천하를 나누었다. 그런데 기원전 202년 한신의 지원병이 도착하자, 유방은 항우와의 휴전약속을 배신하고 한신의 군대를 중심으로 해하(垓下) 성을 포위하였다. 항우는 '사면초가(四面楚歌)'의 상황에 처했다. 이 위기에서 우미인은 자살하고 항우는 부하들과 포위망을 뚫고 탈출하였다. 그러나 항우는 오강(烏江)에 이르러 한나라 군대의 추격을 받았다. 배는 한 척뿐이었다. 항우는 자신의 말을 배에 태워보내고 부하들과 함께 싸우다가 장렬히 전사하였다.

당시 장량(張良)이 한신에게 "사람은 진퇴의 시기에 따라 신중히 행동해야 한다."라고 하였지만, 한신은 자신의 공로를 믿고 그의 말을 거절하였다. 결국 장량은 살아남았지만, 장량의 충고를 가볍게 여겼던 한신은 '토사구팽(兎死狗烹)'의 죽음을 당하였다.

기원전 202년 유방이 천하를 통일하고 한(漢) 왕조를 세웠다. 건국공신들에게 봉건하고 이들을 제후왕(諸侯王)으로 삼았지만, 그것은 잠시 뿐이었다. 유방은 천하를 얻기 위해 힘을 필요로 하였고 인간적 의리를 토대로 많은 동료를 모았다. 그러나 천하를 장악하게 되자 이들을 제거하기 시작하였다. 소위 창업(創業)과 수성(守成)의 논리로 설명되는 사례다. 나라를 세운 결정적 공신들은 이제 나라의 안정을 위해서는 제거되어야 할 대상이 되었다. 그 첫 번째 희생자가 가장 결정적인 공을 세운 한신(韓信) 장군이었다. 잇달아 건국의 주요한 공신들이 제거되었고, 오초칠국(吳楚七國)의 난을 거쳐 중국은 완전히 황제의 통제 아래 흡수된다.

ㅁ **생각해 봅시다**

(1) 항우와 유방의 성격을 비교해 보자.

(2) 유방이 천하를 차지할 수 있었던 중요한 요인은 무엇이었나?

(3) 장량과 한신의 최후가 다르게 된 이유는 무엇인가?

제3장 중국 중세의 역사

1. 시대개관

1) 위진남북조(魏晉南北朝)시대의 정치

(1) 삼국시대(三國時代)

220년 후한이 멸망한 뒤, 중국은 반세기 동안 삼국으로 나뉘어져 있었다. 황건의 난 진압에 참여한 지방의 호족들은 난을 진압한 후 후한의 정치를 혼란에 빠뜨리고 청의 세력을 억압하던 환관들을 타도하면서, 각 지방에서 독립 할거하는 형세를 이루었다.

환관을 제거한 군웅은 서로의 이해관계에 따라 이합집산하였다. 그 결과 유력한 세 명의 영웅호걸을 중심으로 세력이 재편되었다. 조조(曹操)는 헌제(獻帝)를 옹립하고 화북을 장악한 뒤 208년부터 남하하였다. 그리고 한 황실의 후손으로 자처하던 유비(劉備)는 형주(荊州) 지역을 근거로 할거하였다. 손권(孫權)은 강남의 토착호족을 근간으로 회하(淮河) 유역과 장강 중하류 지역을 차지하였다. 많은 영웅이 활약하던 이 시대는 소설『삼국지연의(三國志演義)』의 배경이 되었다. 적벽(赤壁) 대전 이후 조비(曹丕)가 헌제로부터 선양을 받아(220) 국호를 위(魏)라 하고 낙양을 도읍으로 삼았다. 이에 유비도 성도(成都)에 도읍하고 촉한(蜀漢)이라고 하였다(221). 손권은 건업(建業)에 도읍하고 오(吳)라고 하였다(229). 이 시대를 삼국시대라고 부른다. 후에 촉한은 위나라에 병합되고, 사마염(司馬炎)이 위나라를 찬탈하여 진(晉)나라를 세우고 진나라는 오를 병합하여 중국을 통일하였다.

삼국시대는 분열과 대립의 시대였지만, 서로 경쟁하는 과정에서 정치제도와 경제개혁이 이루어지면서 그 동안 소외되었던 지역이 개발되는 효과를 가져오기도 하였다. 특히 위나라는 시대적 변화에 부응하는 다양한 개혁을 추진하여 삼국시대의 강자로 부상하였다. 그 대표적인 것이 새로운 관리등용법인 구품중정제(九品中正制)의 도입이다. 이것은 각 군(郡)에 중정(中正)을 두고 인재를 품평 · 추천하여[鄕品] 중앙에서 다시 관직[京品]에 임명하는 제도다. 이 제도를 통해서 위진(魏晉)시대에 유능한 인재들이 대거 발탁되었다. 하지만 특정 가문의 등급이 고정되면서 소수 귀족이 정치적 · 사회적 권력을 독점하는 귀족사회의 성립에 중요한 제도적 역할을 하였다.

조조는 또한 부자 형제 대대로 병역의 의무를 부과하는 병호제(兵戶制)를 실시하고, 농민으로 하여금 황무지를 경작하게 하는 둔전(屯田)을 실시하였다. 그리고 한나라 시대의 인두세제적인 조세제를 부정하고, 호를 단위로 세금을 부과하는 호조제(戶調制)를 실시하였다. 이러한 여러 제도들은 위진남북조시대 제도의 효시가 되었다.

한편 이 시대에는 주변 국가들과 활발하게 외교관계를 전개하면서 중원문화와 주변 문화가 교류 발전하는 형세를 이루기도 하였다. 위나라는 고구려와 요동 지역으로 영향력을 확대하고, 촉한은 양자강 상류 운남과 귀주 지역으로 영역을 확대하였으며, 오는 호남 · 강서 · 복건을 개척하고, 인도차이나 국가와 교역을 하기도 하였다.

(2) 서진(西晉)과 오호십육국(五胡十六國)시대

위나라의 군사적 실력자 사마염(司馬炎)이 정권을 찬탈하여 진(晉)
나라를 세웠다. 그가 진 무제(武帝)다. 그는 새로운 토지제도[占田·課
田法]를 시행하고, 주군(州郡)의 무력을 약화시키는 등 정권의 안정을
도모하였다. 그리고 과거 진(秦)나라의 오류를 피하고 정권의 안정을
도모하기 위해 군국제를 실시하였다. 그러나 제왕(諸王)들이 독립 할거
하는 양상을 보였고, 결국 무제 사후 혜제 대에 외척(楊駿)과 황후
가(賈)씨와의 정쟁으로 16년간 지속되는 '팔왕(八王)의 난'이 일어났다.
이 난은 화북을 혼란에 빠뜨리면서 북방 이민족에게 독립의 기회를
주었으며, 8왕은 각각 승리를 위해 이민족을 끌어들여 군사력을 강화하
고자 하였다. 흉노족을 시작으로 각각 오호(五胡)가 독립하기 시작하였
고, 결국 진나라는 북방 유목민족에게 점령당하게 된다.

북방에서 쳐들어온 유목민족들은 곧 진나라를 점령하고 나라를 세웠
다. 5호16국의 시대의 개막이다. 5호는 산서성 흉노족(匈奴族), 산서성
의 갈족(羯族), 산서성의 투르크계 선비족(鮮卑族), 섬서성·감숙성의
티벳계 저족(氐族)과 강족(羌族) 등을 일컫는다. 먼저 흉노의 유연(劉
淵)이 전조(前趙)를 세웠다(304). 유연의 부하 석륵(石勒)은 전조를
정복하고 화북을 통일하여 후조(後趙)를 세웠으나 내부 분열로 멸망하
였다. 이후 모용씨(慕容氏)의 전연(前燕)과 전진(前秦)이 건국되어 서로
대립하였다. 전진의 부견(符堅)이 잠시 화북을 통일하였으나 동진(東
晉)을 공격하다 비수(淝水) 싸움에서 패배한 뒤, 각 종족이 일제히 독립
하였다(400). 즉 후연(後燕)과 후진(後秦)을 중심으로 9개 국가가 난립
하였다. 어지러운 화북지역을 통일한 것은 선비족(鮮卑族) 탁발부(拓拔
部)가 세운 대국(代國)의 후예 북위(北魏)였다(439). 이로써 5호 16국시
대는 막을 내리고 남북조시대가 시작되었다.

(3) 북위(北魏)의 건국과 발전

북위는 439년 선비족 탁발부의 탁발규(拓跋珪)가 세웠다. 북위는 화북지역을 통일한 후 적극적으로 중국문화를 받아들이는 한화(漢化)정책을 전개하였다. 이민족이 중국의 전통문화를 수용하면서 중국인을 지배하는 이러한 체제는 흔히 '호한체제(胡漢體制)'로 규정된다.

도무제(道武帝)는 중국의 관료제를 도입하고, 황폐한 토지를 개간하고 백성의 생계를 회복하기 위해서 계구수전(計口受田)이라는 토지정책을 실시하는데, 이것은 수당의 균전제(均田制)의 선구가 되었다.

태무제(太武帝)는 한인 장군 최호(崔浩)를 앞세워 화북을 통일하고 각지에 사민정책(徙民政策)을 실시하여 농업생산을 끌어올렸다. 그리고 전통적인 선비족의 부락민을 해산시키고 부족민을 국가의 직접적인 지배 하에 두고자 하였다. 뿐만 아니라 화북에 잔류한 명문 한족(漢族)을 정치에 참여시켰다. 이들을 흡수하여 이민족 왕조의 성격을 벗고 중국의 보편적 국가로 전환하려 하였던 것이다. 그러나 최호의 국사필화사건(國史筆禍事件)으로 상징되듯이 제 아무리 한족의 명문이라 해도 황제의 권력보다 우선할 수는 없었다. 종교적으로는 도교 계열인 구겸지(寇謙之)의 신천사도(新天師道)를 중시하여 불교를 탄압하는 정책을 펴기도 하였다.

북위는 오랫동안 중원을 지배하기 위해 자신들의 언어와 풍속을 버리고, 중원의 전통문화를 받아들이는 개혁을 추진하였다. 이러한 개혁은 효문제(孝文帝) 시대의 태후 풍씨(馮氏)에 의해 더욱 적극화되었다. 선비족 전통 귀족들의 반대에도 불구하고 낙양으로 수도를 천도하고, 성씨도 중국식인 원씨(元氏)로 바꾸었다. 뿐만 아니라, 선비족의 변발(辮髮)과 복장과 언어까지 폐지하고 중국 귀족들과 적극적인 혼인 관계를 맺고, 유교를 존중하여 각종 제도와 의식을 중국화하였다. 사회

경제적으로는 중국식 문벌귀족제를 도입하는 정책[姓族分定政策]을 시행하고, 균전제(均田制)와 삼장제(三長制)를 시행하여 체제 안정을 도모하였다.

이 같은 한화정책은 결국 전통 귀족의 반발을 불러왔다. 북위는 전통적인 중심지인 대동을 버리고 중원의 중심지 낙양으로 천도한 뒤 한화정책에 반대하는 부족들의 저항을 받아 오히려 붕괴되어 버린다. 특히 한화정책이 가져온 변경 군진(軍鎭) 병사들의 사회·경제적 몰락은 북위의 멸망을 재촉하는 결과가 되었다. 6진반란(六鎭叛亂)이 그것이다. 이후 북위는 고환(高歡)의 동위(東魏)와 우문태(宇文泰)의 서위(西魏)로 분열되고, 이들은 각각 다시 내부의 찬탈에 의해 동위는 북제(北齊)로, 서위는 북주(北周)로 바뀌었다. 북제는 황하 중하류의 비옥한 지역을 바탕으로 상대적으로 강력한 국가였지만, 북주는 지리적으로 열악한 환경에 처해 있었다. 북주는 경제와 문화적인 면에서 북제에 뒤떨어졌지만, 생산을 회복하고 내정을 정비하고 병농일치제의 성격을 띤 부병제(府兵制)를 도입하는 등 군사력 강화를 도모하여 북제를 굴복시키고 화북을 통일하는 데 성공하였다.

이후 북주의 군벌 양견(楊堅)이 정제(靜帝)로부터 선양을 받아 수(隋)나라를 세우고 강남의 진(陳)을 정복하여 중국을 통일하였다.

⑷ 남조(南朝)의 정치

한편 서진은 유연의 후계자인 유총(劉聰)에게 회제(懷帝)가 포로로 잡혀가는 '영가(永嘉)의 난(307~313)'을 겪고, 민제(愍帝) 시대에 전연(前淵)의 공격을 받아 멸망하였다. 이후 남방으로 쫓겨간 한족들은 건강(建康 : 南京)에 동진(東晉)을 세우고 북방 이민족 국가들과 경쟁하였다. 동진은 영가의 난 때 대대적으로 남으로 이주한 세력과 강남

토착세력을 기반으로 세워진 정권이었다.

화북 귀족들은 여전히 강남에서도 권력의 중추부를 독점하였다. 이들 귀족들의 전횡에 한문(寒門) 귀족 및 군벌 세력 사이에 불만이 터져나왔다. 군벌들은 부견의 남침과 오두미도(五斗米道)의 농민반란 등을 진압하면서 동진 내에서 그 영향력을 높여 갔다. 결국 각종 반란을 진압해 나가면서 성장한 무장 유유(劉裕)가 선양을 받아 송(宋)을 건국하였다.

동진을 이어 건국된 송(宋), 제(齊), 양(梁), 진(陳) 등의 강남의 4 왕조는 모두 선양 형식으로 왕조교체가 이뤄졌다. 중국의 남부를 지배하던 남조 가운데 최고 전성기는 양나라 무제(武帝) 시대였다. 무제는 황제 지배체제를 완화시키고, 문관과 무관을 균형있게 등용하는 정책 즉 '양날의 칼'을 사용하여 양나라를 안정시켰다. 학문에 뛰어난 황제[博學能文의 帝王]로 유명한 그는 유학을 장려하고 의제(衣制)를 통일하고 율령(律令)을 제정하는 등 중원문화를 남방에 정착시키는 데 크게 공헌하였다. 귀족을 억압하는 정책을 실시하여 능력이 있으면 차별없이 등용하여 귀족을 국가권력 하에 통제하려고 하였다. 그러나 지나치게 불교를 신봉하여 국력을 낭비한 황제로 비판받기도 하였다. 양무제 당시 수도 건강에는 불교사원이 500여 개나 있었고, 승려도 10만여명에 달했다고 한다. 그 자신도 세 번이나 사원에 보시하여 '보살황제'라고도 불린다.

양나라는 후경(侯景)의 난으로 멸망하였다. 후경은 원래 동위(東魏) 사람인데, 서위(西魏)를 거쳐 양나라에 망명한 인물이었다. 그런데 양과 동위 사이에 그의 신병을 인도하는 교섭이 진행되자 위협을 느끼고 반란을 일으켰다.

2) 위진남북조시대의 사회와 문화

⑴ 위진남북조시대의 귀족(貴族)사회

위진남북조시대는 귀족의 시대였다. 귀족은 정치, 문화, 사회의 중심 역할을 하였으며, 뒷날 당나라 때까지 지배계층을 형성하였다. 귀족제는 조조대에 창시된 구품중정제(九品中正制=九品官人法)에 의해 시작되었다. 즉 관직을 1~9품으로 나누어 관품을 제정하고 주군(州郡)에 파견된 중정에게 인재를 향품(鄕品)에 따라 추천하게 한 후, 중앙에서 관직을 내리는 형식이었다. 중정을 통해 인재를 선발하는 구품중정제는 상류 사인(士人)에 의해 장악된 청의(淸議=鄕論)를 국가가 흡수하는 정책이었다. 이 때문에 개인의 능력보다는 그가 속한 가문의 배경이 중시되었고, 사회적인 문벌의 높이가 그대로 관품에 반영되는 결과가 초래되었다. 특히 사마의(司馬懿)에 의해 주중정(州中正)이 신설되면서, 군중정(郡中正)은 그 독자성을 상실하고 중앙 고관의 견해에 따라 등급이 결정되는 예가 많았다. 이로써 고관을 배출한 가문은 누대로 고관을 내면서 가문이 고정되어 귀족문벌사회가 성립되었다.

이러한 문벌귀족의 전통은 남조왕조에는 그대로 계승되었다. 동진시대에는 화북귀족의 특권을 그대로 인정해 주고, 향품(鄕品)을 2품으로 고정시켜 중앙의 6품 관직을 독점하였다. 이로써 가문의 품격과 관직의 높이가 직결되어, 왕조가 바뀌어도 그 지위는 고정되어 버렸다. 따라서 양 무제처럼 귀족을 억제하려 한 시도는 오히려 정쟁을 불러일으켜 왕조의 멸망을 불러오기도 하였다.

북조 귀족은 남조 귀족과는 그 성격을 달리하였다. 그들은 한족을 지배하기 위해 전통 중국의 문화를 적극 도입하였는데, 그 일환으로 호족과 명문 귀족을 흡수하였다. 효문제의 '성족분정책'은 한족 4성(崔氏, 盧氏, 鄭氏, 王氏)과 선비족 8성을 국가가 그대로 인정하여 사회적으

로 우대를 보증해 준 것이었다. 즉 군가권력이 북위 왕조에 대한 공헌도
를 따라 가문의 고하를 결정함으로써 문벌을 형성시키고, 이를 통해
선비족 후예의 정치사회적 몰락을 방지하고자 하였던 것이다. 최호의
국사필화사건은 귀족에 대한 국가권력의 우위를 분명히 한 것이었다.
그렇기 때문에 북주에서는 문벌귀족제가 부정되고, 무공(武功)을 중시
하는 군벌귀족제가 등장하였으며, 북제에서는 시험제도를 도입하기도
하였던 것이다. 뒷날 수(隋) 문제(文帝)가 중정제를 폐지하고 과거(科
擧)를 도입한 것도 같은 맥락에서 이해할 수 있다.

(2) 위진남북조시대의 도교(道敎)와 불교(佛敎)

위진남북조시대는 귀족사회였기 때문에 자연히 귀족문화가 발달하
였다. 귀족들은 유교적 교양을 기초로 불교와 도교 등 다양한 학문과
사상을 익혀야 했다. 특히 한나라 이래로 중국에 형성된 전통문화에
주변 이민족의 문화가 새롭게 흘러 들어와 동화되면서 중국 문화의
다양성은 더욱 높아졌다. 그러나 불안한 시대적 성격과 왕조가 빈번하
게 교체되는 상황에서 염세주의가 만연하고, 세속의 속박에서 벗어나
자연을 노래하는 인간중심적이고 자연주의적인 문화가 일어나게 되었
다. 이러한 시대적 상황에 유교는 무기력하였다. 그들의 인간적 고뇌와
갈등을 해소해 준 것은 노장사상과 불교였다.

불교는 지식인 계급에 깊이 뿌리를 내리고, 도가사상에 뿌리를 대고
있는 도교는 종교화되었으며, 유교는 사대부의 교양으로 전락했다.
삼국시대 이후의 정치적인 불안정과 극도의 혼란이 가져온 결과였다.

지식인들은 현실을 떠나 자유로운 삶을 추구하는 도교에 빠져들었
다. 국가와 사회를 중시하는 유학에 비해 개인을 궁극적으로 중시하는
성향을 띤 도가의 노장(老莊)사상은 당시 귀족들에게 호감을 불러일으

켰다. 청담(淸談)사상이 유행한 것도 이 노장사상의 영향이다. 세속을 떠난 맑은 이야기와 허위를 부정하는 대화를 의미하는 청담사상은 위진시대의 '죽림칠현(竹林七賢=阮籍, 嵇康, 山濤, 向秀, 劉伶, 王戎, 阮咸)'을 대표로 한다. 이들 죽림칠현은 유교의 예교주의와 도덕적 가치를 부정하고 신비주의와 자유로운 삶을 노래하였다. 그럼에도 완전히 세속과의 관계를 단절하지 않고 현실 정치에 관심을 갖고 있었기 때문에 그들의 삶의 자세를 '은일(隱逸)'이라고 한다.

도교는 후한 말 오두미도(五斗米道)와 태평도(太平道)를 거쳐 종교화되었다. 조조는 황건 세력을 흡수하는 과정에서 도교를 공인하여 천사도(天師道)를 탄생시켰으며, 이것이 뒷날 북위시대에 신천사도로 발전하였다. 도교는 불로장생과 신선사상을 바탕으로 역사적 인물을 신으로 숭배하고, 질병의 치유를 간구하는 민간신앙으로 발전하였다. 특히 불교가 중국에 전파되면서 그 영향으로 선행을 하면 천당에 간다는 믿음과 교리 및 교단의 발전을 이루었다. 위진시대에 지식인 사회에 침투한 뒤 왕희지(王羲之) 같은 도교 신봉자들이 많이 나타났다.

도교는 귀족사회와 밀접한 관계를 유지하면서 사상적 발전보다는 유희적인 성격이 훨씬 두드러졌다. 불교의 발전으로 주도적인 지위를 차지하지는 못하였지만, 귀족의 교양이나 취미로는 여전히 중요한 부분을 차지하였다.

불교가 중국에 전래된 시기는 확실하지 않지만, 늦어도 후한 명제(明帝) 이전인 것은 분명하다. 이 불교가 사대부 계층에 스며든 것은 동진 초기부터였다. 유교에서는 찾아볼 수 없는 윤회사상이나 내세관은 절망과 죽음의 공포에 휩싸여 있던 당시의 중국인들을 사로잡았다.

처음 중국인들은 불교를 이해하기 어려웠다. 그래서 도교의 용어를 이용하여 불교 교리를 이해하였다. 이것을 격의불교(格義佛敎)라고 한다. 즉 산스크리트어로 되어 있는 불교 경전을 노장사상으로 이해한 것이다.

불교는 북조의 불도징(佛圖澄), 도안(道安), 구마라습(鳩摩羅什)과 남조의 혜원(慧遠) 등에 의해 본격적으로 발달하게 된다. 특히 구마라습은 중국에 대승불교 경전을 소개하여 기존의 잘못된 불교 해석을 크게 바로잡아 제대로 된 불교 연구의 길을 열었다. 또한 불도징은 불교와 민간신앙의 결합을 도모하여 구복신앙과 호국불교(護國佛敎)의 발전 계기를 마련하였다. 불교의 세력이 확산되면서 남북조시대에는 귀족과 서민이 모두 불교에 귀의하게 되는데, 남조에서는 귀족불교가, 북조에서는 호국불교가 발전하였다.

북위는 처음에는 도교를 선택하고 불교를 탄압하였지만, 문성제(文成帝) 시대에 불교를 수용하여 이를 국가불교로 발전시켰다. 이 때부터 승려 담요(曇曜)는 효문제 때까지 북위불교의 부흥을 위해 노력하였다. 대표적인 북위의 불교 유적으로는 담요가 황제의 상징으로 만든 5만여 개의 불상이 있는 운강(雲崗) 석굴, 북위가 낙양에 천도한 후부터 당나라 때까지 계속 조성한 용문(龍門) 석굴과 그리고 돈황(敦煌)의 막고굴(莫高窟) 석불이 유명하다. 이러한 북위의 호국불교는 북조에서뿐 아니라, 동아시아 각 국으로까지 전파되었다.

남조의 불교는 귀족사회로 깊숙이 스며들었다. 귀족들은 불교 지식과 장엄한 불교의식을 통해 자신의 믿음을 과시하였다. 화려한 사원들이 세워지고 막대한 장원을 소유한 사원이 출현하였다. 귀족들의 사치와 결합한 남조의 귀족불교는 양무제 시대에 극성기를 맞이하였다. 북위불교가 황제를 정점으로 하는 국가불교의 성격을 띠었던 반면 남조의 불교는 귀족 개인의 문제에 치중했다.

남북조의 이 같은 불교 보호와 진행 방향은 석가모니의 근본적 가르침에서 벗어나는 것이었다. 여기에서, 자신에 대한 성찰과 참된 깨달음을 통한 해탈을 목적으로 하는 석가모니의 가르침을 중국에 전파하고자 한 서역의 승려가 있었다. 바로 달마(達磨)다. 그는 양나라 때 중국에 와서 무제를 만났으며, 장강을 건너 소림사(少林寺)로 갔다. 그는 석가모니의 참된 가르침을 중국에 전파하고자 하였지만, 남조의 귀족불교와 북조의 호국불교 아래에서는 달마에 주목하는 사람은 없었다. 달마는 신비로운 전설을 많이 남겼는데, 그 중에서 대표적인 것이 소림사의 한 동굴에서 9년간 면벽수도(面壁修道)하였다는 이야기다. 이를 계기로 달마는 제자인 혜가를 만나 중국에 선종(禪宗)이라는 새로운 종파를 열게 되었다. 선종은 '불립문자(不立文字)', '직지인심(直指人心)', '이심전심(以心傳心)', '교외별전(敎外別傳)' 등으로 설명되는 참선을 통한 깨달음을 강조하는 종파다. 이들은 경전을 중시하지 않는 까닭에 가르침을 이어가는 조사(祖師)의 법통(法統)을 중시하였는데, 달마가 선종의 초조(初祖)가 되고 법통은 6조 혜능(慧能)으로 이어진다.

수당대에 들면 불교에 대한 관심이 더욱 늘어나, 현장(玄奘) 법사처럼 직접 인도로 가서 불경을 구해 오는 예가 많았다. 뿐만 아니라, 신라와 일본의 승려들도 중국이나 인도를 여행하며 불경을 구하고 불교 교리를 연구하여 불교는 더욱 종파와 교단을 넓혀 나갔다.

한편 당대에는 도교와 불교의 대립도 극렬하였다. 특히 당 태종은 도교를 중시하였던 데 반해 측천무후는 불교를 중시하였다. 무종(武宗) 때에는 불교가 지나치게 경제적으로 비대해지자, 도사(道士)들의 건의를 받아들여 불교를 탄압하기도 하였다.

선종이 점차 민간사회로 깊이 스며들면서 불교는 도교와의 경쟁에서 우위를 차지하게 되었다. 이후 돈오(頓悟)와 참선을 강조하는 선종은 중국뿐 아니라, 동아시아의 지주 사대부와 무인사회로까지 파고들어

불교를 대표하는 종파의 하나가 되었다.

3) 수당(隋唐)의 정치와 문화

(1) 수(隋) 문제(文帝)와 양제(煬帝)의 정치

400여 년간의 오랜 분열시대를 끝내고, 문제(文帝)가 마침내 수(隋)나라를 새로 세우고 중국을 통일하였다. 이로써 중국사에서 두 번째 통일제국 시대가 시작되었다. 첫 번째 분열기였던 춘추전국시대를 진시황제가 통일한 상황과, 수나라가 중국을 통일한 상황에는 유사한 부분이 많다. 우선 수나라를 이은 당(唐)나라와 수나라의 관계는, 진나라와 한나라 관계와 비슷하다. 한나라가 진의 통일사업을 계승하여 발달하였듯이, 수나라는 당나라의 통일과 번영의 기초를 마련하였다.

수나라의 첫 번째 황제인 문제(文帝)는, 농민의 조세 부담의 경감, 평등한 조세 징수를 위한 인구 조사, 북위에서 실시한 균전제(均田制)의 실시 등, 경제개혁을 추진하였다. 이 제도에 따라 모든 성인 남자들은 일정한 토지를 받았는데, 일부는 60세에 조세 납부 의무가 끝나게 될 때 되돌려주는 토지고, 일부는 후손에게 상속할 수 있는 토지였다. 그는 또한 유교경전에 기초한 과거제도를 실시하였다.

수 문제를 이어 양제(煬帝)가 즉위하였다. 그의 아버지인 문제가 돌연 사망하였기 때문에 찬탈의 의심을 받았던 인물이다. 황하(黃河), 회수(淮水), 양자강(揚子江)을 연결하여 북부 중국과 남부 중국을 연결하는 대운하(大運河)의 건설은 그의 대표적인 업적이라 할 수 있다. 그러나 그의 제국 팽창정책은 고구려와의 전쟁을 불러일으켰고, 세 차례에 걸친 원정으로 수나라는 엄청난 타격을 입었다. 결국 그의 대규모 토목사업과 돌궐과 고구려에 대한 군사원정은 결국 멸망을 초래하였다. 양제는 618년 쿠데타에 의해서 암살되었다.

(2) 당(唐) 태종(太宗)의 정치

수 양제가 쿠데타로 암살되어 중앙정계가 혼란에 빠지자, 산동 등 각지에서 농민반란이 일어났다. 이 반란을 틈타 궐기한 세력 중 하나가 대동(大同)에 근거하며 북방의 강성한 돌궐세력을 방어하고 있던 이세민(李世民) 집단이었다. 그는 자신의 아버지인 당왕(唐王) 이연(李淵)을 황제로 세우고 장안을 점령하여 국호를 당(唐)이라 하였다. 이세민의 야망은 여기서 그치지 않았다. 그는 10여 년 뒤 '현무문(玄武門)의 난'을 일으켜 자기 아버지를 물러나게 하고, 형 태자 건성(建成)을 제거하고 626년 스스로 황제에 올랐다. 그가 태종(太宗)이다.

당 태종은 자신의 집권 과정의 한계를 극복하기 위해 과감한 개혁을 추진하였다. 그의 정치는 '정관(貞觀)의 치'라고 불렸다. 위징(魏徵), 방현령(房玄齡)과 같은 뛰어난 인물들을 등용하여 그들의 의견을 적극 국정에 반영하여 제국을 건설하였다.

태종은 율령(律令)을 반포하여 황제가 절대권력을 장악하고 행정관료들을 통제하는 중앙집권적 정치제도를 만들었다. 중앙정부의 최고기관으로서 중서성(中書省)·문하성(門下省)·상서성(尙書省)의 3성과 6부를 두고 6부는 상서성에 예속시켰다. 그리고 관료를 충당하기 위해서 수의 과거제도를 부활시켰다. 당대에는 유교경전을 시험하는 명경과(明經科)와 문장을 시험하는 진사과(進士科) 등이 실시되었다. 귀족의 자제들은 과거를 거치지 않더라도 관리가 될 수 있었지만, 고종(高宗) 이후 과거가 중시되면서 그들도 과거에 응시하게 되었다.

그 밖에도 율령제에 기초하여 토지제도로는 균전제(均田制)를 실시하여 균등한 분배제도를 엄격하게 적용하였다. 군사제도는 병농일치제인 부병제(府兵制)를 실시하고, 조세제도로는 위진남북조 이래의 조용조(租庸調) 제도를 계승하였다. 균전제와 조용조를 유지하고 노역자를 선발하기 위해 3년마다 인구조사를 실시하였다.

이러한 제도개혁을 통해 당나라는 8세기 전반기에 제국 팽창이 최고조에 달하였다. 당시 당제국의 영향력은 티벳과 중앙아시아에서부터 몽골, 만주, 그리고 고려와 안남에까지 미쳤다.

(3) 안록산(安祿山)의 난과 당의 쇠퇴

태종을 이은 고종(高宗) 시기에는 잠시 번영이 유지되었다. 신라와 연합하여 오랜 숙원이던 고구려를 정복하였고, 이를 기반으로 대외적으로 여전히 위세를 떨치고 있었다. 그러나 내부적으로는 심각한 정치적 혼란이 싹트고 있었다.

고종에게는 총애하는 무후(武侯)가 있었다. 그녀는 원래 태종의 후궁으로 태종이 죽고 난 후 관례에 따라 평생 태종의 극락왕생을 빌어야 하는 비구니가 되었다. 고종은 아버지 태종을 위해 방문하였을 때 무후를 만났고, 이를 계기로 고종의 후궁이 되었다. 그녀는 거기서 그치지 않고 고종의 황후에 올랐고, 고종 사후에는 자신의 아들을 잇달아 즉위시키고 폐위시키더니 마침내 스스로 황제가 되어 새로운 왕조 주(周)를 세웠다. 바로 측천무후(則天武侯)다.

그녀는 자신을 반대하는 초기 귀족관료집단인 관롱(關隴)세력을 몰아내고 대거 신흥 과거관료들을 등용하였으며, 각종 개혁을 통해서 당왕조를 새롭게 변화시켰다. 그녀의 치세는 정치적 불안에 비해 사회경제적으로는 비교적 안정되고 발전하던 시기였다. 그러나 그녀가 정치를 전횡하는 과정에서 용관(冗官)과 도호(盜戶) 문제가 발생하여 결국 당왕조를 혼란에 빠뜨렸다.

이러한 당나라를 새롭게 중흥시킨 황제가 현종(玄宗)이다. 현종은 자신의 치세 전반기에 안정을 이룩하면서 당 전성기의 번영을 회복하였다. 그러나 통치기간 후기에 들면서 예술과 양귀비(楊貴妃)에 대한 사랑에 빠져들면서 정치를 도외시하게 되었다.

이는 지방에서 군사와 행정 업무를 담당하는 군지휘관인 절도사(節度使) 세력의 성장을 가져왔다. 그 세력들 가운데 서북 변경지역을 지휘하는 절도사인 안록산(安祿山)이 있었다.

안록산은 755년 반란을 일으켰다. 당시 당나라 정권은 양귀비의 오빠 양국충(楊國忠)이 양귀비가 현종의 총애를 받는 것을 이용하여 정권을 농단하고 있었다. 이에 관료세력을 대표하던 이임보(李林甫)가 안록산을 이용하여 재무관료인 양국충을 견제하고자 하였다. 그 이임보가 사망하게 되자 양국충의 전횡이 더욱 극심해지고 안록산을 위협하게 되었다. 이에 안록산은 사사명(史思明)과 함께 반란을 일으키니, 이 난을 '안사(安史)의 난'(755～763)이라고도 한다.

현종은 양귀비와 함께 잘 훈련되지 못한 군대를 이끌고 수도 장안에서 사천으로 도망쳤다. 그 도중에 양귀비를 죽이라는 관료들의 압박에 못 이겨 그녀를 자살하게 하였다. 궁정에서는 군인들이 반란을 일으켜 아들에게 황제 자리를 넘겨줄 것을 압박하였다. 새로운 황제는 반란군들과 싸우기 위해서 새로운 군대를 조직하였다.

안록산의 난은 763년에 종결되었다. 그러나 난은 당왕조의 효과적 대응으로 진압되었다기보다는 반란군의 내분에 의한 붕괴가 더 직접적인 요인이었다. 안록산은 757년 자신의 아들 안경서(安慶緖)에게 암살당하고, 사사명은 안경서를 죽이고 세력을 다시 규합하였지만 그 역시 아들 사조의(史朝義)에게 살해당하였다. 이후 당의 회유작전과 지방세력들의 협조로 난은 진압되었다.

안사의 난은 진압되었지만, 당제국은 사실상 붕괴되고 있었다. 각 지방은 여러 명의 절도사(節度使 : 藩鎭의 군벌)들의 지배 하에 놓이게 되었다. 주로 변방을 지키는 역할을 하던 번진들이 이제는 당 내부 곳곳에도 설치되었다. 절도사는 군정뿐만 아니라 관할 하의 여러 주의 민정까지 장악하여 반독립적인 무인정권이 되었다. 중앙정부는 더 이상 제국 전체를 통치할 수 없게 되었고, 절도사의 번진 할거가 본격적으로 시작되었다. 당은 이후 1세기 동안 더 존립하지만, 초기의 중앙권력과 번영 그리고 평화는 두 번 다시 회복할 수 없었다.

당왕조 말기의 가장 심각한 문제는 조세를 면제받는 대토지 소유자의 증가였다. 안록산의 난 이후 양세법(兩稅法)이 실시되었는데, 가혹한 세금을 감당할 수 없던 농민들은 지주의 보호 아래 몸을 맡기거나 도호(逃戶)가 되었다. 당왕조는 부족한 재원을 마련하기 위해 소금전매 사업을 실시하는 등 적극적 재정정책을 펼쳤다. 이것으로 당왕조의 재정은 일시 회복되었지만, 결국 이는 왕조 멸망의 또 다른 요인이 되었다.

당왕조의 중앙집권적 지배에 결정적인 타격을 가한 것은 소금밀매 상인인 황소(黃巢)의 난(875~884)이다. 이 농민반란으로 화중지역은 거의 황폐화되었다. 황소의 반란에는 60만 명 이상이 참가하였으며, 수도 장안이 파괴되어 황실은 낙양의 동쪽으로 옮겨가야 했다.

유명무실해진 당왕조를 찬탈한 것은 황소의 부장으로서 당의 회유를 받아 항복하여 절도사가 된 주전충(朱全忠)이었다. 그는 907년 하남성의 변주(汴州=開封)에 후량(後梁)을 세웠으나 자신의 지배 하에 전 중국을 통일할 수 없었다. 이후 중국은 다시 북과 남으로 분열되어 오대십국(五代十國)시대가 시작되었다.

오대는 50여 년 동안 화북에 정권을 둔 왕조로, 즉 후량(後梁), 후당(後

唐), 후진(後晋), 후한(後漢), 후주(後周)의 다섯 왕조를 가리킨다. 한편 지방 각지에서는 군벌들이 잇달아 왕국을 건설하였는데, 이들을 10국 이라고 부른다. 전촉(前蜀), 후촉(後蜀), 오(吳), 남당(南唐), 초(楚), 형남 (荊南), 오월(吳越), 민(閩), 남한(南漢), 북한(北漢) 등이다.

오대십국시대에는 다른 분열기와 마찬가지로 농업을 비롯하여 여러 산업이 획기적인 발전을 이룬 시기였다. 지방의 10국이 50여 년 동안 독자적인 세력으로 성장하지 못한 채 결국 통합된 것은 사회경제적 발전의 결과 전국적인 상업망이 형성되어, 폐쇄적인 지방정권으로 독 립하여 존립하기 어려웠다는 점을 지적할 수 있다. 또 지방 절도사들의 수가 증가하면서 그들의 지배영역이 세분화되어, 중앙정부로의 흡수가 용이해져 독립성이 약화되었기 때문이기도 하다.

⑷ 당의 문화와 동서문화교류

당왕조의 문화는 예술분야, 특히 조각분야에서 불교의 영향으로 높 은 수준에 도달하였다. 불교조각의 훌륭한 예들은 북부 중국의 운강(雲 崗)과 용문(龍門) 석굴에 보존되어 있다. 인쇄술의 발명과 제지법의 발전도 눈부셔 868년까지 불교 경전을 모두 인쇄할 수 있게 만들었다. 11세기에 들어서면 모든 유교 경전과 도교 경전이 인쇄되었다. 민간문 학에서, 당나라는 특히 시 분야에서 잘 알려져 있다. 가장 유명한 시인은 이백과 두보인데, 모두 관료들의 부패에 환멸을 느낀 인물들이다. 당나 라는 조선과 화포 분야에서도 다른 문명에 대한 중국 초기 과학기술 발전의 시작을 상징한다. 이 두 가지는 이어지는 송나라 시대에 새로운 전성기를 누리게 된다.

제지술은 13세기에 전 유럽으로 확산되었다. 종이는 후한시대에 채 륜에 의해 발명되었는데, 고선지의 탈라스 전투를 계기로 제지술이 서아시아로 전파되었다. 고선지(高仙芝)는 고구려의 후손이었다. 668년 고구려를 멸망시킨 당나라는 고구려 유민들을 변방으로 강제 이주시켰다. 고선지의 부친 고사계(高舍溪)는 안서(安西)지방에서 무인으로 활동한 인물로, 그의 아들 고선지 역시 무예에 뛰어났다. 고선지는 747년 토번을 정벌하여 크게 명성을 떨쳤고 이후 안서절도사(安西節道使)에 임명되었다. 751년에 당나라 지배 하에 있던 서역 국가들이 압바스 왕조의 지원을 받아 토번과 연합하여 탈라스 평원으로 쳐들어오자 고선지는 군대를 이끌고 나아갔으나 협공을 당하여 크게 패하였다. 이 때 포로로 잡힌 당나라 군사 가운데 종이 제조 기술자들이 많았다. 사마르칸트에 종이 제조공장이 세워지고, 종이 제조기술은 서방으로 전파되었다. 제지기술은 9세기 바그다드의 번영을 가져왔고, 이슬람의 세력권을 따라 아랍인들에 의해 이집트와 모로코를 거쳐 유럽으로 전파되었다.

화약도 중국에서 발명되었다. 그러나 아직 총이 발명되지 않았기 때문에 무기용 화약은 아니었다. 중국에서는 화약을 폭죽용으로 사용하였는데, 이 폭죽용 로켓이 1200년대에 유럽으로 소개되었다. 사실 총포에 대한 최초의 언급은 네덜란드의 연대기에서 찾아볼 수 있다. 이에 따르면 총포는 1313년 독일에서 발명되었다. 원시적 대포의 첫 번째 그림은 1326년의 영어 사본으로 발견되었다.

당의 문화적 성격을 보여주는 것은 수도 장안(長安)이다. 장안은 당시 세계에서 가장 커다란 상업도시이자 국제도시 중 하나였다. 장안을 중심으로 당나라는 국제적이고 개방적인 문화를 발달시켰다. 장안에는 소구드, 페르시아와 아라비아에서 온 상인들이 활발히 출입하고, 동아시아 각국의 사신과 유학생, 승려들이 왕래하였다.

당나라 때는 중국문명이 주변 지역으로 확산되기도 하였고, 외래문

명이 중국으로 자유롭게 유입되기도 하였다. 중국에서 외부로 확산된
문화로는 율령제, 불교와 그 문화, 한자 등을 들 수 있다. 또한 중국으로
유입된 종교로는 페르시아의 조로아스터교[拜火敎], 페르시아의 마니
교(摩尼敎), 이슬람교, 기독교의 일종인 경교(景敎) 등이 있다. 이러한
문명의 교류와 확산은 주변 국가들의 성장과 발전에 영향을 주었으며,
그 결과 동아시아는 수당제국을 중심으로 하는 거대한 문화권을 형성하
였다.

2. 영상자료

1) 깨달음을 얻은 자 붓다[佛陀]

방송일시	2004년 5월 20일, EBS
상영시간	50분
주 제 어	석가모니, 붓다, 힌두교, 이슬람교, 갠지즈강, 룸비니, 카필라 바스트, 네팔, 버닝햄 박사, 틸라우라 코트, 정반왕, 마야 부인, 코끼리, 싯타르타, 아소다라 공주, 네 가지 징조, 브라만교, 베다, 고행, 명상, 중도(中道), 악마 마라, 사성제(四聖諦), 대승불교, 소승불교, 아쇼카 왕

| 내용 소개 |

중국에 전래된 외래사상 가운데 불교만큼 널리 영향을 끼친 종교도 없을 것이다. 불교는 중국 도교(道敎)에 영향을 주었고, 송대 신유교의 성립에도 불교 선종의 영향은 적지 않았다. 지금 중국의 주요 문화유산 가운데는 불교와 관련된 것이 많다. 불교는 중국의 사대부뿐만 아니라 국가의 통치이념에도 영향을 주어 '호국불교(護國佛敎)'를 출현시켰으며, 민간신앙과 결합하여 다양한 신앙 형태를 성립시켰다.

불교의 영향은 곳곳에서 발견되지만, 불교의 핵심이라고 할 수 있는 석가모니의 사상을 다룬 영상자료는 흔치 않다. 아마도 위대한 성인의 사상을 영상을 이용하여 다큐멘터리로 만든다는 것이 쉽지 않기 때문일 것이다. 불교는 다른 종교와 달리 절대 신이 없다. 대신 위대한 스승 붓다, 깨달음을 얻은 자만이 존재한다. 불교는 명상으로 마음의 평화와 해탈에 이를 수 있다고 가르치는 종교다. "우리 자신의 능력과 노력만으로 진리를 깨달을 수 있다." 그럼에도 불구하고 이 다큐멘터리는 석가모니의 생애를 시기적으로 여행하면서 그와 관련된 주요한 시각적인 영상자료를 배경으로 인상깊게 소개하고 있어서 유익한 측면이 적지 않다.

이 영상자료는 석가모니의 역사적 자취를 찾는 데서 출발한다. 1860 년대 몇몇 고고학자들이 석가와 관련된 유적을 발굴하기 시작하였다. 그러던 중에 1890년대 갠지즈 강 유역에서 불교유적이 발견되었다. 그러나 석가 탄생지 룸비니와 그가 어린 시절을 보낸 카필라 왕국은 찾지 못하였다. 그러던 중에 네팔의 외딴 마을에서 한 기둥이 발견되었다. 그 기둥에서 붓다가 출생했다는 기록을 확인하였다. 그리고 카필라 왕국으로 추정되는 장소도 발견되었다.

석가모니가 탄생하였을 당시, 인도의 북부지방은 16개 왕국으로 분열되어 있었다. 이 시대는 중국의 춘추전국시대와 마찬가지로 분열된 국가들 사이에 치열한 싸움이 전개되고 있었다. 저마다 통일제국을 건설하기 위한 전쟁에 몰입해 있었다. 이러한 혼란 속에서 새로운 사상 '우파니샤드'의 시대가 열리고 있었다. 이 사상은 제의중심의 브라만교를 부정하고 새로운 지식 혁명을 준비하고 있었다. 석가모니도 그 많은 사상가 중 한 명이었다.

석가모니의 아버지 정반왕은 사키아족의 왕이었고, 어머니는 마야 부인이었다. 전설에 따르면 보름달이 뜬 어느 날 밤, 마야부인은 꿈에서 특별한 존재가 다시 세상에 태어날 것이라는 계시를 받았다 한다. 또 흰 코끼리가 코에 연꽃을 지닌 채 하늘에서 내려와 마야 부인의 자궁으로 들어갔다는 전설도 있다. 석가도 예수처럼 초자연적인 힘을 지닌 존재가 꿈에 나타나 놀라운 일이 일어날 것이라는 계시를 받고 태어난 것이다.

새로 태어난 사내아이는 싯다르타라고 이름지었다. 마야 부인은 출산 후 사망하였다. 석가는 위대한 인물이 갖는 32가지 특징을 신체에 갖고 태어났다. 발에 나 있는 바퀴 자국의 흔적도 그 중 하나다. 이런 혼적은 부처가 되거나, 세계를 지배할 인물이 되리라는 것을 의미하였기 때문에 그의 아버지는 아들이 자신의 뒤를 이어 왕위에 오를 것을 기대하였다. 그러나 싯다르타는 생각이 많고 호기심 강한 아이였으며, 아버지의 기대와는 달리 자신을 둘러싼 세계의 본질을 이해하는 데 많은 노력을 기울였다.

석가모니의 깨달음 과정은 아홉 살에 아버지를 따라 처음 궁궐을 나섰을 때 시작되었다. 싯다르타는 농부가 힘들게 쟁기질하는 것을 보고 삶이 고통이라는 것을 깨달았다. 그는 쟁기가 땅을 엎고, 갈아엎은 흙 속에서 나와 새에게 잡아먹히는 지렁이를 보면서 어째서 모든 생명은 저렇게 고통을 받아야 하는지 의문을 가졌다. 농부가 쟁기질을 하지 않았으면 지렁이는 새에게 잡아먹히지 않았을 것이다. 이것은 모든 존재는 서로 연결되어 있고, 모든 행위에는 원인이 있다는 것, 즉 카르마[業報]의 개념으로 발전하였다.

열여섯 살이 되자, 싯다르타는 아소다라 공주를 만나 결혼하였다. 결혼한 뒤에도 싯다르타는 바깥 세상에 관심이 많았다. 그는 결국 아버지의 허락을 받아 여행을 떠나는데, 이 때 유명한 네 가지 징조를 목격하게 되었다. 즉, 누구나 늙게 되고, 병의 고통을 겪게 되며, 죽음의 고통을 맞이한다는 사실과, 이러한 고통의 진정한 의미를 깨닫기 위해 쾌락을 포기한 수행자의 모습이 바로 그것이었다.

싯다르타는 아내와 어린 아들을 두고, 자신을 괴롭히던 문제의 해답을 찾기 위해 궁궐을 떠나야 한다는 것을 알게 되었다. 그는 인간세상의 고통의 해답을 찾기 위해 브라만교 교리에 도전해야 한다는 것을 깨닫는다. 브라만 사제들은 그들의 경전인 베다를 바탕으로 출생에서 죽음까지 인간사의 모든 것을 관장하였다.

석가모니는 브라만교를 비판하였다. 그는 삶의 고통에 대한 해답은

브라만과 같은 소수에게만 전해지는 것이 아니라 모두에게 평등하게
전달되어야 한다는 것을 깨달았다. 석가는 브라만교의 전통에 반대하
고, 사람은 출신에 의해 브라만이 되는 것이 아니라 얼마나 착하게
살았느냐에 따라 브라만이 되어야 하며, 사회의 진정한 귀족은 출생에
의해 결정되는 것이 아니라고 주장하였다.

싯다르타는 자신이 목격했던 인생의 고통을 극복할 대안을 찾고
있었다. 그래서 그는 명상법을 배우기로 마음먹고 당대의 유명한 수행
자들을 찾았다. 고대 인도에는 두 가지 명상법이 있었다. 하나는 호흡,
단식 등을 통해 일반적 의식세계가 아닌 다른 정신세계에 도달하고자
하는 명상법이었다. 그러나 싯다르타는 이 명상만으로 인생의 고통을
깨달을 수 있다고 믿지 않았다. 새로운 방법으로 그는 신체를 극도로
고통스럽게 하는 고행을 시작하였다. 고행자들은 단식은 물론 스스로
수족을 자르기도 한다. 이들에게 육체는 영적 해방에 방해거리가 될
뿐이라고 생각한다. 석가모니도 단식중에 굶어죽을 뻔했지만, 고행이
나 단식처럼 육체에 고통을 주는 방법으로는 문제가 해결되지 않는다는
것을 깨달았다.

이에 석가는 깊은 명상의 세계에 뛰어들었다. 어느날 우연히 악기를
조율하고 있는 거리의 악사와 만나, 중도(中道)를 깨달은 그는 중도야말
로 완벽한 조화와 깨달음에 도달하는 세계임을 알았다. 드디어 싯다르
타는 부다 가야에서 깨달음을 얻었다. 35세의 싯다르타는 깨달은 자,
붓다가 되어, 인간이 욕망을 없앨 때 인생에서 고통과 불만을 제거할
수 있다는 것을 깨달았다.

석가모니가 깨달은 사상은 사성제(四聖諦)로 요약할 수 있다. 고제
(苦諦), "고통은 누구에게나 있다는 것을 깨닫는 것." 집제(集諦), "고통
의 원인은 욕망이라는 것." 멸제(滅諦), "욕망을 없애는 것이 깨달음에

이르는 길이라는 것." 도제(道諦), "열반에 드는 방법, 중도(中道)"를 제시하였다. 이를 통해 깨달음을 얻은 자가 죽으면 윤회의 고통을 벗어나 시공을 초월하여 해탈(解脫)에 도달한다는 것이다.

석가는 깨달음을 얻은 이후 40여 년간 제자들에게 깨달음을 전하다가 나이 80에 열반에 들었다. 그 후 제자들이 모여 석가의 가르침을 후세에 남기기 위해 불경을 정리하였다. 석가의 시신은 화장되었고, 그의 사리는 여러 곳에 나누어 보관되고 있다.

석가모니의 가르침은 수세기 동안 여러 문화권으로 확산되어 재해석되었다. 소승불교(小乘佛敎)에서는 석가를 인간으로 보아 개인의 해탈을 강조하고, 대승불교(大乘佛敎)에서는 석가를 대중을 구원하기 위해 거듭 환생하는 신과 동격이며 초인간적인 기적을 보여주는 신으로 보기도 한다. 소승불교는 아쇼카 대왕에 의해 전파되기 시작하였으며, 대승불교는 실크로드를 장악하고 있던 쿠샨 왕조의 보호 하에 성장하여 중앙아시아와 중국으로 전파되었다. 중국과 동아시아에 전파된 불교는 바로 대승불교였다.

□ **생각해 봅시다**

(1) 석가모니의 네 가지 가르침[四聖諦]을 예로 들어 설명해 보자.

(2) 불교가 동아시아로 전파되는 계기는 무엇이었으며, 어떤 영향을 주었나?

(3) 석가모니의 가르침은 오늘날 서양인에서는 어떻게 받아들이고 있나?

2) 달마와 함께 하는 선(禪) 기행 : 1편 달마가 서쪽에서 온 까닭은?

방송일시	2000년 1월 26일, KBS2 TV문화기행
상영시간	50분
주 제 어	달마, 낙양, 소림사, 용문(龍門)석굴, 선종, 보리달마, 보드가야, 석가모니, 칸치푸람, 달마동(達摩洞), 단비구법(斷臂求法), 혜가(慧可), 혜능(慧能), 육용사(六榕寺)

| 내용 소개 |

중국의 불교 역사를 보여주는 다큐멘터리는 흔하지 않다. 중국에 불교가 소개된 시기에 대해서는 여러 가지 설이 있지만, 늦어도 후한 명제(明帝) 이전에 전래된 것은 분명하다. 이후 위진남북조에 이르면 불교가 상당히 보급되어 승려와 사찰이 즐비하였다. 인도에서 승려들이 실크로드를 따라 중국으로 들어왔고, 불교 경전의 보급도 확대되었다. 이민족이 활약하던 시대적 특성에 편승하여 외래종교인 불교는 북방에서 중국 내지로 점차 전파되어 갔다. 또 중국에서 발전한 불교는 동아시아 각 국으로 확산되고 있었다.

중국 불교의 역사상 위진남북조 시대는 새로운 불교인 선종(禪宗)의 역사가 시작된 시대로 중요한 의미를 갖는다. 선종은 달마(菩提達摩 : ?~536)의 출현과 함께 시작되었다. 달마는 '보리달마'라고도 하는데, '보리'란 깨달음을 의미하고, '달마'는 '법(法)'을 의미하는 산스크리트어 다르마(Dharma)의 한역이다.

그런데 달마가 누구인지에 관해서는 명확한 자료가 없다. 페르시아 출신이라는 설도 있고, 남인도 국왕의 셋째 아들이라는 설도 있다. 그는 인도에서 불교에 귀의하였으나 당시 인도는 불교가 쇠퇴하고 있던 때라 막 불교가 꽃을 피우고 있던 중국으로 왔다는 것이다. 그가 중국에 건너와서 혜가(慧可)라는 제자를 찾아 선종을 전파시켰다는

점은 잘 알려져 있지만, 그 밖에 그와 관련된 이야기들은 거의 전설에
가깝다. 그런 점에서 달마를 주인공으로 삼아 그의 행적을 추적하고
전설과 사실을 비교해 본 이 다큐멘터리는 흥미롭다고 하겠다.

달마가 방문했다고 알려진 양(梁)나라와 북위(北魏)는 당시 대표적
인 불교국가였고, 그 수도였던 지금의 남경(南京)과 낙양(洛陽)은 중국
의 주요 불교유적들이 모여 있는 곳이다. 따라서 이 두 곳은 달마의
행적을 추적하고 중국 선종의 역사를 살펴볼 수 있는 중요한 자료라고
하겠다.

이 자료는 달마대사를 실존 인물로 간주하고, 그의 발자취를 따라
중국 선종의 역사를 차분히 소개하고 있다. 선종의 주요한 교리들도
이해하기 쉽게 설명하고 있다.

불교는 보드가야에서 석가모니와 함께 시작되었다. 20세기에 들어
발굴된 보드가야에는 마하보디(Mahabodhi) 사원 즉 '큰 보리수'라는
사원이 있는데, 석가모니가 깨달음을 얻은 장소라고 알려져 있다. 석가
모니가 앉았던 보리수도 그대로 있고, 발자국도 남아 있다. 기원전
528년 1월 석가모니가 이 자리에서 깨달음을 얻은 후 발전하던 불교는
이슬람의 침입으로 인도에서 사라지고, 인도는 이제 힌두교의 나라가
되었다.

달마는 5세기 말경 힌두교 7대 성지 가운데 하나인 지금의 인도
칸치푸람에서 태어났다고 전한다. 527년경 그가 중국에 도착하였을
당시 중국에서는 이미 불교가 번창하고 있었다. 68년 낙양에는 백마사
(白馬寺)가 세워졌고, 낙양(洛陽)의 용문(龍門) 석굴은 달마가 오기 30
여 년 전인 494년부터 조성되기 시작하여 이후 400여 년간 조성되었다.

달마는 먼저 양(梁)나라 무제(武帝)와 만났다. 양 무제는 세 번씩이나
출가한 독실한 불교신자였으나 달마는 그와의 만남을 통해 아무것도

얻지 못하였다. 이에 남경을 떠나 북위로 갔는데, 당시 갈대잎을 타고 장강(長江)을 건넜다고 전해진다. 강을 건너 그가 전한 것은 새로운 가르침인 '교외별전(敎外別傳)'으로, 이는 자기 내면에서 진리를 찾는 것으로서 당시 중국불교에 혁명을 가져왔다.

남경을 떠난 달마는 낙양의 소림사(少林寺)로 갔다. 소림사는 중국의 5악(五嶽) 가운데 하나인 숭산(崇山)에 자리잡고 있는데, 달마는 여기서 9년 면벽좌선(面壁坐禪)한 뒤 자신의 첫 번째 제자를 만났다. 소림사 문수전(文殊殿)에는 달마영석(達摩影石)이 있는데, 면벽 좌선하던 모습이 그대로 찍힌 것이라고 한다. 달마가 머물며 제자를 만났다는 곳으로 전해지는 입설정(立雪亭)이 있다. 이 입설정의 주렴이 "선종의 초조[達摩], 천축의 승려에게 눈 속에서 팔을 잘라 법을 구한 사람이 있었다"(禪宗初祖天竺僧, 斷臂求法立雪人)이다.

달마의 깨달음은 마음 속의 자신의 참모습을 보라는 것으로, 석가모니의 가르침인 '염화미소(捻花微笑)'의 가르침을 계승하고 있다. 달마의 가르침은 깨달음이란 직관으로 마음에서 마음으로 전해질 수밖에 없다는 '이심전심(以心傳心)'과 말이나 문자를 세우지 않는 세계라는 '불립문자(不立文字)'를 특징으로 한다.

달마의 가르침은 그의 제자들을 통해 중국에 전해졌다. 그의 첫 제자는 2조(祖) 혜가(慧可)로, 당시 32세의 신광(申光)이라는 도가(道家) 수행자였다. 달마의 가르침을 구하기 위해서 자신의 왼팔을 잘랐다(斷臂求法)고 한 혜가는 달마의 가르침을 받고 난 뒤 법통은 3조 승찬(僧璨), 4조 도신(道信), 5조 홍인(弘忍)으로 이어졌다.

당나라 때인 5조 홍인 이후 선종은 북선종과 남선종으로 나뉘었는데, 북선종은 신수(神秀)를 대표로 크게 발전하다가 점차 쇠퇴하였다. 남선종의 중심은 혜능(慧能)인데, 나무꾼이었던 그는 『금강경(金剛經)』을 읽는 소리에 깨달음을 얻고 선종의 제6대조가 되었다. 그는 "우리의 본성이 부처요, 이 본성을 떠나 따로 부처가 없다"라고 했다. 부처는 밖에 있는 것이 아니라 자기 마음 속에 있다는 '견성성불(見性成佛)'의 가르침이다.

혜능은 지금 광주의 육용사(六榕寺)에 있는 육조전(六祖殿)에 미이라로 모셔져 있다. 그는 광주(廣州) 조계산(曹溪山) 보림사(寶林寺)에서 후진을 길렀는데, 그의 선(禪) 사상은 『육조단경(六祖壇經)』에 담겨 있다고 한다. 남선종은 혜능의 제자 신회(神會)에 이르러 북선종을 넘어 중심 지위를 얻었다. 이러한 선종은 마조도일(馬祖道一), 백장회해(百丈懷海)로 이어진 임제종(臨濟宗)과 석두희천(石頭希遷)으로 이어진 조동종(曹洞宗)으로 발전하고, 당·송대를 거치면서 선종은 중국 불교계를 장악하게 되었다.

선종은 중국에서 한국, 일본으로 전해지고, 오늘날에는 미국과 유럽으로까지 확산되고 있다. 한국으로도 전해진 임제종을 연 임제(臨濟)는 "부처를 만나면 부처를 죽이고 선사를 만나면 선사를 죽이라"(殺佛殺祖)라고 했는데, 바로 자기 자신 속에 살아있는 달마를 발견하라는 의미였다.

□ **생각해 봅시다**

(1) 달마가 오기 전에 중국 불교의 특징은 무엇이었나?

(2) 선종은 왜 법통을 중시할까?

(3) 달마의 선종이 중국에서 뿌리를 내리고 발전하게 된 요인은 무엇일까?

(4) 중국의 선종은 한국과 일본으로 전파되어 어떠한 영향을 주었을까?

3) 추적, 고구려 수나라 전쟁의 미스터리

방송일시	2003년 1월 25일, KBS 역사스페셜
상영시간	55분
주 제 어	수(隋), 고구려, 북주(北周), 북제(北齊), 진(陳), 영주(營州), 강감찬, 살수대첩, 영양왕, 수 문제 양견(楊堅), 강이식(姜以式) 장군

| 내용 소개 |

천 4백여 년 전 598년에서 614년까지 16년에 걸쳐 고구려와 수나라는 동아시아 세계를 뒤흔드는 대규모 전쟁을 치렀다. 그러나 이 두 나라의 충돌과 관련해서는 612년 제2차 전투인 살수대첩을 제외하면 제대로 된 기록이 거의 남아 있지 않다. 이 다큐멘터리는 고구려와 수나라의 충돌 원인을 당시 동아시아의 정세변화, 양국 사이의 역학관계, 그리고 수나라 정권의 정통성 확보라는 내부적 요인 등에 초점을 맞추어 이해하고 있다.

6세기 후반 수나라에 의해 통일되기까지 400여 년 동안 중국은 여러 세력으로 분열되어 있었고, 동아시아 세력구도에 직접적으로 영향을 주는 화북지방은 북주·북제로 양분되어 있었다. 이러한 국제정세 속에서 고구려는 동아시아의 패자로 성장하고 있었다. 그런데 북주를 이은 수나라가 북제를 병합하고 진을 통합하여 전 중국을 통일하게 되면서 수나라와 고구려 사이에는 필연적으로 팽팽한 긴장관계가 형성되었다. 고구려와 수나라 간의 전쟁은 이러한 국제정세의 변화를 배경으로 하고 있었다.

고구려는 중국을 통일한 후 동북지방을 향해 세력을 확대해 오는 수나라로부터 위협을 느끼고 있었다. 특히 수나라가 583년 소수민족을 토벌하고 요서지방에 영주총관부를 세우고 군사력을 키우자, 요서지방의 경제적 이권에 관심이 많았던 고구려로서는 크게 위협을 느끼지 않을 수 없었다. 598년 고구려가 요서(遼西)의 영주(營州 : 지금의 朝陽)를 선제 공격했다는 기록이 나오는데, 바로 이 같은 정세 속에서 수나라의 세력확장을 견제하기 위한 것이었다.

수나라는 고구려의 공격을 받은 지 불과 3개월 후에 30만 대군을 원정군으로 파견하는 신속함을 보인다. 이는 이미 수나라가 오래 전부터 전쟁을 준비하고 있었다는 것을 말해준다. 이 다큐멘터리는 수나라가 고구려를 대상으로 전쟁을 준비하고 있었던 이유를, 수왕조의 취약한 정통성에서 찾고 있다. 수 문제는 귀족들과 신하들 사이에 팽배한 정통성에 대한 의구심을 동아시의 패자인 고구려를 정복함으로써 일거에 해결하려 했다는 것이다.

모욕적인 국서를 보내고, 요서지방에 군사요충지를 건설하고 군사력을 확대하는 등 수나라가 가하는 압력에 대해, 고구려는 첫째 국가적 자부심, 둘째 요서지방에 대한 경제적·군사적 실리에 비추어 강경대응 쪽을 선택했다. 앞서 언급한 선제 공격은 바로 이 같은 고구려의 기본노선을 표현한 것이었다고 할 수 있다.

598년에 시작된 1차 고구려-수의 전쟁은 수나라의 대패로 끝났다. 『삼국사기』에 따르면, 수나라가 수륙 양면으로 30만의 대규모 원정군을 파견했으나 장마와 질병, 폭풍으로 대부분의 군사를 잃고 철수하였다. 즉 자연재해 때문에 원정의 목적을 달성하지 못했다고 설명이다. 그러나, 이 다큐멘터리는 신채호의 『조선상고사』 내용을 인용하여, 수나라 군대는 수륙 양면에서 자연환경을 이용한 고구려 군대와의 실제 접전에서 처참하게 패배하였다고 하면서 기후조건 및 지리환경 등을 고려하여 전쟁을 고증하고 있다. 이 전쟁에 파견된 수나라의 30만 대군 가운데 살아 돌아간 인원은 열에 한둘이었다고 한다.

제작자의 추측에 따르면, 598년의 고구려의 선제공격은 자연재해, 늪과 같은 장애물 등 때문에 물자보급이 전쟁의 승패를 가르는 관건이 될 것임을 미리 예상하고 수나라 대군의 공격을 유도한 측면이 있었다고 한다.

612년 문제의 아들 수 양제는 113만 대군을 거느리고 다시 고구려 요동성을 공격했다. 수나라와 요동성에서 3개월 동안 대치했지만, 고구려는 이미 50만 석의 군량미를 비축해 두고 수나라 공격을 완벽하게 막아내었다. 이에 양제는 별동대 30만을 편성·파견하여 수군 10만과 합동작전으로 평양성을 직접 공략하게 했다. 그러나 고구려는 비사성에서 수군의 진격을 저지하고, 식량의 지원 없이 평양을 공격한 별동대는 을지문덕 장군의 전략에 걸려들어 살수에서 궤멸되었다. 소위 살수대첩이다. 수의 별동대는 겨우 2천 7백 명만이 압록강을 건너 도망갔다고 전해지고 있다.

이후 수나라는 극심한 혼란에 빠지고, 618년 양제가 고구려 원정군 사령관 우문술의 아들에게 살해당함으로써 왕조는 막을 내린다. 그리고 618년에 당나라가 세워졌다. 당나라는 고구려에게 다음과 같은 한 장의 국서를 보냈다.

　　우리나라와 귀국은 각자의 영토를 잘 보존하며 서로 화목하게 지내니 다행한 일이다.
　　다만 수나라가 귀국을 침공하여 피해를 입히고 우리 또한 피해가 크니, 그것이 양국의 우호에 장애가 될까 염려된다. 먼저 당에 있는 귀국의 포로를 송환하니 귀국에서도 우리 포로를 돌려보내 주기 바란다. (『삼국사기』)

□ **생각해 봅시다**

(1) 수나라의 통일은 동북아시아에 어떠한 영향을 주었는가?

(2) 수나라가 통일할 당시 동아시아 국제정세는 어떠하였는가?

(3) 고구려와 수나라 전쟁의 원인은 무엇이었는가?

(4) 수나라는 고구려 원정의 실패로 멸망한 것인가?

(5) 이후 수·당과 고구려의 전쟁은 어떻게 전개되었는가?

4) 역사기획 발해, 제1부 아시아네트워크, 발해의 길

방송일시	2002년 1월 5일, KBS 역사스페셜
상영시간	60분
주 제 어	고구려, 발해, 크라스키노, 상경(上京), 돈화시(敦化市), 24개돌 유적, 오쓰 시의 이시아마 데라, 이시카와 현 후쿠라, 나베타 유적, 블라디보스톡, 노보고르데에프카, 치타, 담비의 길, 사마르칸트

| 내용 소개 |

고대 동북아시아의 패자(覇者)로 군림하던 고구려는 668년에 멸망하였다. 고구려가 멸망한 뒤 남쪽은 통일신라가 지배하였지만, 만주지역에는 새로운 강국인 발해(渤海 : 699~926)가 성립되었다. 발해는 고구려의 유민인 대조영(大祚榮)이 고구려가 멸망한 지 30년 뒤에 건국한 나라로, 10대 선왕(宣王) 때는 '해동성국(海東盛國)'이라고 일컬을 정도로 강성하였다.

그럼 고구려와 발해는 어떤 관계이고, 고구려가 멸망한 뒤에 발해는 어떻게 동아시아의 새로운 패자가 될 수 있었을까. 이러한 관심은 문헌자료만으로는 충분히 확인하기 어렵다. 물론 발해의 2대 무왕(武王)이 일본에 사신을 보냈을 때 발해가 고구려를 계승하고 있다는 것을 밝혔다는 사실, 그리고 3대 문왕(文王)이 스스로 고구려 국왕이라고 일컬었다는 사실이 확인된다. 그러나 발해가 당나라와는 우호적인 관계를 유지하였지만, 신라와는 적극 교류하지 않았다는 사실을 들어 발해와 우리 역사와의 관계를 소원하였던 것처럼 설명하기도 한다. 이러한 문헌사료들은 1300년 전의 발해의 모습과 성격 그리고 우리 역사와의 관계를 충분히 설명하지 못하고 있다. 이에 현지를 직접 방문하여 출토된 유물과 보존되어 있는 유적을 통해 그 실체를 일부 확인할 수 있다는 데 이 다큐멘터리의 특징이 있다.

다큐멘터리는 발해가 고구려를 계승하였고, 만주지역을 중심으로 중앙아시아와 바다 건너 일본에 이르는 방대한 유통망을 장악한 무역 강대국이었으며, 방대한 영토를 차지하고 있었다는 점을 강조한다. 여기에 소개되는 주요 도시와 유통망 곳곳에 흩어져 있는 발해의 유적은 발해가 분명 고구려를 계승하였으며, 동아시아 전역을 아우르는 다양한 상품유통망을 중심으로 번영하였다는 점을 확인시켜 준다.

우선 발해가 고구려를 계승하였다는 증거로서 몇 가지 유적을 소개하고 있는데, 그 첫 번째가 러시아의 작은 마을 크라스키노다. 이 지역은 한국·일본·러시아 공동발굴단에 의해 발굴되고 있는데, 발해가 그들의 고대사에도 영향을 끼쳤음을 말해준다. 이 성터는 8세기에서 10세기 사이의 것으로 발해시대의 것인데, 여기에서 검고 거칠고 모래가 많은 전형적인 고구려식 토기가 발굴되었다. 또한 성문터 발굴 현장에서는 '옹성(甕城)'과 고구려식의 독특한 구조물인 '치'가 발굴되었다. 이것은 고구려에서 처음 사용된 독특한 축성법이었다.

발해의 성이었던 노보고르데에프카에서는 주거지 터가 발굴되었다. 그 터에서는 '깐(온돌)'이라고 하는 난방시스템이 갖추어져 있고, 연기 통로와 아궁이가 있는 주거지가 발굴되었다. 고구려가 처음 사용한 온돌을 발해가 계승한 것이다.

그렇다면 발해는 어떻게 해서 동아시아의 패자가 될 수 있었을까? 발해에는 5개의 길이 있었다. 일본도, 신라도, 압록도, 영주도, 거란도 등이다. 발해 5경(상경, 동경, 서경, 중경, 남경)은 바로 이 도로 위에 건설된 도시들로 발해의 무역루트였다.

발해 사신은 크라스키노 성에서 일본으로 출발하였다. 여기서 발굴된 '인동초' 무늬의 벽돌은 발해의 수도인 오경에서만 사용되었으므로,

이 도시가 발해의 중요한 도시였다는 것을 말해준다. 발해에서 일본도를 따라 가면 일본 오쓰 시의 이시야마 데라에 도착한다. 오랜 역사를 간직한 천년 고찰이다. 여기에 보관되어 있는 다라니 기록에는 861년 이곳에 도착한 발해국사(渤海國使)인 이거정이라는 이름이 있다.

이 밖에도 발해 사절을 기념하여 세운 비석, 발해 사신들이 숙박한 것으로 추정되는 나베타 유적 등이 발굴되었다. 발해 사신들이 나라(奈良)를 향해 갈 때 거쳤을 것으로 추정되는 도로 유적에서는 독특한 발해의 허리띠 장식이 발굴되었다. 또 목간(木簡)도 발견되었는데, 발해 사신들이 오기 전에 도로를 수리하기 위해 인부를 파견한다는 내용이 적혀 있다. 당시 일본에는 발해 사신을 맞이하기 위한 관직이 13개가 있었다. 발해에서 일본에 파견된 사신 일행은 105명이었는데, 그 가운데 20명은 수도로 들어가고 나머지는 남아서 교역을 하였다. 이러한 발해 사절단은 총 34차례 일본에 파견되었다.

발해의 또 다른 길이 나 있는 블라디보스톡의 발해 성에서는 은화가 발굴되었다. 8세기의 중앙아시아 은화였다. 또 치타 시의 사범대 역사과에서는 등자 유물을 확인하였는데, 이는 고구려의 것으로 추정되고 있다. 이 밖에도 여기에서 바이칼 호 주변의 것으로 추정되는 토기와 청동거울 등을 확인하였다. 동서 문물의 교류를 보여주는 상징적 유물이라고 한다. 중국과 서역의 악기들도 새겨져 있는데, 이 유물들 역시 문화의 상호 접촉을 보여주는 것이다.

중앙아시아의 치타 시와 발해를 연결하는 길은 있었을까? 있었다. 바로 사마르칸트에서 치타를 지나 발해의 상경성에 이르는 담비길이다. 소그드 및 중앙아시아 상인들이 주로 활동하던 길이라고 한다. 그런데 발해는 왜 중앙아시아로 가는 이 길을 필요로 했을까? 10세기 전 중앙아시아는 전쟁중이어서 실크로드는 안전한 길이 되지 못했다. 그리서

보다 안전한 길로 선택한 것이 그보다 더 북쪽 길이었다.

사마르칸트는 발해에서 1만 km나 떨어져 있는 곳이지만, 7세기경 아프랍시압 궁궐 벽화에는 조우관(鳥羽冠)을 쓴 고구려 사신이 보인다. 이는 발해 이전부터 이미 중앙아시아와 왕래가 있었다는 것을 말해준다. 그렇다면 발해도 역시 가능하였을 것이고, 담비의 길은 발해의 여섯 번째 길이었을 것이다. 발해는 이 길을 통해 부를 모으고, 해동성국의 원천으로 삼았다.

발해의 실체를 몇 가지 유적과 가설을 통해 확인하기란 쉽지 않은 작업이다. 그러나 자료가 부족하고 발굴된 유물이 충분하지 않다고 해서 그 실체를 부정할 수도 없다. 앞으로 사료와 유적 및 유물을 철저히 연구 분석하여 발해와 우리의 역사 및 그 실체를 확실하게 규명해야 할 것이다. 그것은 발해를 포함한 동아시아 세계질서를 이해하기 위한 관건이기도 하다.

□ 생각해 봅시다

(1) 발해가 고구려를 계승한 것은 알 수 있는 유물은?

(2) 발해의 실체를 알 수 있는 일본의 기록과 유물은?

(3) 발해가 동아시아에서 해동성국을 이룰 수 있었던 배경은 무엇이었는가?

5) 고선지, 제1부 서역으로 간 고구려인
제2부 파미르를 넘어 세계사 속으로

방송일시	2001년 1월 6일, KBS
상영시간	60분
주 제 어	스타인 박사, 타시켄트, 석국, 돈황 석굴, 서안(西安), 하서회랑(河西回廊)지대, 난주(蘭州), 위구르족, 양주(凉州), 고창(투르판), 천산남로, 천산북로, 현장 법사, 쿠차, 소호리 불교유적, 혜초, 우전진, 타클라마칸 사막, 멜리카왓 유적지, 라왁 유적지, 언기진, 토번, 소발률, 하노이 고성, 소륵진, 카쉬카르, 연운보

| 자료소개 |

고선지(高仙芝) 장군을 세계사의 주인공으로 소개한 것은 영국의 탐험가 스타인 박사였다. 그는 고선지를 한니발이나 나폴레옹보다 더 위대한 원정을 성공시킨 인물로 평가하여, 세계적인 정복자의 반열에 올려놓았다.

이 두 편의 다큐멘터리는 고선지 장군이 고구려의 유민으로서 당(唐)나라에서뿐 아니라 세계사에서 주목받는 인물이라는 점을 부각시키려는 데 목적이 있다.

우리가 고선지 장군에게 관심을 두는 이유는 그가 단지 고구려인의 후손이기 때문만은 아니다. 이 자료가 가치를 갖는 것은 고선지가 활약한 서역(西域)이 당나라뿐 아니라 세계사에서도 중요한 비중을 차지하는 실크로드의 가치를 보여주는 지역을 다루고 있기 때문이다. 동서양의 강대국은 실크로드를 두고 경쟁을 벌였으며, 이 실크로드를 통해 이루어진 동서양의 문화교류는 세계사에 중요한 영향을 미쳤다. 실크로드를 알면 세계가 보이는 것이다.

동서 문화의 교류에는 세 개의 주요 통로가 있었다. 중앙아시아 초원의 길, 서역의 실크로드, 그리고 남방의 바닷길이 그것이다. 초원의 길은 신석기시대 이래 고대사에서 주목받는 문화 교류의 통로였다. 실크로드는 한(漢) 무제(武帝) 때 장건(張騫)에 의해 소개되어 후한(後漢) 시대를 거쳐 발전하였으며, 14세기 정화(鄭和)의 원정과 16세기 포르투갈과 스페인의 동방 진출로 바닷길이 열리기까지 근 1천년 이상 중요한 동서문화교류의 통로가 되었다.

중국 상품은 대상(隊商)을 매개로 실크로드를 통해 중앙아시아 오아시스 국가들을 거쳐 로마로 들어갔다. 그리고 이슬람의 상품과 이슬람 문화, 큐샨 왕조시대의 대승불교가 이 길을 통해 중국으로 유입되었다. 실크로드는 상품의 유통만이 아니라, 문화의 통로였던 것이다. 이 지역을 차지한다는 것은 바로 세계의 중심적 위치를 차지하는 것을 의미하였다. 실크로드의 최고 전성기는 당나라 때였으나, 고선지 장군의 몰락과 함께 실크로드도 점차 쇠퇴하게 되었다. 고선지 장군의 중요성이 여기에 있다.

제1편에서는 고구려 유민의 이동경로와 고선지의 성장 과정을 추적하였다. 그의 성장 과정을 추적하다 보면, 서역의 주요 실크로드의 도시들은 거의 거치게 된다. 따라서 고선지의 자취를 따라가다 보면 자연스럽게 실크로드의 주요 도시를 모두 답사할 수 있다.

제1편은 고구려가 멸망한 뒤 그 유민들이 당나라로 끌려가는 불행한 역사로부터 시작한다. 668년 고구려가 멸망하자, 고구려의 보장왕 등 20만 명이 당으로 끌려갔다. 고선지 일가도 이 때 끌려갔을 것이다. 당나라는 고구려 유민들을 서역의 사막지역으로 강제 이주시켰다. 그들은 하서회랑(河西回廊)을 지나, 서역의 관문인 난주(蘭州)를 거쳐 황토지대의 만리장성을 지키는 병사가 되었다. 그들은 이 곳에서 돌궐, 티벳과 대치하며 변방을 수비하고 불모의 땅을 개간하였다.

고선지의 가족들은 지금의 무위(武威)인 양주(凉州)에서 살았다. 양주라면 서역 5도호부 가운데 하서도호부(河西都護府)의 치소(治所)가 있었던 곳이다. 고선지는 여기에서 성장하여 중급 장교로 진급하였다. 그 뒤 하서군(河西軍)에서 안서군(安西軍)으로 이동 배치되었다. 무위에서 안서로 가는 길은 "하늘에 새 한 마리 날지 않고, 땅에 풀 한 포기 없는 해골만이 길을 안내한다"는 황량한 사막의 길이다.

고선지의 가족들은 고창(高昌) 즉, 투르판으로 이동하였는데, 이 곳은 천산남로(天山南路)와 천산북로(天山北路)가 만나는 지점이다. 이어서 안서도호부의 치소는 쿠차(庫車)로 이동하였다. 쿠차는 타클라마칸 사막 북쪽에 위치하였는데, 당나라가 실크로드를 본격적으로 경영하기 위해 이동을 단행한 것이다. 고선지는 여기에서 두각을 나타내며 20세에 유격장군이 되었다.

다시 고선지는 타클라마칸 사막을 건너 지금의 코탄(和田) 시 우전진(于闐鎭)의 책임자가 되었다. 여기서 능력을 인정받은 고선지는 안서도호부의 부도호로 승진하여 제2인자로서 서역에 군림하게 된다.

그런데 파미르 고원의 토번(吐蕃)의 위협으로 소발률(小勃律)이 당나라를 배신하고 그들과 동맹을 맺었다. 이에 당나라는 세 차례에 걸쳐 소발률을 치는 원정에 나섰지만 모두 패배하였다. 그러자 현종(玄宗)은 고선지에게 정벌 명령을 내렸다.

고선지는 747년 파미르를 넘어 소발률국 원정을 시작하였다. 1만 기병과 보병을 거느리고 소륵(疏勒, 카슈가르)을 거쳐, 5천 미터의 파미르 고원을 넘어 토번을 격파하고, 소발률국의 왕궁 소재지인 길기트(吉爾吉特)를 점령하였다. 이 원정으로 시리아 등 아랍의 72개 국이 당에 항복하였다. 현종은 고선지를 안서 4진(龜玆, 于闐, 疏勒, 焉耆) 절도사(節度使)로 임명하고 파미르 전체와 서역의 지배권을 부여하였다. 이

때가 실크로드 최전성기이고 황금기였다.

제2부에서는 고선지 장군이 새롭게 성장한 아랍 세력과 중앙아시아의 패권을 두고 벌인 탈라스 전투와 그 세계사적 영향에 대해 다루고 있다. 아랍 세력과의 패권 다툼에서 당나라는 패배하였다. 이 전쟁은 단순히 실크로드의 주인만을 바꿔놓은 것이 아니었다. 전쟁은 세계문명사를 바꾸어 놓았다. 이슬람 문화가 동방으로 침투하기 시작하였으며, 제지법(製紙法)이 서방으로 전파되면서 세계 문명사에는 커다란 변화가 초래되었다. 그 사건의 한가운데에 고선지 장군이 있었다.

고선지는 소발률국을 정복한 후 파미르 고원 서쪽의 석국(石國, 타쉬켄트) 등을 정벌하였다. 타쉬켄트는 실크로드의 교차점으로 중계무역을 통해 번성하였는데, 그들이 당나라의 지배를 벗어나 아랍에 조공을 하였기 때문이다. 이 무렵, 이슬람 제국이 팽창하면서 중앙아시아의 지배권을 두고 당나라와 대결구도를 형성하게 되었다. 아부 무슬림이 이끄는 아랍군대는 751년 강국(康國)의 수도였던 사마르칸트를 점령하고 이곳을 동방의 전진기지로 삼았다.

이런 상황에서 고선지는 750년 12월 천산산맥을 넘어 10만의 병사를 이끌고 석국을 공격하였다. 고선지가 석국을 정벌하자, 석국 왕자가 아부 무슬림에게 구원을 요청하였다. 이에 고선지의 7만 군대와 아부 무슬림의 30만 대군이 타쉬켄트의 북쪽 탈라스 평원에서 751년 7월 충돌하였다. 그런데 고선지측 연합군의 하나였던 갈라록 부족이 배신을 하였고, 고선지 군대는 몇 천 명만이 살아남는 치욕적인 패배를 당하였다.

전쟁에서는 패했지만, 고선지는 장안으로 돌아와 현종의 총애를 받았다. 그러나 755년 안록산의 반란을 진압하는 도중에 모함에 의해 결국 755년 12월에 처형되었다.

탈라스 전투 이후 중앙아시아는 이슬람의 지배 아래 들어가게 되었고, 이를 계기로 이슬람 문화가 동방으로 전파되기 시작하였다. 그리고 이 전쟁은 또 다른 중요한 전환점이 되었다. 사마르칸트에 처음으로 제지술이 전파된 것이다. 고선지 병사들 가운데 제지공이 있었는데, 그들이 사마르칸트로 잡혀갔던 것이다.

제지술의 전파는 세계 문명사를 바꾸어 놓았다. 제지술은 760년에 사마르칸트, 794년 바그다드, 9세기 초 다마스커스, 10세기 초 모로코, 1150년 스페인, 1189년 프랑스, 1312년에 독일로 전파되었다. 탈라스 전투를 계기로 서방으로 전해진 종이는 유럽의 르네상스에 기폭제 역할을 하며 유럽의 비약적인 발전을 가져왔다.

고선지가 중앙아시아를 호령할 때 실크로드는 최고의 번성기를 구가하였다. 그러나 고선지 이후 실크로드는 쇠퇴해 버렸고, 중앙아시아는 징기스칸에 의해 통일된 후 실크로드가 회복될 때까지 본래의 기능을 다하지 못하였다.

□ 생각해 봅시다

(1) 실크로드의 오아시스 도시와 문화에 대해 조사해 보자.

(2) 실크로드를 통한 상품과 문화교류의 내용을 조사해 보자.

(3) 실크로드의 역사에서 고선지 장군의 역할을 평가해 보자.

(4) 탈라스 전투를 전후한 시대의 이슬람 세력의 동향을 살펴보자.

(5) 제지법의 유럽 전파는 어떠한 결과를 가져왔나?

6) 이슬람의 세계 : 제2편 찬란한 아침

방송일시	2003년 1월 16일, EBS 역사다큐멘터리
상영시간	50분
주 제 어	이슬람교, 마호메트, 메카, 하지(성지 순례), 대상(隊商), 바그다드, 기독교, 유태교, 과학, 아라비아 숫자, 헬레니즘, 의학, 병원, 백내장, 렌즈, 제지법, 코르도바, 알함브라 궁전, 알하킴, 교황 우르반 2세, 십자군, 살라딘, 향료, 몽골, 오스만 투르크 제국

| 내용 소개 |

이슬람 세계는 7~8세기부터 동양과 서양을 연결하는 중요한 역할을 담당하였다. 이슬람 세계에 대한 이해는 세계사의 주요 흐름을 이해하는 관건이 된다. 중국에서 당나라가 쇠퇴하고, 유럽에서는 로마가 쇠퇴하면서 이슬람은 동서양의 가교 역할을 하였다. 한때 중국의 제지법이 이슬람을 통해 유럽으로 전파되었고, 인도의 수학이 아라비아에서 실용화되었으며, 그리스·로마 문명이 이슬람에서 재발견되어 다시 유럽의 르네상스를 촉발하였다.

11세기 이후 이슬람 세계를 지배하고자 하는 세력들이 침입해 들어왔다. 이슬람은 십자군의 원정으로 크게 파괴되었다. 십자군이 물러난 뒤에 잠시 평화를 되찾았지만, 이번에는 징기스칸의 몽골 군대가 쳐들어왔다.

이슬람 세계는 침입자들에게 파괴되었지만, 그들의 문화는 오히려 침입자들을 변화시켰다. 유럽에서는 이슬람 문명의 영향으로 근세 르네상스 문명이 일어났고, 몽골은 오히려 이슬람교도로 개종하고 이슬람을 보호하며 전 세계에 이슬람 문명을 전파시키는 역할을 담당하였다.

이처럼 이슬람 세계와 그 문명은 유럽 역사만이 아니라 동아시아

역사를 이해하는 주요한 흐름의 중심에 서 있었다. 이 다큐멘터리의 가치는 바로 그러한 이슬람 세계의 변화를 차분히 소개하고 있다는 데 있다.

마호메트에 의해 시작된 이슬람교는 서아시아 세계에 많은 변화를 가져왔다. 이슬람교도들은 칼뿐만 아니라 지적인 힘으로도 세계를 정복해 나갔다. 마호메트 사후 200년 후 마호메트의 가르침과 새로운 아랍 제국은 3개 대륙의 판도를 바꾸고 있었다. 이 새로운 문명은 짧은 기간 동안 세력을 확장해 나가면서 사상 최대의 문명을 이루어 내었다.

이슬람 세계의 방방곡곡에서 신자들이 메카로 몰려들었다. 하지로 불리는 성지 순례를 위해서였다. 알렉산더 이후 처음으로 문화와 대상(隊商)들이 자유롭게 이동하기 시작했다. 1천 년 동안 닫혀 있던 국경이 활짝 열렸다. 메카로 모여든 사람들은 거기서 교류된 물건과 사상을 사방으로 전파시켰다. 마호메트의 가르침이 확산되면서 상업과 이슬람식 생활방식도 함께 확산되었다.

이슬람 세계의 무역은 중국과 유럽 사회를 연결하는 다리 역할을 하였다. 서쪽으로는 스페인에서 동쪽으로는 인도와 중국으로까지 그 세력이 뻗어나갔다. 그 중심지는 바그다드였다. 8세기부터 당대 최고의 사상가, 철학자, 예술가들이 몰려들면서 바그다드는 이슬람 세계에서 학문의 중심지로 우뚝 섰다. 서로 다른 문화적 전통을 지닌 각 개인들이 모여 새로운 문명을 창조해 내고 있었던 것이다.

기독교 사상가들과는 달리, 이슬람 사상가들은 자신들의 신앙과 자연세계를 지배하는 법칙 간에 극복할 수 없는 모순과 괴리를 느끼지 않았다. 따라서 기독교 교회가 불경하다고 간주한 아리스토텔레스와 플라톤도 껴안을 수가 있었다. 그리스 문명이든 인도 문명이든 페르시아 문명이든 상관 없었다. 인도로부터 수학적 개념을 받아들여 아라비

아 숫자를 만들었다. 고대 그리스의 저서를 번역하고 발전시켜 유럽의
르네상스의 발판을 만들어 주었다.

대수학과 삼각기하학, 공학과 천문학 등 이슬람 과학이 탄생하였다.
의학의 발달도 눈부셨다. 유럽인들이 자신들의 병을 고쳐달라고 성자
의 유골 앞에서 기도를 올리고 있을 때 이슬람 의사들은 질병의 원인이
세균이라는 것을 발견하였다. 그래서 병원을 만들어, 정신병을 치료하
고, 정교한 해부학을 발달시켰다. 또 렌즈를 연구하여 근대 사진기의
발명을 가능하게 했고, 백내장 수술도 했다.

이러한 이슬람의 문명과 과학 지식이 세계 각지에 전파될 수 있었던
것은 종이 때문이었다. 이 종이를 만드는 제지법은 중국에서 발명되었
다. 751년 고선지(高仙芝) 장군의 탈라스 전투를 계기로 이슬람 군대를
통해 바그다드로 전파되었던 것이다. 바그다드에 전래된 제지법은 불
과 50년 사이에 시리아, 몇 년 후에는 이집트와 북아프리카, 이어서
시칠리아와 스페인으로까지 전파되었다. 이제 세계 각지에서 획득된
지식들이 책으로 기록되기 시작하였으며, 이 책들은 복사되고 또 복사
되어 전 세계로 퍼져나갔다.

11세기, 이슬람 세계는 십자군 원정이라고 부르는 유럽의 침입으로
위기를 맞았다. 예루살렘을 지배하고 있던 이집트의 칼리프 알하킴에
의해 예루살렘이 파괴되자 1095년 교황의 소집령에 따라 유럽의 기독교
인들이 십자군을 조직하여 이슬람 세계를 공격해 들어왔다. 1099년
7월 15일 십자군은 예루살렘에 입성하고, 당시 분열되어 있던 아랍
제국은 엄청난 피해를 입었다. 그로부터 100여 년 뒤 1187년 살라딘이
십자군을 몰아내었다.

이슬람 세계를 파괴한 유럽의 십자군은 오히려 이슬람 문화를 유럽에
전파하는 역할을 하였다. 그들은 이슬람의 향료와 비누 등에 익숙해졌

고, 그들을 통해 이슬람 사상이 유럽으로 침투해 들어갔다. 이는 유럽 르네상스 즉, 문예부흥운동을 가져오는 계기가 되었다.

한편 이슬람 문명의 파괴는 십자군이 물러간 후에도 계속되었다. 징기스칸의 몽골 군대가 쳐들어와 십자군보다 더 철저하게 이슬람 문명을 파괴하였다. 13세기, 몽골인들은 우크라이나와 중국 사이에 있는 유라시아 대륙을 유린하고, 이윽고 이슬람과 페르시아까지 점령했다. 몽골군은 전 도시를 완전히 파괴하고 단 한 사람도 남김 없이 죽이는 보복전법을 썼다. 모든 도시가 몽골군 앞에 무릎을 꿇었다. 1258년 2월 10일 바그다드를 점령한 몽골군은 바그다드 도시 전체를 불태우고 만 명의 주민들을 죽였다. 이슬람 사원과 도서관들, 그간 축적되어 온 문화와 지식들이 모조리 불타 사라졌다.

이슬람 세계를 완전히 파괴시킨 몽골 군대가 이번에는 서아시아와 이슬람 세계에 매우 긍정적인 영향을 주었다. 그들 스스로 무슬렘이 되어 이슬람 세계를 바꾸어 놓은 것이다. 몽골인들은 다가올 위대한 제국을 위해 그 문을 활짝 열어놓았다. 바로 오스만 투르크 제국이다. 이제 동서 양쪽으로 팽창해 가며 세계 여러 곳에서 터키 행진곡이 울리게 되었다.

□ **생각해 봅시다**

(1) 이슬람 문명의 특징은 무엇인가?
(2) 이슬람이 중국 문명과 유럽 문명을 연결시킨 사례를 들어보자.
(3) 동서문화교류의 역사에서 이슬람 세계의 역할을 설명해 보자.

제4장 근세 중국의 역사

1. 시대개관

1) 송(宋)의 건국과 발전

(1) 북송(北宋)의 건국과 발전

오대십국(五代十國)시대를 마감하고 중국을 통일한 것은 송(宋)이다. 319년에 걸친 송나라 역사는 북송(北宋)과 남송(南宋)으로 나뉘어진다. 한때 중국 전역을 지배하였던 송나라는 북방에서 성장한 거란의 요(遼), 여진의 금(金), 몽골의 원(元) 등 북방 이민족의 침입을 받아 남송 시기에는 회수(淮水) 남쪽지역만 지배하게 되었다.

오대십국시대의 혼란기를 수습하고 중국을 재통일한 것은 절도사 출신 조광윤(趙匡胤)이다. 그는 후주(後周)로부터 선양을 받아 황제에 올라 북송(北宋 : 960~1126)을 열었다. 그의 아들 태종(太宗)은 제국의 건설과 통일사업이 완성하고, 아버지 태조와 함께 '황제독재체제'라고 부르는 강력한 왕권을 수립하였다.

송 태조는 사병을 금군(禁軍)이라는 왕조의 군대로 재편하여 황제 직속 하에 두고, 지방의 군대는 상군(廂軍)이라고 하여 약화시켜 버렸다. 그리고 지방에는 절도사를 제거하고 로(路)를 설치한 후 행정관료를 중앙에서 파견하여 지방 행정을 중앙정부에 직속시켰다. 중앙정부의

정치도 민정을 담당하는 재상격인 동중서문하평장사(同中書門下平章
事)를 두고, 감찰을 담당하는 참지정사(參知政事)와 군정을 담당하는
추밀사(樞密使)를 두고 모두 황제에게 직속시켰다.

　이러한 강력한 황제체제를 유지하기 위해서는 많은 관료가 필요하였
다. 이에 수당시대에 시작된 과거제도를 더욱 정교하게 다듬고 제도화
하였다. 과거시험은 3년에 한 번씩 실시하고, 3단계의 시험을 보았다.
특히 973년 태조는 직접 전시(殿試)를 시행함으로써 과거 관료와 황제
와의 관계를 더욱 공고하게 하였다. 수많은 과거 응시자 가운데 200여
명만이 진사시험에 합격하여 관직에 임명되었다. 이 때부터 관리는
세습적 지위를 계승하는 귀족과 지주를 대신하여 중국에서 가장 존경받
는 사대부가 되었다.

　그러나 이후 무능력한 황제들이 지배하는 동안 군대의 위세는 점점
땅에 떨어지게 되었다. 거기에다 불행하게도 송이 군사적으로 쇠퇴하
고 있을 때에 중국 변경지역의 강력한 유목민족들이 세를 얻어 중국을
위협하였다.

　중국이 분열되어 있는 동안 중원의 문화를 받아들여 개화된 북방
기마민족의 존재는 송에게 큰 부담이 되었다. 동북에는 거란족의 요(遼)
가 있었고, 서북에는 티베트 계열의 서하(西夏)가 있었다. 요나라와
서하는 모두 각기 자신들의 문자를 발명하여 사용하고 있었으며, 중국
의 중요한 유가경전을 그들의 문자로 번역하는 등 문물의 흡수에도
관심이 많았다. 이들은 성을 쌓고 장기적인 방어전을 준비하였으며,
탁월한 기동력과 전투력을 배경으로 험준한 지세에서 더욱 우세를
점했다. 요와 서하는 상호 대립충돌하면서도 일단 남방의 송나라와
대적할 때는 협력하기도 하였다.

　이들의 위협 아래 송의 지배영역은 전 시기 중국 황제들이 지배하던

영토 가운데 일부분으로 줄어들었고 따라서 송의 황제들은 요와 서하가 차지하고 있는 북방 영토의 회복을 꿈꿨다. 그러나 1004년에는 거란과 굴욕적인 '전연(遭淵)의 맹(盟)'을 맺고, 1044년에는 서하와 평화조약을 체결하지 않으면 안 되었다. 평화를 유지하는 대가로 이들에게 바친 막대한 세폐는 송나라의 재정을 압박하였다. 조세를 납부하는 농민들은 고통에 신음하고, 조정에서는 전쟁을 요구하는 주전파와 평화를 요구하는 주화파, 그리고 개혁가들 사이에 갈등이 생겨났다.

(2) 왕안석(王安石)의 신법(新法)과 북송의 멸망

북송의 군사적 · 재정적 위기를 타개하기 위하여 1069년 신종(神宗)은 왕안석(王安石 : 1021~1086)을 재상[同中書門下平章事]에 임명하였다.

송이 북방 이민족에 효과적으로 대처하는 데 결정적인 장애 요인이 된 것은 이념의 문제와 군수물자의 보급의 문제였다. 이민족에 대한 중국인의 화이사상(華夷思想)은 주변 이민족 국가의 우위를 받아들일 수 없게 하였기 때문에 이는 유연한 대외정책의 수립을 어렵게 만들었다. 여기에 멀리 변방지역에 있는 전쟁터까지 군수물자를 원활히 수송할 보급로가 의외로 빈약하였다. 송나라의 재정 자체로만 볼 때는 100만 대군을 충분히 지원할 수 있었다. 그러나 그 운영 면을 보면, 가장 기본적인 통계숫자에서마저 군사를 담당하는 추밀원(樞密院)과 재정을 총괄하는 삼사(三司)의 계산에서 차이가 날 정도로 엉성했다. 게다가 보급로를 효율적으로 유지할만한 상업적 조직도 허술하였다. 따라서 송나라의 풍족한 국고(國庫)를 제대로 활용하기는 어려운 상태였다.

이 같은 문제점들을 해결하기 위해 등장한 것이 바로 왕안석(王安石)의 신법(新法)이었다. 이 개혁의 핵심은 국가재정을 상업화하는 금융경제라고 할 수 있다. 왕안석은 세금을 더 걷지 않아도 국고의 충실을 기할 수 있다고 믿고 있었다. 그래서 그는 일종의 금융대출의 성격을 띤 청묘법(靑苗法)과 시역법(市易法), 상품유통을 조절하는 균수법(均輸法) 등을 실시하였다. 왕안석은 상품 유통을 증가시켜 증세 효과를 거둘 수 있다고 믿고 있었던 것이다.

왕안석의 개혁조치가 궁극적으로 목적한 바는 부국강병이었다. 새로운 제도를 실시하여 국고를 효율적으로 운용하면서 동시에 축적된 역량을 바탕으로 북방 이민족을 제압하려 하였던 것이다.

그런데 개혁은 실패로 끝났다. 사실 왕안석의 '신법(新法)'은 과거 왕조에서 시도했던 정책을 다시 시행한 것이었다. 그러나 기득권 세력, 즉 관료들과 지주들이 그의 개혁에 반대하였다. 신법의 근본적인 한계로서 상업의 유통수단인 화폐제도의 정비가 문제점으로 지적되기도 하지만, 역시 핵심은 도덕적 윤리적 입장에서의 비판이었다. 예를 들면, 도덕적인 입장에서 "어떻게 백성을 상대로 장사를 하는가"라는 비판은 극복하기 어려운 것이었다. 그렇다고 이미 시행에 옮겨진 상태에서 바로 폐지하기도 어려웠다. 그 결과 새로운 개혁조치는 국론의 분열만 가중시키고, 재정기초가 비교적 충실하였던 송나라를 오히려 곤경에 빠뜨렸다.

결국 신종과 왕안석이 각각 1085년과 1086년에 연이어 사망하자 신법은 폐지되었다. 그 뒤 1126년 북송이 멸망할 때까지 수십 년 동안 개혁파와 반대파들이 번갈아 가며 권력을 장악하였고, 조정에서는 당쟁 대립과 갈등이 끊이지 않았다.

거란에 빼앗긴 영토를 다시 회복하기 위해 송나라는 만주에서 새롭게 성장하기 시작한 여진과 동맹을 맺었다. 송과 여진이 동맹을 맺고 거란을 일단 몰아내고 나자, 이번에는 여진이 송나라를 배신하고 지금의 개봉(開封)인 송나라의 수도 변경(汴京)을 점령해 버렸다(靖康의 變).

여진은 화북에 금(金)나라를 세워, 1115년부터 1234년까지 중국의 북방지역을 지배하였다. 송나라의 황제(欽宗)와 태자 등 거의 3,000여 명이 금나라에 포로로 잡혀가고 북송은 막을 내렸다.

(3) 남송(南宋)시대의 사회경제적 발전

송의 지배자들은 남아 있던 왕자와 남쪽으로 내려가 1127년 항주(杭州)에 송나라를 다시 세웠다. 왕자는 황제에 올라 고종(高宗)이 되었다. 재건된 송나라는 지배범위가 회수 이남지역으로 축소되었고, 그 곳에서 다시 150여 년간 존립하였다. 이를 남송이라고 한다. 남송은 비록 군사적으로 위축되고 영토도 좁아졌지만, 중국 역사에서 문화, 상업, 해상무역, 그리고 과학 등이 찬란하게 발달한 시대 중 하나였다.

송대에는 정치와 군사적인 불안에도 불구하고 경제적 발전이 두드러진 시기였다. 이러한 경제적 발전은 이미 당나라 때부터 시작되었다. 당나라 후기부터 시작되어 남송에 이르러 크게 발전한 경제적 변화의 시기를 특히 강조하여 '당송변혁기(唐宋變革期)'라고 부른다. 그것은 당과 송 사이의 경제적 변화뿐 아니라, 정치적·사회적·문화적 변화 등 다양한 분야에서 진행되었던 변화를 아우르는 표현이다.

당나라 말기부터 양세법이 시행되면서 대토지 소유자들이 늘어나기 시작하였다. 양세법은 균전제의 원칙을 포기하고, 토지 등 소유재산에 근거하여 조세를 징수하였기 때문에 대토지 소유제를 용인하게 되었다. 이에 기반하여 향촌에 새로운 지배계층으로 신흥사대부가 등장하였다. 이들은 오대십국시대를 거치면서 향촌사회에서 경제적으로 성장하고, 송이 건국된 후에는 유학을 통해 관료로 진출하거나 향촌사회의 경제력을 기초로 형세호(形勢戶)로 발전하여 지주로서 전호(佃戶)를 지배하였다.

앞에서 지적하였듯이 송대 사회는 과거의 귀족을 대신하여 사대부가 지배계층이 되었다. 이들은 지위를 유지하기 위해 과거시험을 통해 관료로 진출하여야 했고, 이 때문에 유학이 크게 존중되었다. 송대에는 유학 교육은 학교교육보다 서원(書院)을 통한 사교육이 발달하였다. 한편 당나라 때까지 귀족 관료사회를 지배하였던 불교와 도교는 점차 쇠퇴의 길을 걸었다. 다만 무인과 사대부들이 선호한 선종(禪宗)만이 예전의 지위를 유지하고 있었다.

그런데 사대부 사회가 성립되었다고 하더라도, 이들의 지위는 유동적이었기 때문에 개인적인 '문생고리(門生故吏)' 관계를 이용하여 서로 인맥을 맺고, 이를 이용하여 지위를 유지하려고 애썼다. 이는 관료사회에서 당파를 형성하여 치열한 당쟁을 초래하기도 하였다.

당송 변혁기의 주요 특징은 우선 강남이 경제중심지로 부상했다는 점에 있다. 강남개발은 남조시대에 강남을 근거로 하는 정권이 세워지면서 시작되었다. 수 양제가 대운하를 건설한 것도 바로 강남의 농업생산품을 화북으로 공급하고자 한 데 있었다. 그리고 강남의 경제력과 화북의 정치문화가 결합하면서 수당대의 세계적인 제국이 건설될 수 있었다.

강남 경제의 특징은 벼농사다. 화북의 망명정권이 강남에 세워지면서 새로운 토지가 개간되고 경작지가 확대되었다. 벼 품종의 다양화와 신품종의 도입 및 보급으로 생산량이 늘어났다. 또 생산력을 높이기 위해 새로운 농법이 각지에 보급되기 시작하였다. 즉 개량된 쟁기와 이모작 및 이앙법이 널리 보급되고, 인분(人糞)과 진흙 및 석회를 이용한 비료가 사용되었으며, 벼농사를 위한 각종 관개수리(灌漑水利) 시설들이 확충되었다. 이렇게 해서 농업생산에서 잉여 생산물이 생겨나고 이는 농업의 상품화를 촉진하였다.

상업 발달은 송대의 경제적 변화의 상징이라고 할 수 있는데, 송대를 '상업혁명'의 시대라고까지 부를 정도다. 차, 도자기, 비단을 비롯한 다양하고 새로운 상품이 늘어나고, 생산력의 증가와 인구증가에 따라 수요가 늘어났다. 상품경제의 발전에 따라 전통화폐인 동전을 대신하여 회자(會子)라는 어음이 사용되었으며, 근거리 상업뿐 아니라 원거리 상업과 해외무역이 발달하였다. 그 과정에서 다양한 형태의 상인이 출현하고, 상인의 동업조합이 출현하였다.

송대 해외무역의 성장은 조선술의 발달이 있어서 가능했다. 거대한 원양 정크선이 만들어져 동아시아 각 국과 교역을 행하였을 뿐만 아니라, 아라비아에까지 항해하였다. 이 원양 선박들은 당시까지 세계에서 가장 큰 배였으며, 방수 처리도 잘 되어 있었고 1천 명의 승객을 수송할 수 있었다.

해외무역과 근해무역의 발달은 연해도시의 발달을 가져왔다. 광주(廣州), 항주(杭州), 천주(泉州) 등은 커다란 항구도시로 발달하여 대규모 해외무역을 이끌었다. 한때 통일신라의 상인들이 이 무역을 지배하기도 하였고, 페르시아 상인과 아라비아 상인들이 서해를 가로질러 무역을 지배하기도 하였다.

농촌의 교통중심지에는 시장이 들어서고, 상업 중심지로 도시가 발달하였다. 생활수준이 향상됨에 따라 도시에 거주하는 도시 서민의 생활에서는 문화적 비중이 높아졌다. 상업의 팽창에 따라 도시화가 진행되면서 송대 사회에서 도시가 점하는 중요성이 높아졌다. 남송의 수도였던 항주는 이미 인구 200만이 넘었다.

상업화와 도시화는 중국 사회에 많은 변화를 가져왔다. 그 중 하나가 상위계층 부녀자들의 지위 하락이다. 도시에 상위계급이 집중됨에 따라 부녀자들의 노동은 점점 그 중요성이 줄어들어 부녀자들은 하인이나 노리개로 취급되었다. 축첩(蓄妾) 습관이나 어려서부터 여성의 발을 묶어 작게 만드는 전족(纏足) 습관은 모두 이러한 분위기와 관련이 있다. 이러한 습관은 20세기에 와서야 금지된다.

(4) 송대 문화와 신유교(新儒敎)

송대에는 당 말기에 시작된 불교에서 벗어나 유교로 돌아가려는 경향이 계속되었다. 그런데 순수하고 간단하게 고대의 가르침을 회복한다는 것은 불가능하였다. 유교는 불교와 도교에 의해 도전을 받고 있었기 때문이다. 유교는 사회 내에서의 인간관계를 규정하였던 것과 마찬가지로 인간과 우주질서의 관계도 설명해야 했다. 그 요구에 부응하여 여러 유학자들이 당 말과 송 초에 출현하였다. 그 가장 대표적인 학자가 주희(朱熹 : 1130~1200)였다. 그는 유교, 불교 그리고 도교의 원리를 종합하여 새롭게 신유교(新儒敎)로 재편성해 냈는데, 그것은 중화제국 말기까지 중국 국가의 정통이념이 되었다. 주희의 사상은 이기(理氣)이원론을 강조하는 것으로, 선한 인간 본성에 대한 성찰과, 끊임없는 '격물치지(格物致知)'를 통하여 스스로 수양하는 것을 역설하는 사상이다.

주자학의 핵심은 '성즉리(性卽理)'에 있다. 즉 모든 사람은 순수하고 완전히 도덕적인 '리(理)'를 갖고 있는데 개개인에게 이것은 '성(性)'이며 마음[心]에 속해 있다. 그런데 인간은 물질적 조건에 제약을 받기 때문에 비물질적 초월적 존재인 '리'의 원리대로 살아갈 수가 없다. 개인의 '성(理)'은 '정(情)'으로 발현되고, 이 '정'은 '불선(不善)'에 빠지기가 쉽다. '성'과 '정'을 함께 포함하고 있는 '심'은 그대로 '리'가 될 수 없고, 따라서 이 '성'을 원래대로 발현하게 하기 위해서는 수양과 공부가 필요하다. 이는 안으로는 정신을 집중하여 리를 견고하게 지키는 것이고[居敬窮理], 밖으로는 리를 탐구하는 것이다[格物致知]. 그렇게 하여 마침내 '내성외왕(內聖外王)'의 경지, 안과 밖을 관통하여 깨닫는 경지[豁然貫通]에 도달할 수가 있다는 것이다.

송대 학자들과 역사가들도 역사를 종합하려 하였다. 사마광(司馬光)은 사마천(司馬遷) 이래 처음으로 통사를 저술하려고 시도하였다. 그는 기원전 403년에서 959년까지의 역사를 294권의 통사(『資治通鑑』)로 연대순으로 저술하고, 주희는 12세기에 그 요약집(『資治通鑑綱目』)을 저술하였다. 또한 왕부(王溥)는 961년에 당회요(『唐會要』)를 완성하였는데, 이후 등장하는 다양한 백과전서 형태의 선구가 되었다.

송대 회화는 풍경화가 유명한데, 고대 예술의 최고 형태를 보여주는 것으로 평가받고 있다. 송대에 도시에 거주하던 사람들은 상당히 낭만적인 정서를 갖고 있었다. 자연에의 접근을 시도하는 신비주의적인 도교와 불교식 참선 분위기와 결합된 이러한 낭만주의는 자연에 위축된 사람들을 보여주는 풍경화 속에 잘 반영되었다.

2) 징기스칸과 원(元)의 중국지배

(1) 징기스칸(成吉思汗)의 몽골제국

몽골족은 8세기 무렵인 당나라 때 흑룡강 상류지역에서 처음 나타났다. 위구르 제국이 붕괴된 틈을 타서 서진을 계속한 이들은 11~12세기 무렵 오논강 일대까지 진출하는 데 성공하고, 요(遼)와 금(金)이 대결하는 격동기에 몽골 부족국가를 세웠다.

테무친[鐵木眞]은 몽골의 오논강 상류지역에서 1162년에 태어났다. 그가 태어났을 때 몽골은 내부적으로 씨족간 불화가 극심한 상황에 달해 있었다. 몽골 고원은 타타르, 케레이트, 나이만, 메르키트, 몽골, 엉쿠트 등 여섯 부족으로 분열되어 있었고, 금나라는 타타르족을 앞세워 몽골 고원의 유목 세력들을 견제하고 있었다. 테무친의 아버지 예수게이는 타타르 부족과 싸우다가 전사하였고, 테무친은 케레이트 부족과 힘을 합쳐 세력을 키워 나갔다.

1204년 마침내 몽골을 통일한 테무친은 1206년 쿠릴타이에서 대칸에 올라 징기스칸이 되었다. 그가 몽골 고원을 통일하게 된 배경에는 케시크테이라는 친위군대가 있었다. 징기스칸은 몽골의 씨족공동체를 해체하고, 새로 금나라의 맹안(猛安)·모극(謀克) 제도와 같은 천호(千戶)·백호(百戶)제를 만들었다. 그리고 귀족들의 자제 1만 명을 모아 케시크테이라는 친위대를 결성하였다. 이들은 특권을 부여받은 말 그대로 최정예 부대였다. 징기스칸은 이들과 함께 서하(西夏)를 공격하고 1215년에는 금의 중도(中都)를 점령하였다.

징기스칸의 업적 가운데 가장 두드러진 것은 역시 서방 정벌일 것이다. 1219년 징기스칸이 이슬람 세계의 강국인 호라즘에 파견한 사절이 살해되었다. 이에 징기스칸은 호라즘 왕국을 정벌하고, 2만 명의 별동대를 보내 왕을 추격하게 하였다. 결국 호라즘의 왕 무하마드는 카스피해 섬으로 도망가서 죽고, 별동대는 남러시아까지 휩쓸고 난 뒤 돌아왔다. 이 과정에서 광대한 영토를 획득하였다. 징기스칸은 이 땅을 자신의 아들들에게 나누어 주었고, 이는 4 한국(汗國)의 기초가 되었다. 본토는 몽골의 관습에 따라 막내아들 툴루이에게 주어졌다.

징기스칸은 몽골 고원을 통일하고 불과 10만 명의 군대로 당시 전 세계의 1/3을 정복하는 대정복사업을 이루어 냈다. 당시 이슬람 세계와 유럽 세계는 분열되어 있었고, 이슬람 국가의 군대는 돌궐족의 후예인 투르크 용병으로 이루어져 있었다. 그들은 몽골군에게 항복하였고,

이후 몽골·투르크 혼성 부대를 형성하여 유럽까지 원정할 수 있었다.

20여 년에 걸친 몽골군의 살상과 약탈은 유럽과 아시아 각지를 공포로 몰아넣었다. 몽골 기병의 러시아 침공은 유럽 사회에 엄청난 충격을 주었다. 비잔틴 제국의 수도 콘스탄티노플에서는 대공황이 일어나고, 각 도시는 성곽을 축조하는 등 전쟁준비에 나섰다.

유럽 원정에서 위력을 발휘한 징기스칸의 무기는 다양하였다. 몽골군은 뛰어난 기마전술로 유럽을 정복하였다. 그들은 위협적인 활과 화살, 금을 공격하면서 배운 공성술, 기병·포병·보병을 배합한 입체적 전술을 구사하였다. 무기를 개량하기 위해 과감하게 외국인을 등용하기도 하고, 기동성을 높이기 위하여 갑옷과 음식의 무게를 줄이고 역참(驛站)제도를 도입하였다. 또한 몽골군의 병참 시스템은 효율적이기로 유명한데, 바로 보르츠라는 음식이 그것이다. 쇠고기를 3~4개월 이상 바싹 말려 가루로 빻은 것인데, 소 방광 하나에 소 한 마리 분량의 고깃가루가 들어가고 무게는 불과 3~4kg에 지나지 않았다.

징기스칸은 단순히 잔인한 정복자에 머물지 않았다. 대제국을 건설한 그는 실크로드를 다시 열고, 마르코 폴로와 그리스도교 선교사들로 하여금 아시아로 왕래할 수 있게 하였다. 위구르 문화를 사랑하여 위구르의 파스파[八思巴] 문자를 본떠 몽골문자를 만들게 하기도 하였다. 그가 1206년에 만든 법전인 대야사(Great Yasa)의 몽골법은 초기 러시아에 큰 영향을 끼쳤다. 몽골 군대는 많은 문화를 파괴하였지만 다른 종교나 민족에게는 관대하였다.

징기스칸과 그 후예들에 의해 전개된 정복전쟁은 국제무역로를 안전하게 확보하고 실크로드를 장악하는 데 그 목적이 있었다. 몽골인들은 문자를 사용하여 계약서, 증서, 판결문, 상업 기록들을 만들어 내고, 실크로드를 단순한 통과지역이 아닌 하나의 문명권으로 만들었다. 징기스칸은 서하를 멸망시키고 금을 공격하던 중에 병사하였다.

징기스칸의 셋째 아들 오고타이는 쿠릴타이의 추대로 대칸에 올랐다. 그가 태종 오고타이칸이다. 그는 막내 툴루이의 영토인 몽골 땅을 차지하고, 야율초재(耶律楚材) 등을 등용하여 징기스칸의 정책을 계승하였다. 대외적으로는 1234년 금나라를 정복하고, 바투[拔都]에게는 러시아·유럽 원정을 지시하고, 남송으로 원정군을 파견하였다. 야율초재의 건의에 따라 새로운 정복지에 호구조사를 실시하고 세금을 징수하였으며, 다루가치[達魯花赤]를 파견하였다. 또 수도 카라코룸을 건설하고, 1231년에는 살리타이에게 고려 공격을 명하였다. 몽골은 1276년 남송의 수도 항주를 함락시키고 1279년 송나라를 멸망시켰다.

(2) 쿠빌라이 칸과 원제국

징기스칸의 손자 쿠빌라이는 1271년에 스스로 중국의 황제라고 선언하고 원(元)이라는 왕조를 세웠다. 원이라는 이름은 영원한 몽골의 지배가 시작된다는 것을 의미한다.

1215년에 태어난 쿠빌라이 칸은 1251년 몽골 세력의 통합에서 주요한 역할을 하였다. 당시 그의 형, 몽케 칸은 중국 정복을 완성할 것을 결심하고, 정복지의 질서를 유지할 책임을 쿠빌라이에게 맡겼다. 1259년 몽케 칸이 죽자 스스로 칸의 지위에 오른 그는 이후 20여 년에 걸쳐 중국 통일을 완성하였다. 쿠빌라이 칸은 수도를 카라코룸에서 북경으로 옮겼다

쿠빌라이칸은 동아시아를 정복하기 위해 1274년과 1281년에 두 차례에 걸쳐 일본 해상원정을 시도하였지만 실패하였다. 안남에 대해서는 네 차례의 원정을 실시하였으며, 미얀마에도 다섯 차례에 걸쳐 원정하였다. 그러나 이 같은 해외 원정과 동남아시아 원정은 눈부신 성과를

내지도 못했고 설령 정복하였다 해도 오래도록 점령하고 있지도 못했다. 일본의 예에서 보이듯이 방대한 비용을 지불한 그의 해외원정운 실패로 끝났고 이는 점차 몽골제국을 곤란으로 몰아넣었다.

쿠빌라이는 국가를 통치해 본 경험이 없는 몽골인들에게 중국 통치를 맡겼다. 몽골은 외국인과 다른 종교에 대해서는 비교적 관용적이었으나, 자신들의 언어와 관습은 굳게 유지하고자 하였다. 중국인들은 몽골인들이 중국문명을 받아들이지 않는 것을 경멸하였다.

몽골이 중국을 지배한 것은 채 한 세기가 되지 않는데, 그 동안 몽골인들은 중국인 지배계층을 정치에서 완전히 배제시키고 대신 색목인(色目人)에게 통치의 임무를 맡겼다. 몽골 지배자들은 자신들을 포함한 여러 민족을 네 계급으로 나누고, 남송 사람들을 가장 낮은 지위에 위치시켰다. 중국인에 대한 이 같은 불신은 지방행정에도 반영되어, 지방에는 중앙정부의 기구를 파견하여 행성(行省)을 설치하고 지방행정을 맡게 하였다. 이러한 관행은 다음 왕조로 계속 계승된다.

(3) 원제국과 동서문화교류

징기스칸 이래 바투의 2차 원정 및 훌라구의 3차 원정으로 몽골제국은 동서를 연결하는 대제국을 건설하였다. 이는 당 이래로 붕괴되었던 중앙아시아와 서아시아 및 중국과 유럽을 연결하는 실크로드를 회복하는 역사상 유례가 없는 업적이었다.

실크로드를 통해서 중국의 나침반, 화약, 인쇄술 등이 유럽에 전해졌다. 그 가운데에서 매개 역할을 한 것은 이슬람 세계였다. 유럽으로 전해진 새로운 문화는 서유럽 봉건사회의 해체와 근대 국가로의 전화에 주요한 작용을 하였다. 마찬가지로 실크로드를 통해 로마 가톨릭과 회교 같은 외래 종교가 중국에 들어왔다. 쿠빌라이 때인 1293년에 처음으로 로마 선교사가 대도에 와서 포교하였고, 투르크계의 상인들이 중국에 회교를 전파하여 각지에 청진사(淸眞寺)가 세워졌다. 회교 상인들은 이슬람의 천문학, 수학, 역법 및 대포와 같은 과학문명과 이슬람의 음악과 공예품 등을 중국에 전해주었다.

이러한 실크로드를 연결하는 제도적인 장치는 역참(驛站)제도였다. 실크로드는 언어 문화와 군사적 장벽을 제거하고, 도로를 정비시키고 상인과 관리들의 이동을 원활하게 해주었다. 이 길을 통해서 내륙 대상로가 확보되었으며 서아시아와 유럽 상인들이 카라코롬과 대도를 방문할 수 있었다.

한편 바다를 통한 교통로도 확보되었다. 페르시아와 인도 중국을 연결하는 해상교역로의 발달로 천주(泉州)와 복주(福州) 등이 세계적 항구로 부상하고, 교역에 종사하는 외국인들은 집단거주지를 형성하였다.

이러한 교통로를 따라 중국에 온 대표적 인물이 마르코 폴로(Marco Polo)였다. 그는 쿠빌라이칸을 직접 만나 칸의 황궁에서 20여 년을 지내고, 몽골을 유럽에 가장 잘 소개한 사람일 것이다.

마르코 폴로는 무역 상인이던 아버지와 삼촌을 따라 중국으로 떠났다. 쿠빌라이 칸이 선교사들을 데리고 함께 돌아와 줄 것을 요청하였기 때문이다. 그들은 로마 교황(그레고리우스 10세)의 신임장의 갖고 페르시아를 지나고 파미르 고원을 넘어 카시카르와 야르칸트의 무역 도시를 지났다. 고비사막을 횡단하여 1275년 초, 스물한 살의 마르코 폴로는 마침내 중국에 도착하였다. 쿠빌라이 칸의 총애를 받은 마르코 폴로는 3년 동안 양주(楊州)를 다스리는 등 화려한 생활을 하다가 베니스로 귀국하였다.

귀국 후 그는 『마르코 폴로의 여행기(Marco Polo's Travels)』를 지었는

데, 이 책은 마르코 폴로의 중국 여행담이자 쿠빌라이 칸에 대한 이야기
다. 콜럼버스(Christopher Columbus)는 몽골 제국에 대한 마르코 폴로의
묘사에 영향을 받았고, 사람들은 그의 이야기를 읽고 중국과 일본,
그리고 동인도로 가는 바닷길을 찾고자 갈망하였다.

⑷ 원의 쇠퇴와 멸망

원나라는 왜 멸망했을까? 첫 번째 이유는 원의 중국 지배방식에서
찾을 수 있다. 송 이후 강남은 수리전의 개발, 농기구의 개량과 이모작의
보급 등으로 농업생산력이 비약적으로 증대하였다. 그러나 원나라는
강남의 지주를 흡수하는 데 실패하였다. 원나라는 강남을 남송 이래의
향촌조직과 조세제도를 그대로 유지한 채 화북과 별개로 통치하였다.
그리고 운하를 통해 강남에서 생산된 물자를 화북으로 거의 약탈하다시
피 거두어 갔다. 원나라는 정치적으로는 강남의 지주사대부를 '남인(南
人)'이라고 부르며 소외시켰지만, 경제적으로는 강남에 의존하였던
것이다.

원나라 붕괴의 두 번째 요인은 재정파탄과 민중생활의 파탄을 들
수 있다. 예를 들면, 황제들은 라마교를 맹신하여 많은 비용을 지출하였
고, 제왕(諸王)과 공신들에 대한 빈번한 사여(賜與)를 위해 막대한 자금
을 지출하였다. 그 비용은 중세정책으로 충당하였다. 여기에 무절제한
교초(交鈔)의 발행은 인플레이션을 불러와, 민중 생활을 파탄으로 몰아
갔다.

원나라의 황위 계승제도가 확립되어 있지 않아 권력투쟁이 계속된
점도 멸망의 원인 중 하나다. 황제의 후계자는 쿠릴타이에서 정해졌기
때문에 새로운 황제가 즉위할 때마다 권력 투쟁과 정정 불안은 피할
수 없었다.

이 같은 한계와 약점을 극복하기 위해 인종(仁宗 : 1311~1320)은 과거를 시행하기도 하였고, 문종(文宗 : 1329~1332)은 규장각(奎章閣)을 설치하였다. 또 순제(順帝)는 과거를 실시하는 등 한인과 남인을 우대하는 정책을 펴고 남인에게 관직을 개방하였지만, 별 효과는 없었던 것 같다.

나약하고 무능한 몽골 황제들의 지배는 오래 가지 못했다. 비밀결사들이 활동하기 시작하였고, 1350년대에는 홍건적의 난으로 알려진 농민반란이 화북지방을 휩쓸었다. 1356년, 반란 지도자 가운데 한 사람인 주원장(朱元璋)과 그의 농민군이 남경(南京)을 점령하였다. 그는 10년도 채 안 되는 사이에 경제적으로 매우 중요한 양자강 중하류지역의 지배권을 장악하고, 몽골을 북부지역으로 몰아내었다. 1368년 주원장은 스스로 홍무제(洪武帝)라고 선포하고, 양자강 하류의 남경에 수도를 정하였다. 그 해에 원나라 수도 북경을 점령하였다.

3) 명대(明代)의 역사와 문화

(1) 홍건(紅巾)의 난과 주원장(朱元璋)의 명 건국

원나라의 착취에다 수재와 기근이 이어지자, 중국의 농민들이 봉기하였다. 백련교(白蓮敎)의 난이다. 백련교는 아미타 정토에서 왕생할 것을 기원하는 불교의 일파인데, 여기에 마니교[明敎]와 미륵신앙이 결합되면서 메시아 신앙으로 변질되었다. 미륵이 세상에 나타나 도탄에 빠진 중생을 구원한다는 믿음을 가진 이들은 붉은색 두건으로 동맹을 표현하였으므로 홍건적(紅巾賊)이라고 불렸다.

처음 반란을 계획한 것은 백련교주 한산동(韓山童)과 유복통(劉福通)이었다. 그들은 황하 바닥에 외눈 석인상(石人像)을 묻어 두고 "외눈 석인이 황하를 흔들면 천하에 반란이 일어날 것"이고, "한산동이 휘종(徽宗)의 8대 손이니, 천하의 주인이 되어야 한다"고 소문을 냈다. 그러나 반란 모의가 발각되어 한산동은 처형되고, 이에 유복통이 안휘 영주(穎州)로 가서 봉기하였다. 홍건군은 유복통 계열과 서수휘(徐壽輝) 계열로 나뉘어 봉기하였고, 이들 외에 소금상인 출신인 장사성(張士誠)과 해운업자 방국진(方國珍)도 함께 반란을 일으켰다.

유복통은 한산동이 죽자 그의 아들 한림아(韓林兒)를 추대하고(1355), 대도(大都)를 향해 북벌을 개시하였지만 원나라의 반격을 받고 무너져 버렸다. 이 집단의 부장인 주원장은 남하하여 강남에서 지주층을 흡수하고 응천부(應天府=南京)를 차지(1356)한 후 여기에서 1368년에 명나라를 세웠다. 그가 홍무제(洪武帝 : 1368~1398)다. 그는 원나라의 수도 대도를 함락시키고, 한민족 국가를 재건하였다.

(2) 홍무제(洪武帝)와 영락제(永樂帝) 시대

주원장은 강남 지주세력의 지지를 받고 즉위하였지만, 즉위 후에는 황제 중심의 일원적 지배를 완성하기 위해 이 정책에 반대하는 강남 지주세력을 탄압하였다. 그는 관리임용에서 회피제[南北更調制]를 실시하여 강남 지주들을 소외시키고, 과거제를 폐지하기도 하였다.

주원장은 여러 차례 의옥(疑獄)사건을 일으켰다. '공인(空印)의 안(案)', '호유용(胡惟庸)의 옥(獄)', '곽환(郭桓)의 안(案)', '이선장(李善長)의 옥(獄)', '남옥(藍玉)의 옥(獄)' 등이 그것이다. 이러한 사건들을 통해 많은 건국 공신을 숙청하여 황제의 전제군주권을 강화하였다. 승상(丞相) 제도를 폐지하고 6부를 황제가 직접 관장하였으며, 지방에 대한 통제권도 강화시켰다.

이갑제(里甲制)는 지방통치를 강화하기 위한 대표적인 제도였다.

이 제도는 110호를 1리로 하는 향촌조직으로, 부유한 10호를 이장호(里長戶)로 하고 나머지 100호는 갑수호(甲首戶)로 하였으며, 10호를 단위로 10갑으로 나누어 조직을 편성하였다. 매년 1 이장호와 10 갑수호가 리(里) 내의 조세 징수와 치안유지의 임무를 돌아가면서 담당하였다. 또 이노인(里老人)을 두어 교화 재판 등을 담당케 하였고, 강남지방에는 리보다 상급구획인 양장(糧長)을 두어 조세의 징수와 수송을 맡게 하였다. 이갑제 운영의 이념을 마련하기 위해 육유(六諭)를 반포하였다. 육유는 나이와 덕망을 기준으로 성립되어 있던 민간의 자율적 질서를 이용하여 강남의 향촌질서를 회복시키고, 대토지 소유자가 장악하고 있던 향촌권력을 국가가 회수하려는 것이었다. 아울러 대명보초(大明寶鈔)라는 지폐를 발행하였는데, 강남에서 자율적으로 형성된 은경제를 국가가 흡수하고자 한 개혁이었다.

홍무제는 수도를 북방으로 옮기고자 하였으나 자신의 재위중에는 뜻을 이루지 못하였다. 주원장의 뒤를 이어 손자인 건문제(建文帝)가 즉위하였다. 그는 한편으로는 북방의 번왕(藩王)들을 제거하고 방효유(方孝儒)의 건의에 따라 유교적 덕치와 민본주의라는 이상정치를 실현하려고 하였다. 그러나 이 같은 조치는 홍무제와 함께 명나라를 건국한 번왕들의 불만을 불러일으켰다.

연왕(燕王)은 '정난(靖難)의 변(變)'을 일으켜 3년 만에 환관의 도움으로 남경을 점령하고 1402년에 제위에 올랐다. 그가 성조(成祖) 영락제(永樂帝)다. 그는 먼저 자신에게 협조하지 않는 방효유 등을 처형하고, 북경 천도를 준비하였다. 먼저 동창(東廠)이라는 환관 특무기관을 만들어 천도에 반발하는 남인들을 억압한 후 북경으로 수도를 옮겼다. 그리고 남경을 부도(副都)로 삼고 남경관(南京官)이라는 명예관을 두어 회유하기도 하였다.

그는 대외원정도 활발히 전개하였다. 홍무제는 사무역을 전면적으로 금지하고 조공무역만을 허락하였는데, 영락제는 이 조공무역을 남해 각지로 확대하고자 하였다. 1405년부터 여섯 차례에 걸쳐 영락제는 정화(鄭和)에게 남해 원정을 지시하였다. 제1차 때는 길이 백 미터에 달하는 62척의 함선에 2만 8천 명이 나눠 타고 떠났는데, 참파, 자바, 수마트라 등에서 인도와 페르시아의 호르무즈 등에까지 원정하였다. 5차와 6차 원정 때는 바스코 다 가마가 희망봉을 발견하기 80년 전에 아프리카의 동안에 도달하였다. 이 때 정화는 30여 개 국에서 조공사절단을 데려왔는데, 뒷날 화교가 동남아시아로 진출하는 발판이 되었다. 정화의 원정은 조선기술, 나침반, 항해술 등이 당시 세계 최고 수준이었음을 증명한 것이었다.

영락 4년에는 베트남의 진조(陳朝)를 정벌하여 하노이를 편입시키고, 직접 다섯 차례에 걸쳐 몽골의 오이라트와 타타르를 정벌하고, 흑룡강 유역의 여진을 굴복시켰다. 찬탈자로서의 지위를 정당화시키려는 의도에서 시작된 이러한 대외원정은 궁극적으로 명나라를 중심으로 하는 새로운 국제질서를 형성하는 데 그 목적이 있었다.

영락제는 사상과 문화의 통일도 시도하였다. 『사서대전(四書大全)』, 『오경대전(五經大全)』, 『성리대전(性理大全)』 등의 대대적인 편찬사업은 지식인에 대한 사상통제를 목적으로 한 것이었다. 과거시험은 이 범위에서 시행되었고, 자유로운 사상에 규제가 가해졌다.

(3) 명대 조공질서와 북로남왜(北虜南倭)

명나라 때는 전형적인 조공체제의 시대였다. 화이사상(華夷思想)이라는 이념에 기초하여 형성된 조공체제 아래에서 조공국가는 공물을 바치고, 명나라는 그에 대해 답례품을 하사하였다. 조공체제는 근본적으로 쇄국정책을 유지하기 위한 것이었는데, 명나라는 조공국가를 통제하는 수단으로서 조공무역을 실시하였다. 조공 국가의 입장에서 보면, 이는 중국의 선진문물을 받아들일 수 있는 중요한 방법이 되었고, 명나라는 이 같은 이해관계를 이용하여 주변 국가들로부터 복종을 받아내었다. 조공질서에 혼란이 발생할 경우 질서 유지를 위해 군대의 파견도 마다하지 않았다. 임진왜란은 그 대표적인 사례라 하겠다.

명나라가 임진왜란에 참가한 이유에 대해서는 여러 각도에서 설명할 수 있지만, 명나라의 안전과 정치적 위신, 경제적 손실과 군사적 실력 등 각종 요소가 종합적으로 고려된 것이었다. 실제로 자신들의 이해관계에 저촉되지 않는다면, 조공국가의 요청이 있다고 해도 방관하기도 하였다.

이러한 조공체제를 위협하는 세력이 바로 '북로남왜(北虜南倭)'였다. 북방의 몽골 세력과 연해 지역의 왜구를 가리키는 말이다. 몽골 평원에서는 오이라트부의 에센이 타타르를 제압하고 북아시아 일대의 실크로드를 장악하면서 새로운 패자로 등장하였다. 그는 조공의 규정을 무시하며 계속 무리한 요구를 하였지만 명나라는 그를 제압할 능력이 없었다. 국교를 단절할 수도 없었고, 그렇다고 에센의 요구대로 혼인을 맺을 수도 없었다. 그러던 중에 정통(正統) 14년(1449) 7월, 몽골이 남침하였다. 정통제(正統帝)는 환관 왕진(王辰)에게 떠밀려 50만 대군을 이끌고 만리장성을 넘어 직접 징벌에 나섰지만, 몽골 고원의 사막에서 패배를 거듭하며 토목보(土木堡)로 후퇴하였다. 여기에서 명나라 군대는 불과 2만의 몽골 군대에게 전멸당했고 황제는 포로가 되었다. 이것이 '토목보(土木堡)의 변'이다. 에센은 황제를 인질로 잡아 명나라에 압박을 가했으나 명나라가 경태제(景泰帝)를 옹립하고 저항하자 정통제를 그냥 돌려보냈다.

이후 에센이 부하에게 살해되고 몽골은 다시 분열되었으나, 타타르부의 다얀 칸이 부족을 통일하고 알탄 칸에 이르러 몽골은 다시 통일되었다. 알탄은 1533년부터 40여 년 동안 매년 북방을 약탈하였다. 특히 1542년에는 10만 몽골군이 산서, 하북, 하남을 약탈하였고, 1550년에는 북경을 포위하기도 하였다. 명나라는 몽골의 침략을 막기 위해 막대한 군사비를 낭비하였지만 결국 그들을 저지하지는 못하였다. 1571년, 알탄 칸의 손자가 중국에 투항하자 그를 몽골에 돌려보내는 조건으로 화평을 회복하였다. 명나라는 알탄을 순의왕(順義王)에 봉하고 마시(馬市)를 개설하였으며, 이로부터 40여 년 동안 북방에서는 평화가 유지되었다. 그 대가로 명나라는 알탄에게 많은 이익을 넘겨주어야 했지만, 군사비에 비하면 훨씬 이익이었다.

한편 왜구(倭寇)는 원말 명초부터 한반도에서 절강성에 이르기까지 연안지역을 약탈하고 있었다. 명나라는 일본의 아시카가 요시미쓰(足利義滿)에게 해적을 단속해주는 대가로 조공무역을 허락하여 거대한 이익을 주었다. 그러나 일본에서는 비단과 도자기 같은 중국 상품에 대한 수요가 증대하고 있었고, 명나라 역시 일본의 은과 구리 유황을 필요로 하였기 때문에 밀무역이 번성하게 되었다.

연안을 약탈하는 해적의 대열에는 일본인만이 아니라 중국인들도 많이 가담하고 있었다. 명나라는 해금(海禁)을 선포하고 1548년부터 왜구를 적극 토벌하고자 하였지만, 오히려 왜구의 활동은 가정 32년(1553)부터 38년(1559) 사이에 더욱 극성을 부렸다. 이를 '가정(嘉靖)의 대왜구'라고 부른다.

(4) 환관정치와 명의 몰락

태조 주원장은 환관의 폐해를 막기 위해 환관의 정치개입을 적극 금지하였다. 이에 비해 권력 장악 과정에서 환관의 협조를 받았던 영락제는 환관을 적극적으로 활용하는 정치를 폈다. 즉 외국 사절, 군대 지휘, 지방 시찰, 첩보 활동 등이 그것이다. 정화(鄭和)의 남해 원정은 그 대표적 사례라 하겠다. 선덕(宣德)시대에는 내서당(內書堂)을 설치하여 환관을 교육하였고, 거기서 왕진(王辰) 같은 환관이 배출되었다. 환관은 일반 관료의 외관(外官)과 달리, 내관(內官)을 기초로 내정(內廷)을 담당하였다. 외관의 우두머리는 수보(首輔)라고 하는 내각대학사(內閣大學士)였고, 내관의 우두머리는 환관인 사례감장인태감(司禮監掌印太監)이었다.

환관은 황제의 측근일 뿐만 아니라, 내각의 건의에 대한 황제의 비답(批答) 작성에 참가하고 있어서 막강한 권력을 만들어 낼 수 있었다. 거기에 동창(東廠)과 서창(西廠)이라는 환관의 특무기관을 이용한 첩보 활동을 토대로 권력을 장악하여 내각대학사까지 굴복시켰다.

명나라 때 황제의 은총을 입은 대표적 수보로는 신종(神宗) 때의 장거정(張居正)이 있고, 환관으로는 왕진(王辰), 왕직(王直), 유근(劉瑾), 위충현(魏忠賢) 등이 있었다. 환관정치의 상징적인 사례로 들고 있는 것이 흔히 '광세(鑛稅)의 화(禍)'다. 만력(萬曆)시대에 임진왜란 등으로 재정이 악화되자 신종은 각지에 은광(銀鑛)을 열고 상세(商稅)를 징수하였다. 이 때 환관을 광세사(鑛稅使)로 파견하여 혹독하게 세금을 징수하여 크게 서민들의 원성을 샀다.

천계(天啓)시대는 환관 위충현의 시대였다. 당시 고헌성(顧憲成)은 고향인 무석(無錫)에 동림서원(東林書院)을 세우고 동지들을 모아 환관정치를 비판하였다. 이에 중앙에서는 관료들 가운데 동림당을 적대시하던 세력이 동림당의 숙청을 위충현에게 요청하였고, 위충현은 금의위(錦衣衛)를 이용하여 동림당인을 멋대로 체포, 1626년에 동림당원

6명을 처형하였다. 이 때 처형에 반대하는 만여 명의 시민들이 궐기하였는데, 이것을 '개독(開讀)의 변'이라고 한다.

이처럼 환관이 정치실권을 장악하자 뇌물이 횡행하고 정의파를 자임하는 자들은 추방되거나 학살되었으며, 민간에서는 반란이 끊이지 않았다.

명나라의 마지막 황제 숭정제(崇禎帝)는 정권을 장악한 위충현 일당을 몰아내고 동림파 인사들을 기용하여 정치의 안정을 꾀하였다. 그러나 파탄된 명나라의 재정은 더 이상 회복 불가능하였다. 게다가 강력해진 만주 세력을 저지하기 위해 막대한 군비가 요구되었는데 이는 각종 세금의 추가 징수로 충당해야 했다. 민중은 도탄에 빠지고, 각지에서는 반란이 일어났다.

⑸ 명대의 사회경제

① 농업생산의 증가와 상품경제의 발달

명대의 사회경제적 변화 가운데 가장 두드러진 것이 송 이래로 전개되어 온 강남 개발의 완성과 농촌의 상업화다. 강남 개발은 명 중기에 이르러 서서히 완성되어 가는데, 특히 강남지역과 동정호(洞庭湖) 주변, 그리고 광동 주강(珠江) 유역의 개간으로 토지면적은 정점에 도달하였다. 그러나 인구 증가의 압박으로 소농의 경작면적이 줄어들어 생산방식의 변화가 필요했다. 이에 농업생산의 집약화와 농촌의 상업화가 진행되고, 여기에 강남의 자작농이 적극 참여하였다. 중소 지주들은 객상(客商)으로 활약하기도 하였다.

농촌의 상품화는 주로 양잠, 제사, 견직물 생산에서 시작되었다. 양잠에는 상당한 정도의 자본 투자를 필요로 하였기 때문에, 지주들이 주로 담당하였다. 이에 비해 강남의 면화 재배는 소농경영을 주로하였는데,

명나라 때 강남의 면업은 비약적으로 발전하여 세계적인 면업 중심지가
되었다.

상업적 농업이 전개되면서 식량 생산지역에도 변화가 나타났다. 소
위 "호광지역이 풍년 들면 천하가 풍족하다"(湖廣熟天下足)라는 말이
16세기 중엽부터 나타나기 시작하였고, 이제 강남지역은 식량 수입지
역으로 바뀌었다.

이러한 변화에 초점을 맞춘 것이 명대 '자본주의맹아론'이다. 강남의
상업화로 농촌 수공업이 발달하였으며, 각지에 상업도시들이 출현하였
다. 면직업에서는 생산 과정에서 분업이 나타났다. 양잠과 제사의 견직
업 발달은 소농민의 부업으로 전개되었다. 견직물은 시진의 기호(機戸)
들이 주로 생산하고, 향촌에서는 농민에 의해서 토주(土紬)라는 저가
제품이 생산되어 소비되기도 하였다.

이와 같은 상업화에도 불구하고 자본제 생산이 출현하였다고 보기는
어렵다. 면업 생산에서 분업이 출현하였지만, 그것은 생산성을 높이기
위해서가 아니라 소농민이 자금을 가급적 빨리 회수하려는 목적에서
이루어졌다. 또 상인 수공업자가 획득한 이윤은 결국 토지 구입에 투자
되어 지주제가 재생산되고 있었다.

그럼에도 불구하고 전국적인 상업망의 형성과 발전은 두드러졌다.
명 중기 이후 강남에는 객상(客商)이라는 상인집단이 등장하고 시진(市
鎮)이 무수하게 성립되었다. 휘주(徽州)의 신안상인(新安商人), 섬서
(陝西)의 산서상인(山西商人)이 그들이다. 휘상은 화북의 면화와 호광
의 쌀을 강남으로 수입하였고, 강남의 생사 면직물 견제품을 수출하였
다. 복건(福建)의 민상(閩商)은 중국과 일본의 연해지역을 중심으로
동아시아 해상권을 형성하였다.

객상에 의해 전국적 상업망이 형성되자, 이들은 곳곳에 회관(會館)을

세워 거점으로 삼았다. 이들은 토착상인인 좌고(坐賈)와 연계하여 활동하였고, 중개인 아행(牙行)을 앞세워 상품수집, 숙식제공, 거래중개 등을 가능하게 하였다. 특히 휘주 상인은 전당업(典當業)에까지 진출하여 전국적인 금융망을 형성하기도 하였다. 농촌지역에는 송대부터 출현한 시진이 비약적으로 증대하고 발전하였다. 이 시진을 중심으로 정기시가 열리고 농촌생활의 중심지가 되었다.

상업화와 유통망의 확대는 대량의 화폐를 필요로 하였다. 송 이래 기본적으로 중국에서는 칭량(稱量)화폐로서의 은(銀)과 주조(鑄造)화폐로서의 동전이 같이 사용되었다. 원대에 교초라는 지폐가 발행되었지만 남발과 가치하락을 초래하였고, 명 초기에도 지폐가 간행되었지만 현실과 유리된 정책으로 평가되었다. 그래서 화폐로서는 주로 은이 많이 사용되었는데, 명대에 들어와 은의 사용이 늘어나면서 은 생산의 고갈 현상이 나타났다. 이에 16세기 전반부터 아메리카의 스페인 은이 대량으로 중국에 유입되었다.

② 신사층의 형성

신사층은 16세기부터 형성되기 시작하였다. 명대에는 송대와는 달리 학교제도와 과거제가 결합되어 학교 출신자에게 과거응시자격이 주어졌다. 뿐만 아니라 학교 출신자에게 부여되는 학위인 생원(生員)과 과거합격생에게 부여되는 거인(擧人)과 진사(進士)의 학위와 그에 따른 특권이 종신토록 유지되었다. 명 초기에는 진사가 되지 못한 거인들도 관직을 받을 수 있었으나, 점차 그것이 어렵게 되었다. 이제 학위에 따른 특권을 누리면서 종신토록 특권계층으로서 향촌사회에 군림하는 경향이 생겨나게 되었다.

신사층(紳士層)은 넓은 의미에서 향시(鄕試)를 통과한 거인 이상의 학위소지자나 퇴직관료를 가리키는 '상층신사', 과거의 첫 단계인 동시(童試)를 통과하여 학교에 재학하고 있는 생원(生員) 등의 '하층신사' 모두를 가리킨다.

이들 신사들은 16세기부터 토지소유자의 주류를 형성하기 시작하였다. 그들은 학위소자자에게 부여된 요역우면(徭役優免)의 특권을 이용하여 토지를 확대하고, 토지세와 상업과 고리대를 통한 이윤을 통해 재산을 늘려 갔다. 또 학위를 이용하여 지방 관헌들과 교제하며 소송과 납세 및 각종 청부업[包攬]에 간여하면서 부를 축적하였다. 이들은 도시에 거주하며 직접 생산에 참가하지 않았을 뿐 아니라, 농촌에서의 각종 공동활동에도 참여하지 않았다.

신사층의 성장은 명 말에 증가한 항조(抗租)투쟁과 관련이 깊다. 명 말에 이르면 농민들이 풍년이더라도 연대하여 항조투쟁을 일으켰다. 양장(糧長)과 이장(里長) 등의 지주들은 이 같은 전호의 항조투쟁과 국가의 수탈 속에서 점차 몰락하였다. 그리고 이들을 대신하여 신사들이 대두하였다. 신사들은 지방 관헌과의 밀접하게 관계를 맺으며 향촌 사회의 지주로서의 지위를 유지하였다. 그러나 명 말부터 진행되고 있는 향촌사회에서의 전호들의 영향력 확대는, 점차적으로 지주 사대부 계층의 지배력을 약화시켜 나갔다.

③ 서양학문의 소개와 명대의 학술 사상

만력(萬曆) 연간(1573~1620) 이후 기술과 자연과학 분야는 눈부신 발전을 이룩하였다. 이는 서양학문의 중국 전래와 관련이 있다. 명나라 말기부터 중국에 도착한 제스위트 선교사는 중국의 지식인들에게 새로운 학문과 기술에 대한 관심을 불러일으켰다. 이들의 영향으로 서양서적들이 번역되고, 실학사상이 일어나고, 심지어 가톨릭으로 개종하는 사람들도 나타났다. 선교사들은 중국에 서양식 총포를 소개하고, 지리학과 천문학을 비롯한 과학지식을 중국에 소개하였다.

대표적인 제스위트 선교사는 중국에 포르투갈의 철포(鐵砲)를 소개한 프란체스코 자비에르였다. 이후 마테오 리치(Matteo Ricci : 1552~1610)를 비롯한 선교사들이 지도, 수학, 역학 등을 중국에 소개하였다.

명나라의 학자들은 서양 선교사들의 영향뿐 아니라 명 중엽 이래 급격히 변해 가는 현실사회의 모순을 설명하기 위해 다양한 방책을 제시하였다. 경세에 도움되고 정확한 지식을 제공할 수 있다면, 어떤 분야도 관심의 대상이 되었다. 예를 들면, 이시진(李時珍)의 『본초강목(本草綱目)』, 주재육(朱載堉)의 『악률전서(樂律全書)』, 서광계(徐光啓)의 『농정전서(農政全書)』, 송응성(宋應星)의 『천공개물(天工開物)』, 방이지(方以智)의 『물리소식(物理小識)』 등이 그 대표적인 저술들이었다. 이러한 저술들은 실용학문이라는 방향을 구체화시킨 명조 말기 학문의 전형을 보여준다.

이와 같이 명조 말기에 이르러 백가쟁명(百家爭鳴)으로 크게 꽃피운 실용학문들은 청나라의 중국 지배와 함께 급격히 쇠퇴해 버렸다. 청조의 건국으로 왕조체제가 재건되자, 명조 말기에 생성되었던 각종 가능성은 겨우 경서(經書)의 문헌학적 연구를 제외하고는 모두 닫혀 버렸다.

명나라의 대표적인 사상가로는 주자학을 비판하고 양명학이라는 새로운 사상을 일으킨 왕양명(王陽明)을 들 수 있다. 절강성 여요현(餘姚縣) 출신으로 28세에 진사에 합격하여 관리의 길을 걷다가 35세에 당쟁으로 좌천을 당하였다. 유배생활을 하던 중 새로운 사상에 눈을 뜨게 되었다.

왕양명은 주자학에 대해 다음과 같은 심각한 의문을 품고 있었다.

즉, "내 마음 속의 리(理)가 완전하고 순수한 것인데, 왜 밖에서 그것을 따로 구하여 보충해야 하는가?" 그가 찾은 해답은 리는 안에서 구하는 것으로 충분하니, "내 마음이 바로 리이다"(心卽理)였다. '심즉리'라고 할 때 심, 즉 양지(良知)를 깨닫게 되면 누구나 도덕적 완성을 이룰 수 있다는 것이다.

왕양명은 주자학을 거부한 것은 아니었지만, 그의 후계자들은 그의 의도와는 전혀 다른 방향으로 양명학을 발전시켰다. 양지의 완전성을 회복하는 것이 심즉리의 결론이었지만, 지금의 마음이 욕망을 포함하고 있기 때문에 인간의 욕심도 부정할 수 없는 자연스러운 모습이라는 주장이 나왔던 것이다. 이러한 관점을 발전시킨 태주(泰州)학파가 주자학을 공격하는 풍조를 열었고, 유교의 반역자로 불리는 이지(李贄, 卓吾)가 출현하여 유교를 붕괴시키기 시작하였다.

4) 청대(淸代) 역사와 문화

(1) 이자성(李自成)의 난과 청(淸)의 중국 정복

명나라가 환관의 부패정치로 내부로부터 무너지고 있을 때, 누르하치[奴兒哈赤]의 만주가 새로운 위협세력으로 등장하였다. 누르하치는 건주(建州) 여진 출신으로 여진족을 통일하고 칸의 지위에 올랐다. 그는 팔기(八旗)제도에 기초하여, 1618년 무순(撫順)을 점령하고, 1619년에는 요동으로 진출하여 후금(後金)을 세웠다.

명나라는 후금의 공세에 효과적으로 대처하지 못하였다. 환관 위충현은 여진족의 위협보다는 국내의 반환관 세력의 억압에 전념하고 있었다. 심지어는 여진족에 대해 적절히 군사작전을 전개하고 있던 원숭환(袁崇煥)을 처형하기도 하였다. 원숭환은 누르하치의 10만 대군

204 제4장 근세 중국의 역사

의 공세를 저지시키는 전과를 올린 인물로, 이 전투에서 누르하치가 전사하였다. 원숭환이 위충현에게 배척을 당한 이유는 그가 위충현의 총애를 받던 모문룡을 부패 혐의로 처벌한 데 있었다. 원숭환이 처벌되자 그의 부하인 공유덕(孔有德)은 포르투갈 포를 갖고 만주에 항복하였고, 만주에서는 새로이 홍타이지(皇太極)가 권력을 장악하였다. 그는 국호를 청(淸)으로 바꾸고 몽골을 점령하여 전국새(傳國璽)를 확보한 후 중국식 황제에 올랐다.

1635년 화북에서 수년간 가뭄으로 고통받던 농민들이 반란을 일으켰다. 반란의 주동자는 고영상(高迎祥), 장헌충(張獻忠) 등이었다. 반란이 진행되던 중에 고영상이 명나라에 체포되어 처형되자 그를 대신하여 이자성이 틈왕(闖王)의 지위를 이어받았다. 이자성은 지식인들을 반란 세력에 끌어들이면서 세력을 강화하고, '균전균역(均田均役)'과 '면량(免糧)'을 구호로 내세워 농민의 지지를 획득하였다. 1644년 그는 서안에서 대순(大順)을 건국하고, 북경을 점령한 뒤 황제에 올랐다. 명나라 황제 숭정제는 자금성의 뒷산인 경산에서 목매어 자살했다. 이자성은 곧바로 만주족에게 침입을 받아 패퇴하다가 자살하였다.

청나라 군대가 이자성의 농민군을 격퇴하게 된 배경에는 오삼계(吳三桂)가 있었다. 그는 만주족의 중국침략을 방어하고 있던 중에 이자성의 난을 진압하라는 숭정제의 명령을 받고 회군하였다. 그러나 도중에 숭정제의 자살 소식을 듣고 청조에 항복해 버렸고, 오삼계는 청조 군대를 이끌고 북경으로 쳐들어왔다.

청조가 북경을 점령한 뒤 중국인들은 각지에서 반란을 일으켰다. 변발령(辮髮令)에 대해 양주(揚州) 백성들이 저항하자 청 군대는 철저하게 그들을 탄압하였다. 지주사대부들도 각지에서 세력을 규합하여 저항하였다. 남경의 복왕(福王), 절강에는 노왕(魯王), 복건의 당왕(唐

王), 광동의 계왕(桂王) 정권 등이 세워졌다. 이들을 남명(南明) 정권이
라고 한다. 그러나 계왕 정권이 곤명(昆明)까지 도망가면서 저항하기는
했지만, 대부분은 무기력한 정권이었다.

청조의 탄압에 저항한 대표적 인물이 정성공(鄭成功)이다. 그는 1648
년부터 주로 하문(厦門)을 근거지로 삼고 반청활동을 전개하였다. 정성
공의 군대는 북으로 진격하여 남경을 포위하는 전과를 올렸으나, 청조
에 패퇴하여 대만(臺灣)으로 도망갔다. 청조는 정성공이 대만으로 옮겨
가자 해안지역에 대해 천계령(遷界令)을 내려 해안지역 주민을 강제
이주시키고 바다로 나가는 것을 금지하였다.

(2) 삼번(三藩)의 난과 강희제(康熙帝)

강희제는 1661년부터 1722년까지 61년 동안 황제로서 중국을 통치하
였다. 북방으로는 1689년 네르친스크 조약을 맺어 러시아의 진출을
저지하고, 준가르부를 두 차례(1690, 1696) 친정하여 복종시켰으며
1720년에는 티베트를 점령하였다. 그러나 강희제 치세의 가장 큰 과제
는 삼번(三藩)의 난을 진압하는 것이었다.

삼번은 청조의 중국 정복에 협조하였던 평서왕(平西王) 오삼계(吳三
桂), 평남왕(平南王) 상가희(尙可喜), 정남왕(靖南王) 경중명(耿仲明)을
가리킨다. 강희제는 반청세력을 모두 진압한 후 삼번의 세력을 삭감시
키고자 하였다. 이에 오삼계가 명나라의 회복을 외치며 반란을 일으켰
다. 그는 경정충(耿精忠)·상지신(尙之信)과 연합하여 양자강 일대까
지 진출하여 한때 기세를 올렸지만, 결국 1681년에 진압되었다. 청조는
삼번의 난을 진압하고 나서 비로소 중국 정복을 실질적으로 완성하였
다.

강희제는 기본적으로 중국의 전통문화를 받아들이고 정통왕조를

계승한다는 입장을 취했다. 중국지배에 실패한 원나라의 전철을 밟지 않겠다는 뜻이었다. 그렇다고 하더라도 청조의 중국지배에 저항하는 경우에는 문자옥(文字獄) 등으로 철저히 응징을 가하였다.

강희제는 우선 중국을 원활하게 지배하기 위해 지주사대부들의 협조를 이끌어내었다. 그 방법의 하나가 만한병용제(滿漢倂用制)다. 중앙관직에 만주인과 한인을 함께 임명함으로써 한인 지식인들을 회유하는 것이다. 뿐만 아니라, 『고금도서집성(古今圖書集成)』, 『패문운부(佩文韻府)』, 『강희자전(康熙字典)』과 같은 대규모 편찬사업을 일으켜 지식인들에게 중국의 전통문화를 계승 발전시킨다는 의지를 분명히 하였다.

(3) 옹정제(雍正帝)의 독재정치

61년이나 황제의 자리에 있었던 강희제를 이어 즉위한 옹정제의 재위기간은 불과 13년에 불과하였나 그의 정책들은 후일 청조의 중국지배에 중요한 영향을 끼쳤다.

옹정제는 후계자 경쟁의 혼란을 막기 위해 태자밀건법(太子密建法)이라는 제도를 실시하였다. 이 제도는 강희제의 4남이었던 옹정제가 즉위 과정에서 치열한 후계자 경쟁의 폐단을 경험한 후 제정되었다. 이 제도 때문에 청조는 후계자 문제의 폐단이 다른 왕조에 비해 상대적으로 적었다고 할 수 있다.

옹정제는 관리들이 자의로 거두어들여 사용하던 각종 부가세를 일체 정부에 보고케 하고, 그 금액의 일부를 관리들에게 양렴은(養廉銀)으로 지급하였다. 이것은 관리들에게 지급되는 일종의 임금 외 수당이었다. 당시 박봉에 시달리던 관리들이 뇌물수수 등 각종 부정을 저지를 수밖에 없다는 현실을 고려한 조치였다.

지정은(地丁銀) 제도의 실시도 옹정제의 주요 정책의 하나였다. 당시 조세는 인정(人丁)세와 지조(地租)로 나뉘는데, 강희 50년(1711)에 성세자생인정(盛世滋生人丁) 제도를 만들어 전체 세액을 고정시켰다. 옹정제는 이 고정된 세금을 모두 토지에 할당하여 토지세로 징수하게 했다.

중앙정부에서는 군기처(軍機處)를 설치하여 국정을 장악하였다. 원래 군기처는 준가르부와의 군사업무를 신속히 처리하기 위해 설치한 것이었는데, 점차 내각 기능을 대신하더니 중요한 업무를 담당하는 국정 최고기관이 되었다. 옹정제는 이 군기처를 이용하여 황제 독재권력을 강화하였다.

옹정제는 지방정치를 장악하기 위해 주접(奏接)제도를 만들었다. 이 제도는 관료가 황제에게 직접 상소하는 제도로, 각 지방 관료들이 지역의 상황을 보고하고 황제가 거기에 붉은 글씨[朱筆]로 답장을 내려 보내는 형식이었다. 이것은 황제 개인에게는 엄청난 업무 부담이었지만 지방의 사정을 정확하게 파악하여 황제의 영향력을 곳곳에 미칠 수 있게 하는 효과를 거두었다.

강희제 때에 시작된 문자옥은 반만 민족주의를 억압하여 사상을 통제하려는 유력한 방법이었다. 이 문자옥은 건륭제 때까지 계속되었는데, 특히 옹정 연간에 일어난 여유량(呂留良)·증정(曾靜) 사건이 가장 대표적이다. 호남의 학자 증정이 청나라 초기의 학자 여유량이 쓴 글을 읽고 그 민족주의에 감명을 받았다. 그리고 사천총독 악종기(岳鐘琪)가 송대의 충신 악비(岳飛)의 후손이라는 이야기를 듣고 그를 찾아가 반란을 권하였다. 악종기는 반란을 권한 그를 체포하고 이 사실을 옹정제에게 알렸다. 옹정제는 여유량의 자손까지 처벌하고『대의각미록(大義覺迷錄)』을 출판하여 지식인에게 경종으로 삼았다.

강희제가 삼번의 난을 진압한 이후 국가의 기초를 확립하였다면,

옹정제는 이 같은 바탕 위에 국내정치를 개혁하고 재정을 충실히 하고 문자의 옥으로 사상을 통제함으로써 황제독재체제를 완성하였다고 할 수 있다.

(4) 건륭제(乾隆帝)의 십전무공(十全武功)

건륭제(1735~1795)가 재위에 있던 60년 동안은 청조의 전성기였다. 열 번에 걸친 대규모 원정을 통해 변방의 반란을 진압하였으며 중국의 판도를 확장하였다. 건륭제는 두 차례의 준가르부 토벌, 위구르의 회부(回部) 평정, 사천의 대금천(大金川)과 소금천(小金川) 평정, 대만 임상문(林爽文)의 반란 평정, 미얀마 원정, 베트남 원정, 네팔원정 등을 모두 승리로 이끌었다.

건륭제의 또 하나의 중요한 업적이 출판사업이다. 건륭제는『사고전서(四庫全書)』를 완성하였을 뿐만 아니라,『명사(明史)』와『대청일통지(大淸一統志)』등을 편찬하였다. 그런데『사고전서』의 간행에는, 각종 서적의 검열을 통한 반만(反滿) 민족주의의 억압이라는 의도가 숨어 있었다. 소위 '문자(文字)의 옥(獄)'이 건륭제 시대에 두드러지게 증가하였던 것은 이를 확인시켜 준다. 그렇다고 하더라도, 건륭제의 출판사업은 학문의 발전에 기여함으로써 고증학의 전성기를 가져왔다는 것은 분명하다.

건륭제의 대규모 정복사업과 활발한 문화사업에도 불구하고 한편으로는 이 시대는 이미 쇠퇴의 징조를 보이고 있었다. 대외원정과 각종 사업은 방대한 재정지출을 불가피하게 하였고, 여러 차례에 걸친 순행 길 또한 많은 낭비를 가져왔다. 부패의 만연 역시 건륭제 시대의 또 다른 특징을 이루었다.

건륭제 시대의 부패를 상징적으로 보여주는 인물이 황제의 총애를 받던 화신(和珅)이었다. 건륭제를 이어 즉위한 가경제는 부패한 정치를 개혁하기 위한 상징으로 화신을 처형하고 그의 재산을 몰수하였다 (1799). 당시 그의 재산은 8억 냥이 넘었다고 하는데, 청조의 한 해 재정수입의 10배에 달하는 거액이었다.

관료의 부패는 농민들을 피폐시켜, 가경 원년(1796)에는 백련교(白蓮敎)의 난이 일어났다. 백련교의 난을 통해 청조가 안고 있는 문제점들이 그대로 노출되었다. 먼저 화신과 같은 관료들의 부패가 심각한 수위에 도달하였으며, 청조의 팔기군은 농민반란도 진압할 수 없을 만큼 약화 되었음이 확인되었다. 청조는 10년 만에 한인들의 향용(鄕勇)의 힘을 빌어 반란을 진압하기는 하였으나 그 동안 지출한 군비는 엄청난 것이 었다.

2. 영상자료

1) 징기스칸(Genghis Khan, Mongol Conqueror)

방송일시	2003년 7월 21일, 히스토리 채널
상영시간	50분
주 제 어	징기스칸, 몽골, 테무친, 서하(西夏), 금(金), 남송(南宋), 호라즘, 천호백호제(千戸百戸制), 신성로마제국, 프레드릭 2세, 십자군, 프레스터 존, 바투, 쥬치, 성 소피아 대성당, 카라코롬, 폴란드, 헝가리, 오스트리아, 크로아티아, 오고타이, 몽케

| 내용 소개 |

아마 세계 역사의 가장 위대한 정복자의 한 명으로 징기스칸을 꼽는 데 이의를 달 사람은 별로 없을 것이다. 유일하게 동서양을 동시에 정복하였던 그는 정복자였을 뿐만 아니라 실크로드를 통해 동서양의 교류를 안정시켜 경제적·문화적 발전을 가져오기도 했다.

실크로드는 한 무제(武帝)시대에 흉노 원정을 목적으로 파견한 장건(張騫)이 중국으로 돌아와서 서역지역의 사정을 중국에 알리면서 열리기 시작하였다. 그 전에 동서문화교류에서 중요한 통로 역할을 한 것은 소위 초원의 길이었다. 그러나 한 무제 이후 사막의 길, 즉 실크로드는 수당시대를 거치면서 교류의 중심지로 부상하였다. 오아시스마다 도시가 발달하고, 대상들의 행렬이 이어졌다.

실크로드는 동쪽에서는 당나라가 멸망하고 북방에 금(金)과 서하(西夏)가 세워지고, 서아시아에서는 이슬람 세력이 성장하면서 쇠퇴하였다. 이렇게 되자 동아시아와 중앙아시아, 서아시아 및 인도문명의 교류가 어려워졌다. 바로 이러한 상황에서 등장하여 이들 문화권을 하나의 강력한 지배 하에 통치한 것이 징기스칸이었다. 그리고 실크로드는 유사 이래 가장 활발한 교류의 무대가 되었다.

1200년대에 징기스칸과 그의 몽골 군대는 중국 북방에서 폴란드까지, 720개의 서로 다른 언어를 사용하는 민족과 5개 대륙을 정복하였다. 징기스칸이 출생한 시기에 대해서는 1162년과 1167년 두 가지 설이 있다. 어릴 때 이름은 테무친이었다. 그의 아버지는 마을의 족장이자 칸의 조카였는데, 아홉 살 때 타타르족에게 독살 당하였다. 당시 금나라는 타타르를 이용하여 분열된 몽골 부족들을 통제하는 정책을 사용하고 있었다. 테무친은 1202년 몽골 고원 부족들의 세력을 규합하여 타타르를 완전히 굴복시켰다.

1206년 몽골을 통일한 테무친은 부족회의인 쿠릴타이에서 칸으로 추대되어 징기스칸이 되었다. 당시 중국은 서하(西夏), 금(金), 남송(南宋)으로 나뉘져 있었는데, 중국 정복에 나선 그는 1209년 서하를 정복하고, 금을 공격하여 1214년에 항복을 받아내었다.

징기스칸의 금 나라 정복은, 금·은 비단을 포함한 많은 포로를 획득했다는 점 외에도 성(城)을 공격하는 방법을 터득하는 중요한 성과를 올렸다. 이 공성법(攻城法)은 이슬람의 도시와 유럽 도시를 정복할 때 효과적으로 사용되었다. 징기스칸은 영토를 정복하기만 한 것이 아니라 기술자들을 중용하여 새롭게 무기를 개량하는 데도 뛰어났는데 이민족이나 낮은 계층이라고 해서 차별하지 않았다. 정복이 계속될수록 몽골 군대의 힘이 더욱 커진 것도 이와 관련이 있을 것이다.

징기스칸은 1216년 봄부터 중앙아시아 쪽으로 눈을 돌렸다. 당시 징기스칸이 지배하고 있던 몽골 영토는 서쪽으로 확대되어 중앙아시아를 지배하고 있던 호라즘과 경계를 마주하고 있었다. 호라즘의 국왕이 두 차례에 걸쳐 몽골 사절을 처형하자 분노한 징기스칸은 15만 군대를 파견하여 호라즘의 30만 대군을 대파하였다.

1221년 패색이 짙어지자 호라즘 왕은 카스피 해의 외딴 섬까지 도망 쳤고, 징기스칸의 별동대는 그를 따라 잡기 위해 유럽으로 진격하였다. 1221년 여름 그의 아들을 잡기 위해 몽골 군대는 힌두쿠시 산을 넘었고, 징기스칸은 인더스강 유역으로 진격하여 호라즘 군대를 괴멸시켰다.

징기스칸의 군대가 이처럼 강력한 전투력을 발휘할 수 있었던 바탕에 는 우수한 말과 뛰어난 기마술이 있었다. 말을 탄 채 활을 쏠 수 있는 그들의 기마술은 적에게 심각한 타격을 주었고, 신속하게 먼 거리를 이동할 수 있도록 해주었다.

몽골군의 무장은 검, 방패, 활과 화살 등으로 간단하였는데, 몽골의 활은 대단히 뛰어난 무기였다. 300미터까지 날아가는 화살이 있었는가 하면, 가까운 적을 공격하는 화살도 있었고, 불화살과 심리전에 사용하 는 천둥 소리 나는 화살도 있었다. 징기스칸은 공포라는 심리적 무기도 사용하였다. 적을 무자비하게 살상하여 적을 주눅 들게 함으로써 전쟁 을 하지 않고도 승리할 수 있었다.

징기스칸은 자신의 부족들을 10진법으로 편성하였다. 금나라의 맹 안·모극(猛安謀克) 제도를 본받아 천호·백호제(千戶百戶制)를 만들 고, 몽골의 귀족 자제를 선발하여 케식이라는 친위부대를 조직하였다. 또 대야사(the Great Yasa)라는 법전을 편찬하여 몽골을 지배하는 원리 를 세웠다. 한편 능력을 갖추고 자신에게 충성한다면 이슬람교도나 위구르인 등 민족을 구분하지 않고 누구나 등용하여 파격적으로 대우하 였다.

1227년 65세의 징기스칸은 중국 원정 도중에 사망하였다. 그가 사망 한 후 쿠릴타이에서는 유럽 원정을 결정하였다. 당시 유럽은 신성로마 황제와 프레드릭 2세 교황 간의 다툼이 절정에 달해 있었다.

가능한 한 정보를 수집하여 유럽 군대의 허를 찌르는 전술을 구사하였던 몽골에 비해, 유럽은 몽골에 대해 전혀 모르고 있었다. 그저 이슬람을 뒤에서 공격하는 유목민이 있다는 것 정도로만 알고 있었다. 프레스터 존의 전설이 그것인데, 그는 스페인과 중동에서 이슬람과 싸우는 기독교도를 도운 인물로 알려져 있었다. 아시아에서 기독교 믿는 위대한 왕이 있다는 이 같은 전설 때문에 몽골이 나타나자 유럽인들은 기독교를 믿는 왕이 자신들을 구하러 온 줄로 알았다고 한다. 물론 동방에도 기독교도들이 존재하였다. 네스토리우스파가 동방에 선교를 하고 있었기 때문이다. 또한 몽골 군 가운데에는 케레이트 부족이 많았는데 이들 중에 그 신도들이 포함되어 있었다.

몽골 군대는 킵차크를 정복하고 추운 겨울에 러시아로 진격하였다. 원래 추운 스텝지역에서 살았던 몽골인은 겨울 추위에 익숙하였다. 얼어붙은 강은 도로 역할을 하였고, 몽골의 말에는 편자가 없었기 때문에 빙판에서도 안전하였다. 게다가 당시 러시아는 12개 공국으로 분열되어 있었다. 이러한 유리한 상황에서 바투와 수베데이가 12만 군대를 이끌고 중앙러시아로 쳐들어가 모든 도시를 약탈하고 불태웠다.

초봄에 얼음이 녹자, 몽골군은 북쪽 러시아 정복을 포기하고 우회하였다. 바투와 수베데이는 진격을 멈추었다가 1240년 여름 러시아 전투를 재개했다. 몽골 군은 키에프 주변 지역을 초토화시키고 12월 초 이틀 만에 키에프를 점령하고 약탈하였다. 이때 무사한 것은 성 소피아 대성당뿐이었다.

몽골군은 헝가리로 쳐들어갔다. 헝가리 왕 벨라 4세는 부다페스트에 군대를 모아 대치하고 있었다. 당시 폴란드 귀족들은 왕에게 자신들의 갖가지 요구를 관철시킨 뒤 싸우겠다는 서약을 하였지만, 헝가리 귀족의 군대들은 오합지졸이었다. 1241년 4월 11일 벌어진 전투에서 10만 명의 헝가리 군대 가운데 7만 명이 사망하고 2만여 명은 포로가 되었다.

이번에는 오스트리아와 크로아티아를 공격하기 시작하였다. 그러나 1241년 징기스칸의 아들인 태종(太宗) 오고타이가 죽었다는 소식에 몽골 군대는 철수하였다. 그 뒤 1251년 몽케 칸이 다시 유럽을 원정하였다. 그의 군대는 중국 송나라와 이슬람 지역의 여러 국가들, 그리고 이집트까지 원정하였다(이집트에서는 몽골이 패배하였다).

징기스칸과 그의 후계자들이 확장한 영토는 엄청났다. 징기스칸은 중국에서 러시아, 인도 북부, 파키스탄 등 카스피 해에 이르는 대제국을 건설하였다. 그는 유목민의 특징을 이용하여 정복을 거듭하면서, 외국인과 외래 종교에 대해서는 관대하였다. 카라코롬에는 모든 종교가 들어왔고, 이러한 외교카드는 정복지역 백성들의 적개심을 없애고 순조로운 통치도 가능케 하였다. 대제국은 단순한 야만인의 승리가 아니라, 전통에 대한 자부심과 신중하고 외교적 수완을 가진 지도자가 이를 자신이 정복한 영토 확장에 이용할 줄 알았던 징기스칸 같은 지도자가 있었기 때문에 가능하였던 것이다.

□ 생각해 봅시다

(1) 징기스칸이 세계를 정복할 당시 전 세계의 상황은 어떠하였나?

(2) 징기스칸은 왜 세계정복을 시작하였을까?

(3) 징기스칸 이래 몽골제국의 영토는 어느 정도였을까?

(4) 몽골군의 뛰어난 전투력은 어디에서 나온 것일까?

(5) 징기스칸은 어떠한 인물로 평가할 수 있을까?

2) 중국의 여인들

방송일시	MBC
상영시간	45분
주 제 어	남존여비, 전족(纏足), 양귀비(楊貴妃), 삼촌금련(三寸金蓮), 빤비엔티엔(半邊天), 동공동수(同工同酬), 육아문제, 탁아시설, 시험부부, 단신귀족(單身貴族)

| 내용 소개 |

오늘날의 중국 여인들은 거세다고 하는데, 이는 강인한 생활력을 의미하기도 한다. 지금 중국에서는 사회적 평등과 가사분담은 자연스러운 것이며, 80%의 여성들이 경제활동에 종사하고 있다. 그러면 언제부터 중국의 남녀평등이 이루어졌으며, 과거 중국에서는 여성들의 지위는 어떠했을까? 이 다큐멘터리는 이러한 의문을 풀어주는 자료다.

과거 중국에서는 남존여비라는 표현에서 볼 수 있듯이 여성의 지위가 매우 낮았다. 그것을 상징적으로 보여주는 것이 전족(纏足)이다. 중국 남성은 전족한 여인을 좋아하였다. 여자들은 발이 크면 시집을 못 간다고 해서 다섯 살 때부터 천이나 가죽으로 발을 감싸 더 이상 발이크는 것을 막았는데, 이렇게 전족을 한 여성은 걷는 것은 물론 서 있기도 어려울 정도였다.

여성이 전족을 하는 이유에 대해서는, 여성의 문 밖 출입을 막기 위해서라는 설도 있고, 남성의 성적 쾌감을 위한 것이라는 설도 있다. 중국에서는 '삼촌금련(三寸金蓮)'이라고 해서 9~10cm 크기의 발을 가장 예쁜 발로 손꼽았는데, 이는 잘못된 성문화의 악습이자, 육체적으로나 정신문화적으로 여성을 억압하는 도구였다.

전족이 송나라 이래 성행하게 된 것은 송대 성리학(性理學)의 성립과 관련이 있다. 성리학은 사회구성원 각각의 분수(分守)를 강조한다. 임금과 신하, 부모와 자녀, 남자와 여자는 각각 자신의 분수가 있다는 것이다. 분수는 절대 어길 수 없는 리(理)의 질서를 구체적인 현실 사회에 구현되는 과정에서 강조되었는데, 이에 따라 남자와 여자가 마땅히 지켜야 할 도리가 규정되었다. 이 때 사회적 활동과 경제적 활동은 남자의 도리가 되고, 순종적이고 연약하고 아름다움을 가꾸는 것은 여자의 도리가 되었다. 전족이 사회적으로 용인되는 정당한 이유는 여기에 있었다.

전족에 대한 비판은 근대 중국의 사회계몽운동의 하나로서 시작되었다. 자연스러운 발을 강조하는 천족(天足)운동이 그것으로, 이는 여성운동의 출발이 되었다. 태평천국(太平天國)의 농민운동도 전족에 반대하였고, 변법운동 시기의 양계초(梁啓超)와 강유위(康有爲) 역시 전족에 반대하였다. 시민운동이 본격화된 5·4운동에서도 전족은 유교적인 여성착취의 상징으로서 공격의 대상이 되었다. 중국공산당에서도 여성해방과 남녀평등은 마찬가지로 강조되었다. 특히 중국이 공산화된 이후 대대적으로 전개된 사회주의 개조운동과 생산력 제고를 위한 일대약진 운동은 여성노동력을 절실하게 필요로 하였고, 여성의 지지를 필요로 하였다. 이러한 사회적이고 정치적인 노력이 지금의 중국 남녀평등을 가능하게 하였다.

현대 중국의 남녀평등을 확인할 수 있는 사례는 많다. 중국 텔레비전 방송에는 역경을 이겨낸 여성을 소개하거나, 여성 문제를 토론하는 변변천(半邊天)이라는 프로그램도 있다. 반변천(半邊天)이란 '하늘의 절반'이라는 뜻인데, 1949년 모택동이 중화인민공화국의 수립을 선언하면서, "하늘의 절반을 여성이 받치고 있다"고 선언한 데서 기원한다. 모택동은 전통시대에 노예나 마찬가지였던 노동자와 농민을 혁명의 주인공으로 삼았고, 나아가 남성들의 노예나 마찬가지였던 여성들의 해방을 강조하였다. 그는 헌법에서도 "같이 일하고 같이 보수를 받는다"(同工同酬)는 구절을 명문화했다. 그 결과 현대 중국에서 여성들은 중기계를 조작하기도 하고, 버스를 운전하기도 하고, 용접공으로 일하고, 고층빌딩의 유리창을 청소하고 컨테이너 기사로 일하는 등 남자가 하는 모든 일을 한다. 외교부에서도 탁월한 수완을 발휘하기도 한다.

여성이 직업을 갖고 자유롭게 활동하기 위해서는 국가적인 사회보장이 필요하다. 그 하나가 육아로부터의 해방이다. 중국에서는 부모가 원하면 1주일 동안 아이를 맡길 수 있는 육아시설이 갖추어져 있다. 유아원뿐 아니라 초등학교도 기숙사를 갖추고 있어서 자녀들을 마음놓고 맡길 수 있다. 또 하나가 부엌으로부터의 해방이다. 상해와 북경 등 도시에서는 아침까지도 사먹는 예가 많다. 집안에서 음식을 조리할 경우에도 대부분 남자들의 몫이다.

현재 중국에서는 독신여성과 혼전 동거생활이 자연스러운 풍조로 되고 있다. 30대 중반을 넘어 독신으로 살면서 자유롭게 성을 즐기는 집단을 '단신귀족(單身貴族)'이라고 하는데, 높은 수입으로 귀족처럼 산다는 이유 때문이다. 그러다 보니 결혼은 줄고 이혼은 늘어나는 추세에 있다.

그럼에도 불구하고 아직 완전한 남녀평등이 실현된 것은 아니다. 예를 들면, 농촌지역에서는 여전히 남성우위의 전통적 가치가 지배하고 있다. 아마도 농촌 여성들의 경제적 자립이 여의치 않아서 나타난 현상일 것이다. 정치권에서도 여성들이 차지하는 비중은 여전히 낮다. 또 아이를 하나만 낳을 수밖에 없는 인구정책 아래에서 남아선호사상의 뿌리는 여전히 깊다. 근래 남녀 출생비율은 111.3 : 100에서 116.9 : 100으로 변하고 있는데, 20년 뒤에는 4천만 명의 남자들이 여자 배우자를 구하지 못하게 될지도 모른다.

이러한 한계에도 불구하고 현대 중국에서는 기본적으로 남녀평등이 이뤄진 것은 분명하다. 오늘날의 남녀평등이 정책적으로 바뀐 것이라는 주장도 있지만, 결국 여성들 스스로의 노력과 자립 의지로 경제적 지위를 획득하여 여성의 지위를 과거와 다르게 바꿀 수 있었던 점도 강조할 필요가 있을 것이다.

□ **생각해 봅시다**

(1) 중국의 전족(纏足) 습관은 왜 시작되었을까?

(2) 현대 중국 여성들의 지위가 변하게 된 이유는 무엇인가?

(3) 남녀평등을 위해서 중국정부가 취한 정책은 무엇인가?

3) 상인(商人)의 나라 중국, 천하제일상(天下第一商) :
   진상(晉商)과 휘상(徽商)

방송일시	2002년 9월 21일, EBS
상영시간	50분
주 제 어	등소평(鄧小平)의 개방, 진상(晉商), 산서(山西), 평요(平遙), 주원장(朱元璋), 교가대원, 차오구이파, 회관(會館), 표호(票號), 홍등(紅燈), 전장, 표국(鏢局), 일승창(日升昌), 뇌리태(雷履泰), 이대전(李大全), 휘상(徽商), 항주(杭州), 호설암(胡雪岩), 관상(官商), 홍정정 상인(紅頂商人), 황산(黃山), 정대위(程大位), 주산박물관, 유상(儒商), 죽산서원(竹山書院), 신안강(新安江), 양주(揚州), 염운사(鹽運使), 건륭제(乾隆帝), 포지도(鮑志道)

| 내용 소개 |

중국의 상업 전통의 역사는 은주(殷周)시대로까지 거슬러 올라간다. 춘추전국시대에 상인과 도시 시장이 출현하고, 화폐가 사용되면서 상업이 본격적으로 발달하게 되었다. 그러나 한대(漢代) 이래로 상인은 중국사회에서 국가의 통제와 억압의 대상이었다. 상업의 발달로 상인들이 막대한 부를 축적하였다고 하더라도 유교사상이 지배하는 중국에서 상인들의 지위는 낮을 수밖에 없었다.

당(唐)나라 말기부터 상업이 크게 발달하면서 송대에 들면 사회적으로 상인들의 지위와 역할이 달라졌다. 상업의 발달과 국내·외 무역의 발달, 경제규모의 확대 등에 따라 나타난 자연스러운 현상이었다. 이때부터 상인은 국가권력과 밀접한 관계를 맺고 전국적인 상업망을 구축하는 등 사회경제적으로 중요한 계층으로 부상하였다.

특히 명나라 중기 이후가 되면 강남에 객상(客商)이라는 상인집단이 등장하고 시진(市鎭)이 무수히 성립되었다. 가장 대표적인 상인그룹은

휘주(徽州)의 신안상인(新安商人)과 섬서(陝西)의 산서상인(山西商人)
이었다. 이들은 전국 곳곳에 회관(會館)을 세워 이를 거점으로 삼으며
전국적 상업망을 형성하였다. 토착상인인 좌고(坐賈)와 연계하여 활동
하고, 중개인 아행(牙行)을 앞세워 상품수집, 숙식제공, 거래중개 등도
행하였다. 특히 휘주상인은 전당업(典當業)에까지 진출하여 전국적인
금융망을 만들기도 하였다. 금융업은 화폐경제의 발달, 즉 은(銀) 유통
의 확대와 지폐의 사용으로 더욱 대규모화 되었다.

명청대의 상업 발전 수준은 중국의 근대화를 이해하는 데 역사적으로
매우 중요한 주제이며, 따라서 당시 등장한 대규모 객상의 존재와 그들
의 활동 그리고 상인문화 등에 대한 이해는 매우 중요하다. 여기서
소개하는 '진상(晉商)과 휘상(徽商)'은 바로 이러한 점에 초점을 맞추어
제작된 다큐멘터리 자료다.

이 자료를 통해서 우리는 명청대의 상업 발전과 상인의 활동, 국가
권력과 상인의 관계 및 상인의 생활문화와 그 영향을 이해할 수 있다.
특히 등소평(鄧小平)의 개방 이후 세계시장에 뛰어든 중국인들의 경제
활동을 이해하고, 최근 중국에 대한 투자와 진출에 관심이 점차 늘어가
고 있는 상황에서 중국의 상인정신과 그들의 전통을 살펴보는 것은
의미 있는 일이라 하겠다.

다큐멘터리는 진상(晉商)의 면모를 살펴보는 데서 출발한다. 진상의
뿌리는 산서성(山西省) 평요성(平遙城)이다. 평요성은 명나라 초 주원
장(朱元璋)이 몽골을 방어하기 위해 세워 80만 대군을 주둔시켰던 곳이
다. 80만이라는 대군을 먹이기 위해 상인들이 전국에서 물자를 실어왔
고, 명나라는 그 대가로 당시 전매품이던 소금을 판매하는 전매권을
상인들에게 부여하였다. 진상은 이 소금 전매를 통해서 성장하였다.

물론 진상은 명나라 이전부터 번성하고 있었다. 그들은 차와 비단을

남쪽에서 사들여 북쪽의 몽골과 러시아에 판매하였다. 이러한 원거리 무역은 많은 이익을 냈고, 천하에 진상이 이르지 않은 곳이 없었다(足迹遍天下).

진상은 금융업으로도 진출하였다. 그들이 운영한 것은 유명한 산서표호(山西票號)로, 표호란 일반인과 기업에게 대출 및 송금 업무를 대행해 주는 전통적인 금융기관이었다. 표호의 주 업무는 은표(銀票)의 발행과 회수였다. 현금을 수송할 때 경비를 담당하는 표국(鏢局)도 세웠다. 산서지역에서 가장 유명한 표호는 평요성의 일승창(日升昌)이었는데, 일승창은 소유와 경영의 분리가 이루어진 근대적 기업이었다. 조선의 영·정조 시대에 해당하는 시기에 중국에서는 이미 기업의 소유와 경영이 분리되고 소유주는 경영에 간섭하지 않는 모습이 나타난 것이다. 진상은 중국 최초로 주식제도를 발전시키기도 하였다.

다큐멘터리는 진상의 생활문화도 보여주고 있다. 그들은 집안에 많은 거울을 걸어 두었는데, 이는 상인으로서의 조심스러움과 사회적 모범을 상징하는 것이었다. 그러나 이러한 승창도 청조의 약화와 함께 쇠퇴하기 시작하였고, 일본의 침략으로 특히 큰 타격을 받았다. 이후 지방 업무를 담당하는 소규모 상인으로 전락하게 되었지만, 진상의 후예인 산서성 사람들은 현대 중국의 경제에서도 주요한 역할을 담당하고 있다.

두 번째는 휘상(徽商)이다. 휘상도 국가권력과 밀접하게 연결되어 있는 상인이었다. 특히 19세기 중반 항주(杭州)에서 활동하고 있던 휘상 호설암(胡雪岩)은 관상(官商)으로서, 1875년에 서태후로부터 옷을 하사 받기도 하였고, 관직을 하사받아 '홍정상인(紅頂商人)'이라고 불렸다.

휘상의 뿌리는 안휘성 휘주(徽州)다. 휘주 상인들은 신안강(新安江)

을 타고 외지로 나가고 돌아왔는데, 이 강을 따라 내려가면 양주(揚州)에 도착한다. 양주는 대운하가 장강과 만나는 곳으로, 명청시대에 곡물 수송과 소금 수송 및 남북 교류의 중심지였다. 중국 최대의 소금창고도 이 곳에 위치하고 있었다. 당시 소금상인이 내는 세금은 청조에서 거두는 세금의 1/3에 상당할 정도로 막대한 것이었다. 이 소금을 거래하는 상인들이 대부분 휘상이었다. 청나라 건륭제(乾隆帝)는 양주를 두 번 방문했는데 모두 세금을 독려하기 위한 방문이었다.

휘주 상인들은 소금판매업만이 아니라 전당업(典當業)과 목재업 등을 통해 막대한 부를 축적하고, 정부와도 밀접한 관계를 유지하였다. 휘상은 자식을 공부시키고 관리가 되면 경제적 이익 외에도 많은 이익을 얻을 수 있다고 생각하였다.

휘주 상인 가운데 포숙아(鮑叔牙)의 후손인 포지도(鮑志道)가 있다. 그는 한 손에는 부를, 한 손에는 권력을 거머쥔 가장 성공한 휘주 상인이다. 1801년 그가 죽자 황제는 그를 위해 사당을 짓게 하였는데, 이는 상인의 사회적 지위와 영향력의 상승을 의미한다. 그의 맏아들은 회하(淮河)가 범람했을 때 10만 명분의 식량을 기부하여 가경제(嘉慶帝)로부터 '낙선호시(樂善好施)'라는 휘호를 받았다.

휘상은 진상이 검소함을 미덕으로 삼았던 것과는 달리 부유함을 과시하는 쪽이었다. 건축에 쓰인 나무가 썩지 않도록 한다는 목적이 있기는 했지만 어쨌든 장식품에 금칠을 한 것은 그 대표적인 예라 하겠다. 집을 지을 때는 빗물을 돈의 상징으로 보아 지붕을 타고 빗물이 마당으로 들어오도록 설계하고, 건물에는 곳곳에 삼국지의 전투 장면을 새겨 상업을 전쟁으로 간주하였음을 짐작하게 한다.

또한 유상(儒商)이라고도 불릴 정도로 학문을 중시한 휘상은 자제들을 교육시키기 위해 서원을 세웠다. 안휘에서 가장 큰 서원인 죽산서원

(竹山書院)이 그 대표적인 서원이다. 중국은 조선과는 달리 상인도 과거를 볼 수 있었는데, 그 결과 죽산서원은 52명이라는 많은 수의 과거합격자를 배출하였다. 이 밖에도 휘상의 영향을 살펴볼 수 있는 유물은 많다. 주산박물관이나 셈법 책 등이 그것인데, 중국 주판과 주산 계산법을 통일한 인물이 휘상인 정대위(程大位)로서 그는 상업을 학문의 경지에 끌어올린 인물로 평가받고 있다.

진상은 검소함과 신용, 그리고 시대를 앞서가는 경영전략을 갖고 있었고, 휘상은 화려하면서도 소외계층에 대한 배려와 학문에 대한 열정을 갖고 있었다. 이러한 진상과 휘상을 현대 중국인들은 전통상인 가운데 천하제일의 상인이라고 간주하고 있으며, 그러한 전통은 오늘날 중국상인들의 저력이 되고 있다.

□ **생각해 봅시다**

(1) 진상(晉商)과 휘상(徽商)이 성장하게 된 배경을 설명해 보시오.

(2) 휘상은 진상과 어떤 차이가 있는가?

(3) 명청시대 중국에서 상인의 지위는 어떠했나?

(4) 오늘날 중국상인들은 전통상인으로부터 무엇을 계승하고 있는가?

4) 사무라이(Samurai)

방송일시	2003년 7월 16일, 히스토리 채널
상영시간	45분
주 제 어	사무라이, 가미카제, 벚꽃, 하리키리(할복), 사무라이(侍), 세금징수원, 막부(幕府), 쇼군(將軍), 도요토미 히데요시, 미나모토 요시타네, 야쓰히에, 미야모토 무사시, 닌자, 다네가시마, 포르투갈, 세키가하라, 도쿠가와 이에야스, 무사도(武士道)

| 내용 소개 |

일본 중근세 역사의 주인공은 사무라이라고 해도 지나치지 않을 것이다. 이 사무라이[侍]의 출현과 그들의 문화를 이해하기 위해서는 일본의 역사 속에서 그들의 자취를 찾아볼 필요가 있다.

일본이 고대국가의 틀을 갖춘 것은 539년 쇼토쿠[聖德] 태자의 개혁과 645년 다이카 개신[大化改新] 이후였다. 중국 수당(隋唐)으로부터 율령을 받아들여 정치제도를 정비하고 고대국가체제를 정비하였는데, 이 때 관료제와 함께 토지제도로서 반전수수법(班田收授法), 조용조(租庸調)의 조세제도 등이 도입되었다.

그러나 오래지 않아 왕권이 약화되면서 이러한 개혁조치는 무력해졌다. 나라[奈良] 시대 이래로 중앙의 권력투쟁이 치열해지면서 9세기 무렵부터 귀족들은 대토지를 매개로 하여 왕권을 능가하는 권력을 휘둘렀다. 율령제가 붕괴하고 전국 각지에는 장원(莊園)이 난립하였다. 영주들은 자신들의 장원을 지키기 위해 무사단(武士團)을 만들었다. 여기에서 사무라이의 역사가 시작되었다. 이들 사무라이는 처음에는 장원을 지키기 위해 무장한 농민들로서 당연히 지배계층에 속하지 않았다.

한편 대륙으로부터 들어온 선진 제도와 문화를 바탕으로 하여 일본

고유의 문화가 발달하였다. 『고사기(古事記, 712)』와 『일본서기(日本書紀, 720)』 등의 역사책이 저술되어 천황을 신성시하고 그 지배의 정당성을 얻고자 하였고, 10세기 이후에는 대륙문화와는 구별되는 국풍(國風)이라는 일본의 고유한 문화가 발달하였다. 이는 헤이안 귀족을 특징짓는 문화였지만 동시에 새로이 성장하고 있던 사무라이들의 문화적 배경이 되었다.

이 시대가 되면 지방에서 성장한 무사단들이 점차 중앙의 귀족들과도 연결되었다. 11세기 들어 왕실의 외척에 의해 전개된 셋칸[攝關] 정치는 치열한 권력투쟁을 불러왔고, 외척정치를 척결하기 위해 새로 등장한 것이 왕의 아버지나 할아버지가 실권을 장악하는 인세이[院政] 정치였다. 이 인세이 정치를 뒷받침해 준 것도 장원과 직속 무사들이었다. 1156년 상황과 천황 사이에 벌어진 혈육간의 권력투쟁으로 무사계급이 대거 정치에 참여하게 되면서 결국 다이라 씨[平氏]와 미나모토 씨[源氏]를 우두머리로 하는 무사세력이 권력을 장악하게 되었다.

먼저 다이라 씨가 권력을 장악하여 전국의 장원을 장악하고는 지방에 지토(地頭)의 임면권을 획득하고 무사를 파견하였다. 이러한 다이라 씨의 독재에 불만을 품은 미나모토 씨가 새로이 천황을 옹립하고 1180년 다이라 씨와 겐페이(源平) 전쟁을 일으켰다. 이 전쟁에서 승리하여 전국을 평정한 미나모토노 요리토모(源賴朝)는 치안을 담당하는 슈고(守護)와 조세를 징수하는 지토(地頭)를 설치하는 등 무사권력의 확립을 도모하였다. 그리고 스스로 가마쿠라(鎌倉)에 막부(幕府)를 열고 쇼군(將軍)의 자리에 오른 요리토모는 자신에게 충성하는 고케닌(御家人)들을 슈고와 지토로 임명하여 봉건적 주종관계를 맺었다. 그러나 요리토모가 사망한 뒤 외척인 호조 도키마사(北條時政)의 섭정으로 쇼군의 지위는 추락하고, 실권은 호조 가문이 차지하게 되었다. 이

와중에 막부를 타도하고 왕권을 회복하고자 한 고토바(後鳥羽) 천황이 1221년 조큐(承久)의 난을 일으켰으나, 오히려 막부에게 대패하였다. 이 난을 계기로 막부는 천황을 누르고 명실상부한 무인정권을 성립시키게 되었다.

가마쿠라 막부를 위기로 몰아넣은 것은 두 차례에 걸린 몽골의 침입(1274년, 1281년)이었다. 이 전쟁은 태풍의 도움으로 큰 전투 없이 끝났지만, 몽골을 막기 위해 출동한 고케닌에게 충분한 보상이 주어지지 못하면서 막부 타도운동을 불러일으켰다. 게다가 가마쿠라 막부 시기에는 아직 무사의 지위가 확고하지 않았고, 황실과 귀족의 영향력도 남아 있는 때였다. 마침내 막부 타도의 기회를 엿보고 있던 고다이고(後醍醐) 천황이 막부 타도운동을 일으켰고 여기에 일부 유력한 고케닌이 가담하면서 가마쿠라 막부는 1333년 붕괴되었다. 당시 천황과 결탁하여 막부를 붕괴시킨 아시카가 다카우지(足利尊氏)는 천황의 대우에 불만을 품고 다시 반란을 일으켜 새로이 천황을 옹립하고(北朝) 무로마치(室町)에 막부를 세웠다. 남쪽으로 도망간 고다이고 천황은 남조(南朝)를 세워 이로부터 남북조(南北朝)의 대립형세가 조성되었지만, 결국 쇼군 아시카가 요시미쓰(足利義滿)에 의해 남북조는 1392년에 통일되었다.

무로마치 막부는 1573년까지 250년 동안 지속되었다. 요시미쓰는 왜구를 단속해주는 대가로 명나라와의 무역을 허락 받아 막부 재정을 충실히 하였다. 막부 후기에 이르러 쇼군의 지위가 동요하고 후계자 문제로 갈등이 불거져 나오면서 1467년 오닌(應仁)의 난이 일어났다. 이 전쟁은 무사들 사이에 하극상의 풍조를 야기하면서, 각지에서 영주이자 상급 사무라이인 다이묘(大名)들이 영토전쟁을 벌이는 전국(戰國) 시대를 열었다.

영웅들이 난립하는 전국시대를 통일한 것은 오다 노부나가(織田信長)였다. 그는 1560년 오케하자마(桶狹間) 전투를 계기로 성장하여 전국시대를 주도하였으나, 통일을 앞둔 1582년 혼노지(本能寺)에서 부하에게 살해당하였다. 그는 합리적이고 혁신적인 사상을 받아들이고 포르투갈로부터 총포를 들여와 이를 성장의 발판으로 삼았다. 처음 총포가 도입되었을 때는, 얼굴을 보이지 않은 채 멀리서 싸우는 방식을 사무라이들은 거부하였고 소총을 겁쟁이의 무기로 간주하였다. 그러나 이 신무기가 일본에 보급된 지 채 50년도 안 되어, 일본은 유럽의 어느 국가보다 많은 소총을 사용하는 국가가 되었다.

살해된 오다 노부나가를 이어 새롭게 패자로 등장한 인물이 도요토미 히데요시(豊臣秀吉)였다. 재능은 있으나 농민 출신으로 권위가 없던 히데요시는 적에 대한 관대함을 무기로 전국시대의 무사들을 끌어들였다. 1590년 전국 통일에 성공한 히데요시는 논공행상에 필요한 토지를 획득하고, 막강한 무력을 소유하고 있던 다이묘(大名)들의 위협을 제거하기 위해 임진왜란을 일으켰다. 결국 조선침략은 실패로 끝났지만, 이 전쟁을 계기로 일본은 조선으로부터 선진문화를 받아들여 지배계층으로 부상한 사무라이 문화를 새롭게 하는 계기가 되었다. 차와 도자기 문화, 활자와 서적, 성리학과 불교 등 새로이 일본에 들어온 문화는 무인사회의 무사도 성립에 결정적인 역할을 하였다.

한편 히데요시의 뒤를 이어 도쿠가와 이에야쓰[德川家康]가 새롭게 권력을 장악하였다. 그는 도요토미 가와의 세키가하라 전투에서 결정적인 승리를 거두고, 쇼군에 올라 1603년 에도[江戶] 막부를 세웠다. 에도 막부는 전국시대 이래 틀을 갖추기 시작한 다이묘와 농민에 대한 통제의 철저화를 통해 오랫동안 체제를 유지할 수 있었다. 즉 전국의 다이묘들을 도쿠가와 가에 대한 충성도를 기준으로 하여 전국적으로 새로이 배치하고, 성(城)을 파괴하고, 무가법(武家法)을 제정하였으며, 산킨코타이(參勤交代)를 이용하여 다이묘의 성장과 독립을 방해하였다. 또 농민에게는 토지의 매매와 상속을 금지하고 연좌제를 도입하는 등의 조치와 강력한 신분제를 기초로 막부 지배를 공고히 하였다.

에도 막부시대에는 대외적으로는 쇄국정책을 실시하였다. 쇄국정책은 기독교 탄압에서 시작되었다. 일본에 기독교가 전래된 것은 1549년 포르투갈 선교사 사비에르가 가고시마[鹿兒島]에 와서 선교를 하면서부터였다. 그는 총포 등 선진 문물을 이용하여 다이묘들의 협조를 받아내었다. 노부나가 시대에는 무역의 이익과 총포 같은 신무기 때문에 기독교를 보호하여 발전하였으나, 도쿠가와 이에야쓰는 1613년 금교령(禁敎令)을 내리고 기독교도들을 탄압하였다. 이러한 탄압에 대한 최대의 반란인 1637년 시마바라[島原]의 난이 진압된 후 에도 막부는 후미에(踏繪) 같은 제도를 동원하여 기독교도들을 색출해 내고 불교로 개종시키는 방법 등을 실시하였다. 이후 기독교는 1873년 메이지 신 정부에 의해 공인될 때까지 완전하게 금지되었다.

에도 시대의 쇄국은 막부의 대외교역권 독점을 의미한다. 막부는 1639년 포르투갈의 출입을 금지하고 네덜란드에게만 교역을 허락하였다. 네덜란드는 이후 1853년까지 일본의 유일한 무역상대국으로서 막대한 이익을 거두었고, 에도 막부는 국내의 상업을 통제하고 해외무역의 독점을 통해 체제유지에 필요한 재원을 마련하였다. 따라서 에도 막부는 지속적으로 쇄국정책을 실시하면서도 네덜란드와의 교역창구는 제한적으로 열어둠으로써 유럽의 새로운 지식을 선별적으로 받아들이고 유럽 소식을 지속적으로 접할 수 있었다. 에도 시대의 난학(蘭學)의 성행은 이러한 배경 속에서 이루어진 것이었다.

에도 시대에 들면 사무라이들은 점차 쇠약해져 갔다. 큰 전쟁이 없었기 때문에 사무라이들은 무사의 속성을 잃어버리고 귀족문화와 향락문화에 젖어들어 타락하는 경우가 많았다. 특히 에도 막부 후기에 화폐경제가 발전하면서, 농본주의에 기초한 막부는 상업자본주의의 성장에 밀려 무너져 갔고 이에 따라 사무라이들도 부채로 몰락하여 갔다. 역대 쇼군들은 사무라이의 몰락을 방지하기 위해 다양한 대책을 모색하였지만 근본적인 대책은 되지 못하였다. 결국 서구 제국주의의 등장 속에서 젊은 사무라이들에 의해 무능한 막부는 타도되고 메이지(明治) 시대가 시작되었다.

이 다큐멘터리는 일본의 역사 속에 등장하여 천황권력을 누르고 독자적인 권력과 문화를 만들어낸 사무라이의 역사를 다루고 있다. 특히 가마쿠라 막부에 메이지 유신에 이르기까지 800여 년간 쇼군은 일본의 최고 실력자로 군림하였다. 그리고 메이지 유신 이후로 사무라이라는 공식 명칭은 사라졌지만, 일본인의 정신과 문화 속에는 이 사무라이가 살아 있다. 그렇다면 사무라이는 어떠한 문화를 갖고 있었을까?

일본의 사무라이는 잔인한 검객임과 동시에 품위있는 귀족이다. 순간적으로 화려히 만개하였다가 지는 벚꽃을 상징으로 삼는 사무라이는 명예를 극도로 중시하였다. 할복은 자신의 명예를 지키기 위한 최고의 방법이었고, 사무라이 사이의 결투는 반드시 패배자의 목을 참수하는 것으로 끝났고, 결투에서 패한 패자는 승자에게 자신의 목을 치라고 권하였다. 그들은 결투하기 전에 자신들의 가문을 밝혔는데 이 역시 자신의 명예와 가문의 명예를 위해서 전투에 임한다는 의미에서였다. 물론 이러한 공개적인 사무라이 세계의 이면에는 은밀하게 움직이는 닌자(隱者)라는 존재도 있었다.

사무라이는 두려움의 상징이기도 하였지만 자신을 드러내기 위해 화려하게 치장하는 것도 마다하지 않았다. 심지어 갑옷을 입지 않고 입술과 뺨에 화장을 하고 나타나는 경우도 있었다.

사무라이의 무기는 다양하여 검과 창, 활과 화살, 여기에 부채도 있었다. 부채는 섬세함과 고상함의 상징이지만, 쇠로 만든 부채를 방어용으로 사용하기도 했다. 그러나 역시 가장 중요한 것은 검이었고, 이 검은 사무라이의 상징으로서 반드시 장인의 작품을 구입하였다. 그들은 검에 혼이 깃들여 있다고 믿고, 검을 자신과 정신적으로 일체화시켰다. 사무라이는 단지 혼이 깃든 검을 들고 있었고, 사람을 죽이는 것은 검이었다. 사무라이가 사람을 죽이는 데 양심의 가책을 느끼지 않은 것은 이러한 사고와도 관련이 있을 것이다.

사무라이에게도 사랑이 있었다. 사무라이들은 대개 정략결혼이 많았고 따라서 아내를 믿지 못하였으며 이혼도 쉽게 행해졌다. 오히려 진정한 사랑은 사무라이들끼리의 사랑이라고 생각하였다. 이 시대에는 여성의 미덕이 순종이었지만 여성들 역시 사무라이가 될 수 있었다.

사무라이는 전쟁만 하는 무사는 아니었다. 아름다운 그림을 그리는 화가이기도 하고 시인이기도 하였으며, 책 읽기와 글쓰기 등 학문을 즐겼다. 사무라이의 대명사로 불리는 미야모토 무사시의 예술작품은 매우 유명하다. 정신과 마음가짐을 하나로 하는 수양을 중시한 사무라이들은 꽃꽂이에 빠져들었고, 다도와 서예 역시 같은 이유로 사랑 받았다.

이러한 사무라이의 정신은 250여 년 동안 지속된 에도 시대에 무사도(武士道)를 만들어냈다. 명예를 목숨보다 중시하는 것은 여전하였지만, 사회의 안녕을 포함하는 다양한 영역에서 활동하면서 관리가 되고 법을 만들고 법관이 되었다.

1853년 7월 8일, 미 해군의 소함대가 도쿄 만에 들어오면서 시작된 변화의 바람 속에서 사무라이는 전통의 특권을 상실하고 사무라이

계급도 사라졌다.

그러나 그들은 가미카제 특공대로 다시 나타났다. 일본 군국주의자들은 과거의 사무라이 정신을 이용하여 일본국민을 결집시켰다. 1931년 일본이 중국을 침입할 당시 일본군 지휘관들은 칼을 차고 다녔다. 그들은 나치로부터 아시아를 지킬 군대는 일본뿐이라고 주장하면서 아시아를 전쟁 속으로 밀어넣으며 황폐화시켰다.

이것이 진정 사무라이 법도를 따른 것일까? 아니면 엄청난 착각이었을까? 가미카제 특공대는 사무라이의 이상과 전통을 계승한 것이 아니라 이용한 것이었을 뿐이다. 에도 시대에 사무라이 덕목은 봉사와 정의였다. 제2차 대전 때의 사무라이 정신은 그러한 덕목과는 전혀 상관이 없는 이질적인 것이었다.

□ **생각해 봅시다**

(1) 사무라이가 출현하게 된 계기는 무엇인가?
(2) 임진왜란은 일본에 어떠한 영향을 주었는가?
(3) 사무라이의 정신과 문화의 특징은 무엇인가?
(4) 근대 일본사회에서는 사무라이 정신을 어떻게 악용하였는가?

5) 자금성의 비밀(The Forbidden City ; Dynasty and Destiny)

방송일시	2003년 9월 25일, 히스토리 채널
상영시간	50분
주 제 어	북경(北京), 자금성(紫禁城), 부의(傅儀), 태화전(太和殿), 영락제(永樂帝), 경산(景山), 이자성(李自成), 숭정제(崇靜帝), 향비(香妃), 건륭제(乾隆帝), 환관(宦官), 서태후(西太后)

| 내용 소개 |

중국의 수도 북경에는 거대한 자금성(紫禁城)이 있다. 30만 평의 공간과, 건물 8백여 채, 1만여 개의 방을 갖고 있는 자금성은 명청(明淸) 시대의 황궁으로서, 24명의 황제가 거쳐 갔다.

자금성을 세운 것은 명나라 영락제(永樂帝)다. 아버지 홍무제(洪武帝)를 도와 명나라를 건국하는 데 공을 세운 그는 어린 조카가 황위에 오르는 것에 불만을 품었다. 자신의 세력을 모아 1402년 중국 남경(南京)을 점령한 그는 건문제(建文帝)를 추방하고 권력을 찬탈하였다. 합법적인 후계자가 아닌 자신이 찬탈을 통해 황제에 올랐다는 사실 때문에 그는 자신의 정통성을 확인 받기 위해 엄청난 업적을 쌓아야 했다.

1404년 영락제는 자금성을 세우는 데 필요한 노동력과 자재를 확보하기 시작하였다. 자금성 건설은 진시황제가 만리장성을 쌓은 이래 최대 규모의 공사였다. 전국에서 건자재를 수집하고 50만 명의 인부를 동원하여 15년 동안 공사를 계속하였다. 1억 개의 벽돌과 2억 개의 기와가 소요되었고, 사천(四川)의 숲에서 벌채된 나무들이 북경으로 운반되는 데는 4년이 걸렸다. 채석장에서는 최고 품질의 대리석을 생산하여 이를 보도로 깔았다. 세로 1.5m, 가로 30m, 무게 200여 톤의 거대한 대리석은 겨울에 눈길로 운반되었다.

천자의 위엄을 갖춘 자금성이 완공 단계에 이른 1424년, 영락제는 이 성 안에 들어가 보지도 못한 채 몽골 고원에 정복에 나섰다가 사망하였다.

자금성은 동양의 전통학문인 풍수가 낳은 걸작품으로, 풍수는 건축과 미신을 합친 것이라고 할 수 있다. 풍수 전문가들은 어떤 터에 어떤 기가 흐르는지를 파악하였는데, 600년 전 그들에게 부여된 최대의 과업은 자금성을 짓는 것이었다. 그들은 천자의 지위에 걸맞게 목표를 높게 잡아 아예 지형을 바꾸었다. 이상적인 지형은 궁궐 뒤에 산이 있어야 했으나 북경은 평지였기 때문에 산을 만드는 수밖에 없었다. 그렇게 해서 만들어진 것이 경산(景山)이다. 경산은 좋은 기가 자금성을 빠져나가지 못하게 하였다. 인공 하천도 만들었다. 이 곳의 모든 설계는 보이지 않는 우주의 힘을 모으는 데 집중되었다.

1644년 자금성은 혼란에 휩싸였다. 이자성(李自成)의 반란으로 명나라가 멸망한 것이다. 명나라 황제들은 2백여 년에 걸쳐 가혹한 세금을 거두고 사치를 일삼았고, 급기야 백성들이 들고일어났다. 그들은 북경에서 반란을 일으키고 자금성으로 향했다. 명나라 마지막 황제 숭정제(崇靜帝)는 반란군들이 자금성에 들이닥치자, 경산으로 올라가 명왕조의 최후를 목격한 뒤 목을 맸다. 이자성의 반란을 진압한 것은 청나라였고, 이제 자금성의 새 주인은 청나라 황제가 되었다. 바로 환관들이었다. 그들에 의해 자금성은 화염에 휩싸였다.

자금성에는 황제와 후궁, 환관들이 살았다. 황제를 즐겁게 하기 위해 자금성에 들어온 수많은 후궁들은 화려한 생활을 보장받았다. 3년마다 수백 명의 후궁 후보생이 황실에 모여들었고, 황실 여성들이 이들을 심사하였다. 그들은 용모뿐만 아니라 잠버릇까지 알아보았다.

자금성에 들어간 후궁들은 물질적으로는 화려한 삶을 살았지만, 많은 이들에게 궁궐은 감옥이었다. 젊음이나 외모를 잃어버린 뒤 기다리고 있는 것은 외로움의 세월이었다. 일단 천자와 잠자리를 하면 어떤 남자와도 사귈 수 없었고, 그저 죽음이 육신을 해방시켜주는 날까지 기다려야 했다.

1746년 중앙아시아 정벌 때 포로로 잡힌 젊고 아름다운 여성이 자금성으로 들어왔다. 몸에서 나는 향기 때문에 향비(香妃)라고 불린 이 소녀에게 젊은 건륭제(乾隆帝)는 반했다. 그러나 향비는 황제의 구애를 받아들이지 않았고, 이 사실을 안 황제의 어머니 태후는 크게 분노하였다. 태후는 기어이 뜻을 굽히지 않는 향비를 처형할 것을 명하였다. 황제가 그녀를 찾아내었을 때, 향비는 이미 비단 끈에 목을 매어 죽은 후였다.

후궁과 궁궐의 수비꾼이자 황제의 하인이며 첩자였던 환관들은 궁궐 내에서 주요 인물로 활동하였다. 한때 환관은 3천 명에 달할 정도였고, 북경에는 거세 시술을 전문으로 하는 업소가 있었다. 시술 방법은 원시적이었다. 마취제로서 아편을 피우게 한 다음, 가운데에 구멍이 뚫린 의자에 앉혀두고 단 칼에 고환을 잘라냈는데, 이 시술로 많은 사람들이 목숨을 잃었다. 절반은 충격이나 감염, 출혈 과다 때문에 죽었다고 한다. 이런 고통과 위험을 무릅쓰면서까지 불구의 길을 가려 했던 것은, 환관은 권력과 부를 얻을 수 있는 지름길이었기 때문이다. 환관 가운데는 높은 권좌에 오르거나 큰 부자가 되는 경우도 있었다.

1923년 자금성의 한 창고에서 원인을 알 수 없는 불이 났다. 환관들이 그 동안 보물을 훔쳐간 증거를 없애기 위해서 방화하였다는 소문이 돌았다. 환관들이 훔쳐낸 자금성의 보물들은 그 종류와 가치를 헤아릴 수 없는 것들로, 영국, 프랑스, 미국, 일본, 대만 등 세계 각지에 뿔뿔이 흩어져 있다.

자금성과 관련해서는 하나의 전설이 전해 내려오고 있다. 만주족의
적 가운데 예해라는 종족이 있었다. 예해족의 태자는 용맹한 전사였는
데, 1619년 만주족이 성벽 위로 공격해오자 탑에서 내려오기를 거부하
며 끝까지 버티었다. 만주족은 탑에 불을 질렀고, 태자는 "너희 집안은
언젠가는 우리 예해족 여인 때문에 망할 것이다"라는 저주를 내렸다고
한다.

이 때문인지 청조는 2백여 년 동안 예해족에게서는 절대 후궁을
들이지 않았다. 그러나 저주가 잊혀질 무렵인 1853년, 열일곱 살 난
예해족 처녀 하나가 황제의 후궁으로 간택되었다. 나가시라는 이름의
그녀는 선해 보이는 외모 속에 탐욕과 무자비함을 숨기고 있었다. 자금
성에 들어온 뒤 3년 만에 황제의 유일한 아들을 낳았고, 이 아들을
배경으로 기세가 등등해진 그녀는 여러 술수와 계략과 음모를 이용하여
태후에까지 올랐다.

그녀가 바로 서태후(西太后)다. 서태후는 50여 년간 어린 황제를
앞세워 섭정을 하면서 권력을 장악하였고, 서태후의 통치 하에 중국은
날로 약화되어 갔다. 1908년, 죽음에 직면한 서태후는 마지막으로 중국
을 살릴 기회를 맞았으나, 자신의 권력을 유지하기 위해 이제 겨우
두 살 난 황제 부의(溥儀)를 즉위시켰다.

1908년 12월 3일, 마지막 황제 부의가 황제 자리에 오르고 4년 뒤
청나라는 멸망하였다. 부의는 일곱 살 나던 해에 황제 자리에서 쫓겨난
것이다. 그러나 1925년까지 자금성에 그대로 살다가 19세에 만주 망명
길에 올랐다. 1930년대에는 만주국(滿洲國)의 꼭두각시 황제로 되었다
가, 1945년 러시아 군대에게 체포되어 시베리아 수용소에 수용되었다.
15년 뒤 북경으로 돌아온 마지막 황제는 1967년에 초라한 정원사로
생을 마감하였다.

□ **생각해 봅시다**

(1) 영락제가 북경으로 천도하고 자금성을 세운 이유는 무엇인가?

(2) 청말 양무운동시기, 서태후의 역할을 평가해 보자.

(3) 오늘날 자금성은 중국인에게 어떠한 가치를 가지고 있는가?

6) 잃어버린 우리 조경

방송일시	2002년 8월 11일, 대구MBC
상영시간	50분
주 제 어	불국사, 창덕궁 부용지, 방지(方池), 안압지, 경회루, 하엽정, 소쇄원, 졸정원(拙政園), 태호석(太湖石), 신센엔(神泉苑), 금각사(金閣寺), 회유임천(回遊林泉), 들여쌓기, 바른 층 쌓기, 불심암 다정원, 다산초당, 이화원(頤和園), 교토 금지원, 선암사 홍예교, 대둔사, 통도사, 세이류엔(淸流園), 가레산스이(枯山水), 경복궁 화계(花階), 호암 미술관 희원(熙園)

| 내용 소개 |

동아시아 삼국은 역사적으로 오랫동안 상호 문화를 교류해 왔다. 중국과 한국은 고대부터 육지로 이어져 교류를 계속하였으며, 일본의 경우도 한반도와 대륙으로부터 문화를 수용하였다. 그 결과 삼국은 한자문화, 불교문화, 유교문화 등 다양한 문화를 공유하게 되었다. 물론 서로 문화를 교류하였다고 하더라도 삼국은 각각 이를 독자적인 전통과 결합시켜 나름의 독특한 문화를 만들어 냈다. 그러한 문화의 교류와 차이를 보여주는 한 가지 사례가 정원(庭園) 문화다.

여기서 살펴볼 다큐멘터리는 동아시아 삼국의 정원문화를 소개하는 자료다. 근세 사회에서 정원은 지배계층의 생활공간이었을 뿐만 아니라, 그들의 사상과 문화가 바닥에 스며들어 뚜렷한 차별성을 띠게 되었다. 지배계층은 중국의 경우에는 신사(紳士), 조선은 양반(兩班), 일본에서는 사무라이였다.

이들에게서는 중요한 공통점이 있다. 즉, 불교로서는 선종(禪宗), 유교에서는 성리학(性理學), 그리고 생활문화에서는 차(茶) 문화 등의 요소를 공유하고 있었다. 이들이 각각 지배계층으로 자리잡는 과정이나 시기는 서로 달랐지만, 위와 같은 문화를 공유하게 되는 것은 대체로 16~18세기의 사이였다. 중국에서 선종과 성리학, 차 문화가 사대부의 문화로 자리잡은 것은 송(宋) 이후였고, 한국에서는 조선시대, 일본은 에도(江戸) 시대 이후였다.

임진왜란(壬辰倭亂 : 1592~1599)은 동아시아 삼국의 지배계층의 문화가 유사하게 형성되는 문화전쟁이기도 하였다. 당시 조선에서 일본으로 전래된 것은 성리학과 유교경전, 활자와 서예 문화, 도자기와 차 문화 등 매우 다양하였다. 성리학은 원래 왕권강화의 이념을 갖고 있었기 때문에, 이것을 그대로 수용하는 것은 막부(幕府)의 지위를 위태롭게 할 수 있었다. 이에 사무라이들은 성리학에서 명분론과 수양론을 적극 받아들여 무사도(武士道)로 발전시켰다. 차와 서예 문화도 사무라이 세계의 질서와 명령에 대한 절대복종이라는 철칙을 생활 속에서 일상적으로 학습하는 기능을 하였다. 실제로 차를 마시는 것 자체가 마음의 수양과 사무라이 세계의 질서를 확인하는 행위였다.

정원문화는 16세기 이후 동아시아 각 국이 쇄국정책으로 대외문화 교류가 막혀 있던 시기에 특히 발전하였다. 각 국의 지배계층들은 그들의 정신세계를 표현하는 사상과 철학을 정원이라는 공간을 통해 담아내고 있었다.

중국의 정원은 규모가 크고 자연을 지배하려는 의도가 강하게 깔려 있었다. 그러다 보니 인공정원이 많고, 인위적으로 조작된 부분이 많은 것이 특징이다. 이에 비해 한국의 정원은 자연스러움을 강조하였다. 의도적으로 계획된 정원이라기보다는 평범하고 자연스러우며 열려 있는 여유로운 공간이라고 할 수 있다. 일본의 경우는 정원도 마음 수양의 대상으로 여겨져 철저한 계획에 따라 만들어지는 경우가 많았다. 나무를 전지(剪枝)하고, 수석을 모아두기도 하고, 분재로 꾸며진

정원을 소중히 여겼다. 이처럼 일본 정원은 좁은 공간에 치밀하게 계산
된 원칙에 따라 만들어지기 때문에 크기와 형태에서 차이는 있다 하더
라도 정원 구성의 원리는 동일하였다. 질서와 동료의식을 중시하는
사무라이의 정신과 그들의 문화를 잘 보여준다 하겠다.

이 다큐멘터리는 최근 일본의 정원문화가 한국으로 유입되면서 우리
의 전통적인 정원문화가 사라지고 있다고 경고하고 있다.

한국 정원의 대표적인 특징은 안압지, 불국사와 창덕궁의 부용지에
서 보이는 방지(方池)라는 형태에서 살펴볼 수 있다. '바른 층 쌓기'라는
독특한 형태인데, 이는 조선시대 선비들의 곧은 정신을 상징한다. 이러
한 형태는 안압지에서 그 원류를 찾을 수 있고, 경복궁의 경회루는
가장 큰 방지다. 여기서도 돌을 수직으로 쌓는 전통이 지켜지고 있다.
민간의 정원인 하엽정과 소쇄원도 정원은 자연을 그대로 이용하면서
만들었지만, 방지와 바른 층 쌓기의 원칙을 지키고 있다. 여기서는
자연과 인공의 절묘한 조화 즉 넓음과 좁음, 개방과 막힘이 반복적으로
조화를 이루고 있다.

중국 정원의 특징은 소주(蘇州) 졸정원(拙政園)에서 잘 나타난다.
여기에서는 인공정원의 특징인 곡절교(曲折橋), 태호석(太湖石) 등을
찾아볼 수 있는데, 조선의 정원이 그 지방에서 나는 돌을 그대로 이용하
였던 데 반해 다른 지역에서 태호석을 구해 와서 인위적으로 조경하였
다. 북경의 자금성도 마찬가지여서, 자금성의 후원에는 태호석이 즐비
하다.

웅장함은 중국 정원의 또 하나의 특징인데, 이화원(頤和園)이 대표적
이다. 이 곳의 만수산(萬壽山)과 곤명호(昆明湖)는 모두 인공적으로
만들어진 것으로, 곤명호는 8km의 둘레에 90만 평의 면적을 가진 호수
고, 이 호수를 조성하면서 나온 흙으로 만든 것이 만수산이다. 이화원은

자연을 지배하고자 하는 중국인의 욕망을 잘 볼 수 있는데, 이 곳에서는 사람이 자연에 묻혀 있다.

일본 교토[京都]는 아스카[飛鳥] 시대와 나라[奈良] 시대를 거쳐 일본 전통 정원의 중심지가 되었다. 이 곳은 여러 개의 하천이 흘러들어 오기 때문에 정원이 발달하기에 적절한 장소였다. 신센엔(神泉苑)은 매우 오래된 정원으로 9세기 헤이안[平安] 시대에 조성되었는데, 헤이안 시대는 일본의 전통 문화가 독자성을 갖추는 시대였다. 신센엔에서는 일본 정원의 특징인 '들여쌓기' 형태를 확인할 수 있다.

순금을 입힌 교토의 금각사(金閣寺)는 15세기 사원으로, 무로마치 막부의 3대 쇼군 아시카가 요시미쓰 사당이다. 여기서는 연못 곳곳에 배를 상징하는 돌을 놓고, 돌에는 이끼를 입히고 꽃창포를 심었으며, 비스듬히 누워 있는 나무를 심어 놓았다. 연못가에 눕혀 놓은 돌은 거북을 상징하고 세워놓은 돌은 학을 상징한다.

일본 교토의 남선사 금지원에는 바다를 상징하는 거북섬과 학섬이 있다. 거북은 막 물 속으로 들어가는 모습을 하고 있고 알을 품고 있는 학의 모습도 있다. 자손의 번창과 불로장생을 상징하는 학의 날개를 표현하기 위해 소나무를 인위적으로 꾸민 것을 볼 수 있다.

이 밖에도 일본 정원의 특징을 잘 보여주는 곳이 교토의 세이류엔(淸流園)이다. 이 곳은 일본의 유명한 돌 300개를 모아 만든 정원이다. 료안지의 가레산스이(枯山水)도 유명하다. 이것은 물과 나무를 사용하지 않고 돌과 모래로만 만든 정원인데, 선(禪)을 위한 사색의 정원이기 때문에 가지치기를 하기 어려워 이러한 정원을 만들었다고 한다.

조경의 하나라고 할 수 있는 다리 모양에서도 삼국은 차이를 보인다. 먼저 중국식 다리는 북경 북해공원의 홍예교에서 보듯이 중간이 들린 모습을 하고 있다. 이에 비해 한국의 창경궁 금천교는 곧고 직선으로 되어 있으며 경회루의 석교도 마찬가지다. 일본의 경우 경용지를 보면 마찬가지로 윗면이 위로 들린 모습을 하고 있고, 신센엔과 료안지 역시 마찬가지다.

정원은 차문화와도 관계가 깊다. 교토의 불심암 다정원은, 산 속의 울창한 숲을 정원으로 그대로 축소시켜 옮겨놓은 듯한 느낌을 준다. 빽빽한 숲을 지나고 돌다리를 건너서 쭈그리고 앉아 입을 헹구고, 좁은 문을 통과한 후 다실로 들어가 차를 마신다. 차를 마시기 전에 마음을 다스리고, 행동을 조신하도록 만들기 위해 인위적으로 공간을 조작한 것이다.

이러한 일본의 다정원과 크게 대비되는 것이 조선의 다산초당이다. 여기서는 건물과 뒷산과 마당이 하나되는 자유로움이 느껴진다. 자연 속에 정자를 짓고 자연을 보고 즐긴다. 일본의 다정원은 디딤돌을 딛고 다실에 들어가는 사이 주변을 돌아볼 수 없게 되어 있으나 한국의 정원에서는 자연과 사람이 하나 되고 자연을 즐기면서 차를 마시는 구조를 취하고 있다.

이러한 차이를 보이던 한국과 일본의 정원문화에 최근 차이가 없어지고 있다. 일제시대부터 점차 사라진 한국의 조경은 일본식 조경으로 바뀌어 가고 있다. 경복궁이나 민간 정원인 충남 아산의 건재 고택, 전남 해남 대둔사, 경남 양산의 통도사, 불국사의 정원 등 곳곳에 일본식 정원이 만들어져 있다. 여기에는 꽃창포가 심어져 있고 들여쌓기가 보인다. 아산 현충사의 가지치기한 나무도 일본식이고, 거북의 머리를 닮은 돌과 하늘을 찌를 듯한 탑 역시 우리의 전통 조경과는 맞지 않는 것이다. 심지어 천안의 독립기념관에도 일본 조경이 침투해 들어와 있다.

조선의 전통 정원에서는 나무에 변형을 가하지 않는다. 안압지나

비원은 자연 그대로 생명을 중시하는 전통을 계승하고, 인공적인 가지
치기 같은 형태 변형은 없었다. 아름다운 경복궁 후원의 계단을 쌓아
만든 화계(花階) 같은 조경 문화는 점차 사라져 가고 있다. 그나마
호암미술관의 희원(熙園)이 전통 조경을 유지해 가고 있는 것을 다행이
라 하겠다.

　이웃의 새로운 문화를 받아들이는 것을 문제 삼자는 것은 아니다.
그러나 외래문화를 우리의 전통문화로 잘못 안다거나 우리 전통문화를
잊어버리는 것은 안타까운 일이다.

　□ 생각해 봅시다
　(1) 한국, 중국, 일본 정원문화의 특징을 찾아보자.
　(2) 정원문화가 발달하게 된 배경을 알아보자.
　(3) 동아시아 3국의 문화교류에 대해 알아보자.

제5장 근현대 중국의 역사

1. 시대개관

1) 근대중국의 개혁과 혁명

(1) 근대의 시작, 아편전쟁(鴉片戰爭)

18세기 중국은 '건륭성세(乾隆盛世)'로 불릴 정도로 번성하였다. 청조의 번영은 영국과의 교역을 통해 상당한 무역흑자를 누린 것과 관련 있다. 건륭제는 1757년 홍임휘 사건을 계기로 서양과의 교역항구를 광주(廣州)로 한정하였다. 그리고 대외교역을 소위 13양행으로 알려진 공행(公行) 상인에게 맡겼다. 공행은 교역에 직접 참여하였을 뿐만 아니라 외국상인을 통제할 의무도 갖고 있었다. 소위 광주무역체제라는 것이다.

당시 중국의 주요 교역국인 영국은 1600년에 동인도회사(East India Company)를 세워 대중국 무역을 독점하였다. 동인도회사는 중국으로부터 생사와 견직물을 수입하였지만, 중심을 이룬 것은 차 수입이었다. 그런데 1785년에 차의 세금이 100%에서 12.5%로 낮아지면서 그 수요가 크게 증가하여 영국에 심각한 무역적자를 가져왔다.

영국은 교역 조건의 개선을 위해서 1793년에 매카트니(G. Mcartney) 사절단과 1816년에 암허스트(W. P. Amherst) 사절단을 파견하였지만,

무역관계의 개선에는 실패하였다. 그들은 광주로만 제한되어 있는 중국의 문호 개방을 요구하고 광주 공행제도의 불합리함을 문제 삼았다.

그러나 외교교섭을 통한 영국의 문호 개방 시도는 모두 수포로 돌아갔다. 이에 영국 동인도회사가 발견한 출구가 바로 아편이었다. 1757년 동인도회사는 인도 벵갈(Bengal)에서 재배된 아편을 민간상인을 통해 밀수하기 시작하였다. 이렇게 되자 아편을 흡연하는 풍조가 복건(福建), 광동(廣東)을 시작으로 각지로 확산되었다.

1820년대부터는 값싼 말와(Malwa) 아편이 중국에 공급되기 시작하고, 아편공급량도 2만 상자 이상으로 늘어나게 되었다. 1834년 동인도회사의 무역특허권이 없어지면서 자유무역을 표방한 영국 상인들은 앞다투어 중국 아편시장에 뛰어들었다.

밀수를 통해 중국에 공급된 아편유입량을 보면 1800년경에는 4,570상자, 1817년부터 12,375상자, 1826년 19,386상자, 1830년대는 매년 33,906상자, 1837년 44,637상자, 1839년 50,350상자로 늘어났다. 이 동안 중국에 수입된 아편 비용으로 유출된 은의 양은 대략 6억 냥 정도로 추정된다. 이러한 은의 유출은 청조의 조세은납제[地丁銀] 체제를 위협하였다. 즉 은과 동전의 교환비율이 1 : 800에서 1 : 1,500~2,100으로까지 급변하였다. 그 결과 은귀전천(銀貴錢賤) 현상이 나타났고, 농민과 소금상인들이 크게 타격을 입고 청조의 재정수입도 줄어들었다. 당시 중국의 아편흡연자를 임칙서는 400만이라고 추정하였는데, 최소 200만은 넘었을 것이다.

중국에 닥친 재정 위기의 주범이 아편으로 인한 은의 유출이라는 점을 안 중국정부는 여러 가지 대책을 세웠다. 그러나 이미 내부적 부패가 진행되고 있던 청조에서는 현실적으로 적절한 대응을 할 수 없었다.

이에 태상시소경(太常寺小卿) 허내제(許乃濟 : 1777~1839)가 1836년 아편무역합법화를 위한 이금론(弛禁論)을 제출하였다. 관리의 부패 때문에 아편 거래를 막을 수 없으니, 아예 아편무역을 합법화시켜 물물교환하도록 하고, 일반인의 아편 흡연과 국내 아편 재배를 허가하자는 건의였다. 물물교환으로 합법화시켜 은 유출을 막자는 주장은 현실을 고려한 것이었으나, 독약을 합법화한다는 점에서 크게 비판받았다. 결국 1838년, 아편문제의 근원을 흡연자로 보고 그들을 처형함으로써 아편의 수입과 유통을 근절시킬 수 있다고 주장한 홍려시경(鴻臚寺卿) 황작자(黃爵滋 : 1793~1853)의 '흡연자 사형론'이 채택되면서 청조의 아편정책은 엄금책으로 결론 났다. 이에 따라 황작자의 주장에 가장 적극적으로 찬동한 호광총독(湖廣總督) 임칙서(林則徐 : 1782~1850)는 흠차대신(欽差大臣)으로 광주에 파견되어 아편 단속에 나섰다.

임칙서는 1839년 3월 광주에 도착하여 영국의 아편 상인들에게 아편 판매를 중지하겠다는 서약서를 요구하고, 그들로부터 2만 상자의 아편을 몰수하여 호문(虎門)에서 파기하였다. 임칙서는 서양에 대한 정확한 정보에 기초하여 아편문제의 해결을 시도하였다는 점에서 "눈을 열어 세계를 본" 대표적인 관료로 평가된다. 또한 아편문제에 적극적으로 대처하고, 영국의 침략에 적극 저항했다는 이유로 개명적이고 애국적인 인물로 평가되기도 한다. 그러나 그의 강경한 아편대책은 결국 영국에게 전쟁의 빌미를 제공하였다.

한편 영국의 무역감독관 엘리어트는 외상 파머스톤(Palmerston)에게 임칙서에 의한 아편의 몰수와 파기 사실을 보고하였고, 영국의회의 결의에 따라 영국 해군이 중국에 파견되었다. 이후 영국 해군은 주산(舟山)을 점령하고 북경을 향해 진격하였다. 도광제는 임칙서를 파면하고 기선(琦善 : 1790~1854)에게 협상에 나서게 하였다. 그러나 기선과 엘리어트 사이에 조인된 천비가조약은 청조와 영국 측 모두에게 거부되었다. 기선은 파면되고 전쟁이 재개되었다. 이 전쟁에서 중국은 항복하고 영국과 남경조약(南京條約)을 체결하였다.

남경조약은 중국의 첫 번째 불평등조약이었다. 조약의 주요 내용은 전쟁배상금 지불, 홍콩 할양, 5개 항(廣州·厦門·福州·寧波·上海)의 개항과 영사의 주재, 공행의 폐지 등이었다. 중국은 관세자주권의 상실과 치외법권 인정 및 최혜국 대우를 허용하는 불평등조약을 체결함으로써, 반식민지 반봉건사회로 전락하게 되었다.

당시 영국은 '자유무역'을 표방하는 제국주의 초기단계였다. 중국은 전쟁 없이 아편문제를 해결하려 했지만, 영국이 바라는 것은 전쟁을 통한 문호개방이었다. 실제로 남경조약에서 아편은 언급도 되지 않았지만, 아편 문호는 벌써 개방되어 있었다. 다만 2차 아편전쟁에 의해 아편이 합법적으로 수입되는 절차상의 문제만 남아 있었다.

(2) 태평천국(太平天國)의 농민운동

1850년 광서성 금전(金田)에서 태평천국 농민운동이 일어났다. 태평천국은 중국의 비밀결사의 전통을 계승한 측면을 갖고 있다. 태평천국에 참가한 사람들을 보면, 광산노동자, 짐꾼, 비밀결사 회원 등 몰락농민들이 많았다. 이 지역은 지주·소작인의 갈등이 첨예하고, 관리들의 수탈과 지주들의 착취가 심각한 지역이었다. 또 남경조약이 체결된 결과 상품유통노선이 광주에서 상해로 옮겨감으로써 운수노동자의 대량실업이 발생하기도 하였다. 거기에 아편전쟁 때문에 임시 고용되었던 10만에 달하던 향용(鄕勇)들이 전쟁 후 실업자가 되어 반란집단에 가세하기도 하였다. 지역적·혈연적 집단 사이의 계투(械鬪)도 이러한 사회적 분위기에 일조하였다. 본지인과 객가(客家) 사이의 갈등도 반란

발생의 주요한 요인이라고 하겠다. 태평천국은 바로 이 같은 반란의 토양에서 일어난 것이었다.

이 반란은 홍수전(洪秀全)을 중심으로 풍운산(馮雲山), 소조귀(蕭朝貴)등이 함께 일으켰다. 이어서 양수청(楊秀淸), 위창휘(韋昌輝), 석달개(石達開) 등이 반란에 참가하면서 세력이 커져 나갔다. 이러한 태평천국의 토대가 된 것은 배상제회(拜上帝會)라는 농민의 비밀결사였다.

배상제회는 기독교적 평등사상과 중국 전통의 이상사회인 대동(大同)을 실현하는 것을 목적으로 하였다. 그들은 농민의 피폐를 초래한 청조에 저항한다는 의미에서 변발(辮髮)을 자르고 장발을 하였기 때문에 장발적(長髮賊)이라고도 불렸다. 배상제회는 전족을 금지하여 남녀평등을 주장하고, 아편과 도박을 금지하며, 유교사상과 지주계급을 비판할 뿐만 아니라 농민의 영원한 희망인 토지의 평등한 소유를 규정한 『천조전무제도(天朝田畝制度)』를 발표했다.

초기 태평천국의 농민군은 기세좋게 진격하였다. 광서 금전에서 출발하여 무창(武昌)을 거쳐 1853년에는 남경(南京)을 점령하였다. 그러나 남경을 점령하고 이 곳을 천경(天京)으로 선포하고 안주하면서 태평천국 농민군은 내부로부터 붕괴하기 시작하였다. 농민군의 진격이 지체되었기 때문이기도 하지만, 초기의 열정이 점차 식어 가고 토지분배는 이루어지지 않은 상태에서 혁명지도자들 사이에 권력투쟁이 발생하였기 때문이다. 특히 홍수전과 양수청의 갈등으로 양수청과 위창휘가 살해되고, 석달개는 자신의 군대를 이끌고 반란세력에서 이탈해버렸다. 그 뒤 초기 태평천국의 혁명지도자들을 대신해서 홍인간(洪仁玕)과 이수성(李秀成) 등이 새로운 지도자로 등장하였다.

그 동안 청조와 열강은 태평천국을 진압하기 위한 연합전선을 형성하였다.

제1차 아편전쟁 이후 영국의 무역 상황은 별로 달라진 것이 없었고, 청조 내부에서는 오히려 대외강경노선이 형성되었다. 특히 청조가 태평천국 때문에 곤경에 처해 있던 상황에서 영국은 조약 개정을 요구하였다. 그러다 영국은 1856년 광주 주강(珠江) 하류에서 발생한 애로우호(Arrow) 사건을 빌미로 중국에 무력 침략을 개시하였다. 프랑스도 1856년 광서(廣西)에서 프랑스 선교사 살해사건을 핑계로 영불연합군을 구성하고 여기에 참전하였다.

처음에 영불연합군은 천진(天津)을 점령하고 천진조약을 체결하였지만(1858), 청조 강경파의 거부로 다시 북경을 점령하였다. 이 때 함풍제(咸豊帝)는 주전파 대신들과 열하(熱河)로 피난 가고, 영불연합군은 원명원(圓明園)이 파괴하였다.

영불연합군은 대외 화친파였던 공친왕(恭親王)과 북경조약을 체결하고, 많은 이권을 얻어내었다. 중국은 전쟁배상금의 지불 외에 추가로 항구의 개항, 구룡반도의 영국 할양, 외국인의 내지여행권 및 기독교 선교권의 인정, 외교사절의 북경 상주권과 개항장에 외국인 세무사의 임명을 허용하였다. 아편의 합법화도 이루어졌다.

이러한 이권의 획득으로 열강은 이제 더 이상 태평천국에 대해 중립을 지킬 필요가 없게 되었다. 그들은 청조의 중국지배를 유지시켜 주면서 자신들의 이권을 더욱 확대하는 길을 모색하였다. 이것은 태평천국에게는 결코 유리한 상황은 아니었다. 거기다가 태평천국의 유교에 대한 공격과 지주계급에 대한 적대적 자세는 증국번과 같은 유학자 관료들의 반격을 불러일으켰다. 그 결과 증국번(曾國藩)의 상군(湘軍)과 고든(Gorden)의 상승군(常勝軍)에 의해 태평천국은 1864년에 진압되었다.

태평천국의 영향으로 각지에서 반란이 일어났다. 서남부 지역에서

회민(回民) 등 소수민족이 반란을 일으키기도 하였고, 화북지역에서는 염군(捻軍)의 반란이 일어나기도 하였다.

⑶ 양무운동(洋務運動)

양무운동은 신유정변(辛酉政變 : 1861)에서 청일전쟁(1894)까지 청조와 한인관료들에 의해 전개된 자강운동이다. 중국의 자강과 부강을 실현하는 군사 중심의 근대화운동인 이 운동은, 중체서용론(中體西用論)의 절충론에 기초하여 중국 전통문화를 유지한 채 서방의 과학 기술 문명을 수용하고자 하였다. 이는 현실적으로 태평천국의 진압을 당면 목표로 시작되었기 때문에, 본질적으로 청조 지배체제를 강화하려는 성격을 벗어날 수 없었다.

제1차 아편전쟁에서의 패배에도 불구하고 청조는 그다지 변하지 않았다. 소수의 개명적 지식인들이 서양의 지식과 관련 정보를 소개하고 변화를 요구하였지만, 중국 사회에 미친 영향은 그다지 크지 않았다.

그러나 제2차 아편전쟁의 패배와 태평천국으로 인한 위기 속에서 청조는 더 이상 변화를 거부할 수 없었다. 청조의 주화파인 공친왕과 서태후, 그리고 태평천국을 진압하면서 서양 무기의 우수성을 경험한 증국번(曾國藩), 이홍장(李鴻章) 등 한인 지식층들이 중심이 되어 양무운동을 시작하였다.

35년 가까이 추진된 양무운동은, 신유정변에서 70년대 중반까지의 전단계와 70년대 후반부터 청일전쟁까지의 시기로 구분할 수 있다. 이 전후단계에 추진된 양무운동은 추진 과제와 지도적 인물 및 그 성과에서 차이가 있었다.

신유정변에서 시작한 초기 양무운동은 동치중흥(同治中興 : 1862~1874)이라고도 한다. 열하로 피난간 함풍제가 사망하자 어린 동치제를 즉위시킨 것은 주화파였던 서태후와 공친왕이었다. 서태후는 동치제를 섭정하면서 정치의 전면에 나서고, 공친왕은 내정과 외교를 장악하였다.

이들은 국내적으로 태평천국을 진압하는 데 전력하면서, 서양 열강과는 화친정책을 추진하였다. 이를 위해 공친왕(恭親王)은 총리각국사무아문(總理各國事務衙門)을 세웠다. 과거 청조의 대외관계를 담당하던 부서는 예부(禮部)와 이번원(理藩院)이었는데, 북경조약에 따라 새로 시작된 서양과의 외교업무를 위해 새로 기구를 마련한 것이다. 총리아문은 청조 양무운동의 첫 번째 조치였다.

동치중흥기에 추진된 초기 양무운동은 주로 유럽의 군사기술 및 군수산업을 중국에 도입하여 청조지배체제를 유지하려는 데 그 목적이 있었다. 이 정책을 추진한 주요 인물은 증국번(曾國藩) · 이홍장(李鴻章) · 좌종당(左宗棠) 등으로, 신식 무기를 갖춘 군대를 지휘하여 태평천국을 진압하였다. 이들은 1860년대 중반부터 각지에 군 공장을 설립하였다. 1861년에 증국번이 세운 안경내군계소(安慶內軍戒所)와 1862년에 이홍장이 세운 상해양포국(上海洋砲局)은 서양식 총포를 생산하기 위해 세운 초창기 양무기업이었다. 이러한 양무운동에 힘입어 청조는 태평천국뿐 아니라, 1870년대 후반까지 염군(捻軍)과 회민(回民)의 반란을 진압할 수 있었다.

태평천국을 진압한 후 양무관료들은 본격적으로 군수공업을 육성하기 시작하였다. 1865년에 이홍장이 세운 강남제조총국(江南製造總局 : 上海)은 최대의 군수공장으로 발전하여 1885년까지 15척의 군함을 생산하였다. 좌종당은 1866년에 복주선정국(福州船政局)을 세워 1869년 최초의 기선을 건조하고, 1882년에는 철제 순양함을 건조하기도 하였다. 그러나 이것들은 청불전쟁(1884) 때 파괴되어 버렸다.

양무운동의 중요한 목표 중 하나가 해군 건설이었다. 이 목표는 이미
이미 1861년부터 추진되었지만, 강남제조총국과 복주선정국이 세워지
면서 본격적으로 시도되었다. 이에 따라 천진에 북양해군, 오송에 동양
해군, 복주에 남양해군을 세우고, 1884년에는 남양함대 17척, 북양함대
15척, 복건함대 11척의 해군체제를 수립하게 된다. 그러나 서태후가
이화원을 건설하기 위해서 해군자금을 유용하면서 청조 해군의 주력이
었던 북양함대의 육성에 제동이 걸렸다. 거기에다 각 함대들은 개별적
으로 지휘를 받고, 훈련 부족과 장비의 낙후와 같은 치명적 약점을
안고 있었다. 청일전쟁의 패배는 이 약점을 적나라하게 보여준 사건이
었다. 양무운동 초기에 세워진 군수공장들도 총포와 화약, 군함을
제조하였지만, 공장에서 생산한 제품의 품질과 기업 운영에는 많은
문제점을 안고 있었다.

이러한 문제점에도 불구하고 양무운동은 중국 근대화에 다양한 파급
효과를 가져왔다. 외국어나 군사에 관한 지식과 서구 근대기술의 습득
을 위해 신식학교가 세워졌다. 1862년 북경에 경사동문관(京師同文館)
이 세워지고, 서양서적의 번역과 보급, 기술인력의 양성과 유학생의
파견 등으로 근대적 기술과 지식이 도입, 소개되었다. 이는 인재 양성의
측면에서 적지 않은 성과를 낳았다.

양무기업도 군수공업에서 점차 섬유, 광산, 철도, 기선, 전신, 제철
등으로 확산되었다. 새로운 기업에 대한 투자는 1870년대부터 시작되
었다. 민간자본을 끌어들인 새로운 기업경영 형태가 나타났는데, 그
중의 하나가 관독상판(官督商辦) 기업이었다. 1872년에 세운 윤선초상
국(輪船招商局)이 대표적인데, 이홍장이 상인과 매판의 자본을 모아
세우고 성선회(盛宣懷)와 정관응(鄭觀應)이 교대로 경영하였다. 1880
년에 이홍장이 세운 상해기기직포국(上海機器織布局), 1881년의 개평

(開平)탄광, 장지동(張之洞)의 한양제철소(漢陽製鐵所) 등은 양무시기 최대의 기업들이었다. 전신의 경우 1890년대에 전국적으로 부설되었고, 철도는 1875년 오송철도가 세워지면서 점차 전국적으로 확대되었다.

청불전쟁(1884)은 당시까지 성공하고 있는 듯했던 양무운동을 위기로 몰아넣었다. 사실 내부적으로는 태평천국운동을 비롯한 민중들의 반란을 진압하는 데 성공하였고, 많은 근대 기업들도 세워졌다. 그러나 초기 변법론자들(王韜, 鄭觀應, 何啓, 胡禮垣, 馬建忠)은 양무운동의 핵심인물인 이홍장의 대외 양보정책 등에 대해 비판적이었고, 양무파 내부도 분열되어 있었다. 양무기업의 운영에서도 무계획적으로 개별적 필요에 따라 중복투자가 행해졌다. 특히 양무기업과 관료들의 부정축재와 부패는 커다란 문제였다.

그럼에도 불구하고 양무운동으로 중국에서 일정 정도 근대화 내지는 공업화가 진행되었다는 사실은 인정할 필요가 있다. 민간기업 활동에 자극을 주었고, 양무기업에서 노동자 계층이 출현하였다. 특히 외국 서적의 번역, 학교 설립, 유학생 파견 등은 서양의 정치·사회사상이 중국에 유입되는 계기가 되었다.

⑷ 변법운동(變法運動)

1895년 청일전쟁의 패배는 중국인들에게 큰 충격을 주었다. 이 충격은 양무운동의 성과에 대한 비판으로 이어졌다. 양무운동 최대의 성과였던 북양(北洋) 해군이 객관적인 전력의 우세에도 불구하고 일본과의 해전에서 패하였다는 것이다. 과거 중국의 조공국가였던 일본이 메이지 유신 이래 그리 길지 않은 근대화 과정에도 불구하고 중국을 패배시킨 것은 중국인들에게 큰 충격이었다. 서태후와 이홍장은 패전의 책임을 지고 일선에서 물러났다.

여기에 1890년대 들어 열강의 중국침략은 새로운 양상을 보이며 전개되었다. 즉 양무시기와 달리 열강들은 자본수출을 통해 철도부설권, 광산채굴권을 획득하고 주요한 이권지역을 차지하는 등 서로의 세력범위를 설정하고 중국을 분할하려는 의도를 드러내었다.

이러한 민족적 위기를 맞아 변법을 제창한 인물들이 강유위(康有爲)와 양계초(梁啓超)였다.

양무운동 시기에도 근본적 개혁에 대한 요구는 있었다. 풍계분(馮桂芬), 왕도(王韜), 설복성(薛福成) 등은 열강의 위협에 대처하기 위해서는 내정개혁과 민간 상공업의 발전을 위한 변법이 필요하다고 강조하였다. 특히 청불전쟁을 거치면서 정관응(鄭觀應), 마건충(馬建忠) 등은 의회 개설과 입헌제 실시 등 정치제도의 개혁을 본격적으로 제기하기에 이르렀다. 이 동안 중국에 변법사상의 계몽을 주도한 인물들 중에 외국선교사들, 알렌(Y. J. Allen), 프라이어어(J. Fryer), 리차트(T. Richard) 등이 있었다. 이들은 언론과 학회활동을 통해서 변법의 필요성을 알리고자 노력하였다.

이러한 변법론을 실천으로 이끈 인물이 강유위였다. 그는 1888년 처음으로 공거상서(公車上書)를 통해 광서제에게 변법을 요구하고, 양계초 등과 함께 1891년에 만목초당(萬木草堂)을 열어 변법학술활동을 전개하였다. 강유위의 변법사상은 그의 저서인『신학위경고(新學僞經考)』,『공자개제고(孔子改制考)』,『대동서(大同書)』등에 잘 나타나 있다.

강유위는 1895년 4월 22일, 과거 응시생 1,200명과 연명하여 두 번째로 황제에게 변법을 요구하는 상서를 올렸다. 이 때 그는 마관(馬關)조약을 거부하고 수도를 옮겨 철저하게 저항할 것, 각종 제도를 근본적으로 개혁할 것을 요구하였다.

강유위는 본격적으로 변법 계몽운동을 전개하였다. 1895년 양계초 등과『중외기문(中外紀聞)』을 발간하고, 북경에 '강학회(强學會)'를 설립하였다. 보수파의 탄압을 받고 남경으로 도피해서는 상해 강학회를 세우고『강학보(强學報)』를 발간하기도 하였다.『강학보』는 장지동의 지원을 받아 간행한 것이었는데, 장지동이『강학보』의 공자 기원(紀元)을 문제삼아 지원을 중단하면서 간행이 불가능해져 다시『시무보(時務報)』를 창간하였다. 강유위의 이 같은 변법운동으로 전국에 잡지, 신문, 학회가 300여 개 출현하였다.

강유위는 광서제와 손잡고 명치 유신을 모델로 변법운동을 추진하고자 하였다. 사실 정계에서 물러났다고는 하지만 서태후와 보수파 세력의 청조 내에서의 영향력은 여전하였다. 변법파에게는 그들을 견제할 만한 실질적인 힘이 없었다. 젊은 학자들과 소수 관료들의 지지를 받는데 그치고 있던 변법파로서는 조정 내부에서 지지자가 필요하였다.

당시 광서제는 친정을 실시하면서 황제권 강화를 통한 청조의 근대화를 도모하고 있었다. 여기에 광서제가 변법파가 손을 잡을 수 있는 여지가 있었고, 그 계기는 1897년 12월의 5차 상서였다. 당시 강유위는 메이지 유신을 모델로 삼아 황제가 개혁을 주도할 것을 요청하였다. 1898년 6월 광서제는 변법을 국시로 하는 조칙을 발표하고 변법을 추진하였다. 주요 내용은 팔고문(八股文)의 폐지와 과거제의 개혁 및 신식학교제도의 설립 같은 교육개혁, 신문 잡지의 발행과 같은 언론개혁, 용관(冗官)의 폐지와 인재등용과 같은 정치개혁, 농업·공업·상업·광무의 진흥을 위한 관청 수립, 우편업무 실시, 육·해군의 근대화 등이었다. 이것을 무술변법(戊戌變法)이라고 한다. 광서제는 이 같은 개혁을 실행하기 위한 기구로 제도국(制度局)을 세우고 강유위, 담사동

(譚嗣同) 등 변법파를 등용하였다.

이 변법유신은 결국 서태후의 반격으로 실패하였다. 1898년 9월 23일 서태후는 광서제를 유폐시키고 담사동 등을 처형하였다. 강유위 등은 일본으로 망명길을 떠났다. 무술변법은 103일 만에 종결되었다.

이들 무술변법파 지식인들은 서양 선교사가 1887년에 조직한 광학회 (廣學會)의 개혁안에 영향을 받았기 때문에 제국주의에 대한 대결 자세에 약점이 있다는 비판을 받는다. 그러나 양무파의 무능과 부패를 비판하고, 제국주의 열강의 침략이 강화되는 가운데 민족자본가층의 요구에 부합하는 개혁정책을 추진한 의의는 중요하다.

(5) 의화단(義和團)운동과 청조의 신정(新政)

의화단운동은 제국주의 열강의 침략에 대한 민중의 배외운동으로, 교회와 선교사에 대한 공격으로 시작되었다. 아편전쟁 이후 중국에서 서양선교사들이 활동을 시작하면서 민중과 기독교도나 교회 사이에 갈등이 빚어지고 충돌이 일어났다. 이것을 교안(教案)이라고 한다.

반기독교운동은 처음에는 신사층이 주도하면서 교회와 선교사를 공격하였다. 1870년의 천진교안(天津教案)이 대표적인데, 이 교안을 계기로 반기독교운동이 전국으로 확산되었다.

교안이 발생한 원인은 다양하지만 상당 부분은 무지와 오해에 기인한 것이었다. 기본적인 교리 문제에서 기독교는 중국의 전통적인 유교와 충돌하여 지주신사층들의 반감을 샀다. 선교사들의 향촌 빈민 구제사업과 지방관과의 밀착은 신사층의 역할을 위협하는 것이었다. 선교사들은 열강을 배경으로 각종 소송에서 기독교도들을 비호하였으며, 지방관들은 분쟁을 피하기 위해 선교사들의 비위를 거스르지 않으려 했다. 이렇게 되자 민중들은 선교사를 중국침략의 앞잡이로 인식하였고 여기

에 문화적인 무지와 오해가 곁들여졌다. 선교사들은 무리한 선교 활동
을 전개하다가 민중과 충돌하는 경우도 있었는데 특히 천진교안 때는
고아원에서 어린아이를 살해하여 약재로 쓴다는 유언비어가 나돌기도
하였다.

　여기에 청일전쟁 후 열강의 중국침략이 강화되면서 지식인과 관리들
을 비롯하여 광범위한 민중층의 위기의식은 더욱 고조되었다. 청조의
무능함을 목격한 그들은 열강의 중국 분할위기 속에서 반청(反淸)운동
과 결합하고, 비밀결사(哥老會)들이 참가하는 대대적인 배외운동을
전개하였다. 당시 독일과 프랑스는 자신들과 관련된 교안이 발생하면
그것을 핑계로 어떻게든 중국으로부터 각종 이권을 빼앗았다. 독일은
1887년 산동의 거야(鉅野)교안을 핑계로 교주만(膠州灣)을 조차하였
고, 프랑스와 영국도 교안을 이용하여 각종 이권을 경쟁적으로 침탈하
여 중국을 과분(瓜分)하려고 하였다.

　이러한 상황에서 1898년 산동에서 시작된 의화권(義和拳)을 중심으
로 하여 농민운동이 일어났다. 의화권은 권법을 익히면 총알도 피할
수 있다는 믿음을 가지고 교세를 확장하였고, 1899년 산동 평원(平原)교
안을 계기로 더욱 확산되었다. 원세개의 탄압으로 잠시 위축되는 듯했
으나, 유례없이 혹독한 가뭄으로 도탄에 빠진 민중들은 선교사와 교회
때문에 가뭄이 들었다고 주장하면서 각지로 흩어져 철도와 전신 등
열강과 관련된 시설물들을 파괴하였다. 민중의 힘을 목격한 서태후는
의화권을 공인하여 열강을 중국에서 몰아내겠다는 야망을 품고 그들을
앞세워 열강에 선전포고 하였다. 이렇게 되자 의화단의 구호는 '부청멸
양(扶淸滅洋)'으로 바뀌고, 북경으로 들어가 외국공관들을 포위하고
농성하기 시작하였다.

　한편, 서태후가 무리하게 선전포고까지 하며 의화단을 이용하여 전

쟁을 일으키자, 이홍장 등은 동남호보(東南互保)를 결성하여 중립을 선언하였다. 북경 공관이 의화단에 포위되자, 열강은 8개국연합군을 조직하여 북경으로 진격하였다. 궁지에 몰린 서태후는 이홍장에게 열강과 협상하게 하여 신축조약(辛丑條約)을 맺고 열강에게 많은 이권을 넘겨주었다.

이제 서태후도 더 이상은 개혁을 거부할 수 없게 되어, 신정(新政)의 실시를 발표하였다. 1901년 청조는 경제·교육·군사·재정 등 다양한 방면에서 개혁을 추진한다고 선언하였다. 내용은 무술변법 시기 강유위의 요구사항을 대체로 반영한 것이었다. 신정의 실시는 청조의 개혁의지를 보여주는 것이었기는 하지만, 시기적으로 이미 늦었으며 시행의지 역시 미약하였다.

신정의 추진에 필요한 재원을 마련할 수 없었던 청조는 각종 세금을 늘리는 방법을 쓸 수밖에 없었다. 이는 막 성장하고 있던 민족자본가와 농민 상인들의 항연항세투쟁을 촉발하여, 오히려 청조의 붕괴를 촉진하는 결과를 가져왔다.

특히 신사층은 입헌론(立憲論)을 제기하면서 적극적인 정치개혁을 요구하기 시작하였다. 이들의 요구를 거부할 수 없었던 청조는 결국 자의국(諮議局)을 개설하기에 이른다. 자의국 신사들은 나아가 국회를 서둘러 개설하라는 운동을 전개하였다. 청조는 그들을 탄압하면서도 이 요구를 무시할 수는 없었다. 이렇게 해서 1911년 5월에 황족(皇族) 내각이 성립하였지만 이는 입헌파 신사들에게 엄청난 실망을 가져다주었다. 이제 청조를 지지하면서 개혁을 요구하였던 입헌파 지식인들조차 청조에 등을 돌리고 혁명을 지지하게 되었다.

2) 현대 중국의 분열과 통일

(1) 신해혁명(辛亥革命)과 중화민국(中華民國)의 건국

신해혁명을 통해서 전통적인 황제지배체제가 무너지고 공화국이 수립되었다. 이 혁명은 반(半)봉건과 반(半)식민지라는 근대 중국사회의 구조적 문제점을 해결하지 못했다고 평가 절하되기도 하지만, 20세기 중국사회의 변동이라는 거대한 혁명의 기원 혹은 출발점으로 중요한 의미를 갖고 있다.

신해혁명은 손문(孫文 : 1866 : 1925)의 혁명운동에서 시작되었다. 손문은 광주(廣州)에서 교육받고 하와이에서 활동한 지식인이었다. 그는 하와이에서 홍중회(興中會)를 조직하면서 혁명사상을 갖게 되어 광주에서 무장기의를 시도했으나 실패하였다. 일본, 미국, 영국 등에서 망명생활을 하며 해외에서 지지세력을 확보하고, 삼민주의(三民主義) 등 자신의 혁명이론을 수립하였다.

손문은 일본에서 유학생을 중심으로 1905년 중국동맹회(中國同盟會)를 세우면서 본격적으로 혁명운동을 시작하였다. 동맹회원은 청조 신정의 일환으로 파견된 해외유학생들로서 일본에서 다양한 서구사상을 경험하고 중국의 현실을 파악하면서, 점차 혁명사상을 갖게 되어 청조 타도를 외치는 혁명운동의 주역으로 나섰다. 이 가운데 특히 장병린(章柄麟)과 황흥(黃興), 진천화(陳天華) 등은 유학생들을 조직하여 혁명운동을 전개한 중요 인물들이다.

황흥과 송교인(宋敎仁)은 1903년에 화흥회(華興會)를 조직하였고, 채원배(蔡元培), 장병린 등은 광복회(光復會)를 세웠다. 중국 각지로 퍼진 이러한 혁명운동의 결집체가 바로 중국동맹회였다.

중국동맹회는 "청조를 몰아내고(驅除撻虜), 중화를 회복하며(恢復中華), 민국을 건설하여(建立民國), 지권을 평등히 한다(平均地權)"는 강령을 채택하고 손문을 초대 총리로 추대하였다. 그리고 손문의 삼민주의를 혁명파의 지도이론으로 확정하고, 1907년까지 주로 국내에서 무장봉기를 통한 혁명운동을 전개하였다. 그러나 무장봉기가 모두 실패로 돌아가자 동맹회 내부에서 분열이 일어났고, 손문은 다시 해외망명길에 올랐다.

그동안 중국 내에서는 미국 상품 보이코트 운동과 이권 회수운동이 광범위하게 전개되고 있었다. 이 운동은 민족자본가와 지방 신사층들에 의해 주도되었는데, 특히 철로 이권회수운동은 사천지역에서 활발히 전개되어 철도이권을 회수하는 성과를 올리기도 했다. 그러나 1911년 5월에 세워진 청조의 황족내각이 이 철로의 국유화를 선언하자 사천지역에서 대대적인 보로(保路)운동이 일어났다.

사천의 보로운동을 진압하기 위해 청조는 신군(新軍)을 동원하였다. 그런데 그 군대에는 혁명파가 침투해 있었고, 그들이 1911년 10월 10일 무창(武昌)에서 봉기하였다. 혁명군은 여원형(黎元洪)을 도독으로 추대하여 혁명군 정부를 건립하고, 국호를 중화민국으로 개칭하여 각 성의 독립을 촉진하였다. 12월에는 남경을 임시정부의 소재지로 정하는 동시에 황흥을 대원수로, 여원홍을 부원수로 선출하였다.

12월 29일 뒤늦게 귀국한 손문을 임시대총통에 선출하고, 1912년 1월 1일 중화민국의 성립을 정식으로 선포하였다. 그러나 열강이 원세개를 지지하는 등 주도권을 장악하지 못한 임시정부는 원세개(袁世凱)에게 공화제 유지와 황제 퇴위를 조건으로 하여 총통에 추대하겠다는 타협을 하게 되었다.

1912년 3월 북경에서 취임식을 거행한 원세개는 공화국의 유지라는 초반의 약속을 어기고, 반대파를 암살하고 헌법과 의회를 약화시키는 음모를 꾸몄다. 1914년 그는 종신 대총통이 되었고, 심지어 황제에 오르려는 계획을 세웠다. 그러나 일본이 중국에 내민 21개조 요구에 대한 시민들의 반대로 이 계획은 좌절되고, 1916년 6월에 사망하였다.

원세개가 사망한 후, 그의 부하들은 북경정부에서 권력을 장악하거나 지방에서 군벌세력이 되었다. 혁명파는 이들 군벌에 밀려 권력을 상실하고 새로운 혁명을 전개하게 되었다.

⑵ 5·4운동과 중국공산당의 창당

제1차 세계대전이 일어나자 1917년 북경정부는 연합군에 가담하여 독일에 선전포고를 하였다. 연합군의 승리로 전승국이 된 중국은 전쟁이 끝난 뒤 열린 파리 강화회의에서 외국 열강이 중국에서 차지하고 있는 각종 이권을 회수할 수 있을 것으로 기대하였다. 그러나 그것은 이뤄지지 않았다. 중국의 베르사이유 대표들은 평화조약의 서명을 거부하였지만, 규정은 바뀌지 않았다.

파리 강화회의의 소식에 접한 중국인들은 배신감과 분노를 느꼈고, 1919년 5월 4일, 북경에서 학생들이 시위를 일으켰다. 여기에 노동자와 상인들이 참가하고, 운동은 주요 도시로 확산되었다.

학생들의 시위로 시작된 5·4운동은 유교를 공격하고, 구어체 운동을 개시하고 과학을 장려하였다. 듀이(John Dewey)와 러셀(Bertrand Russell) 같은 국제적으로 저명한 학자들이 중국에 초빙되어 강연을 하였고, 새로운 사상을 고취하는 많은 잡지가 간행되었다.

5·4운동 후기에 진독수(陳獨秀)와 이대조(李大釗) 등은, 중국의 사회개혁을 도모하던 중 1917년의 러시아 혁명의 성공에 크게 고무되었다. 그들은 사회주의 사상을 『신청년(新靑年)』 등의 잡지를 통해 중국에 소개하였다.

이러한 상황에서 중국공산당이 창당되었다. 모택동을 포함한 공산주의 운동가들이 1921년 7월 23~31일에 상해에서 중국공산당을 창당하고, 제1차 전국대표대회를 열었다. 그러나 당시에는 중국공산당이 소규모였기 때문에 주목하는 사람은 별로 없었다.

(3) 국공합작(國共合作)과 북벌(北伐)

사회주의혁명에 성공한 소련은 중국에서 동맹세력을 찾고 있었다. 코민테른의 대표 요페(A. Joffe)가 손문을 만나기 위해 중국을 방문하였다. 소련은 중국의 공산화를 위한 동맹자를 필요로 했고, 손문은 소련으로부터의 군사적 지원이 필요하였다. 이에 1923년 1월 26일 손문-요페 공동선언과 함께 국공합작(國共合作)의 시대가 시작되었다.

공산당은 개인 자격으로 국민당에 입당하였고, 소련의 도움에 따라 국민당 군대가 만들어졌다. 장개석(蔣介石)은 모스크바에 가서 군사훈련을 받고 돌아와 군벌과 싸울 군대를 육성하기 위해 세운 황포(黃埔)군관학교 교장에 취임하였다. 당시 중국 공산당의 주은래(周恩來)는 황포군관학교의 정치부 주임을 맡고 있었다.

군벌을 제거하고 북벌을 꿈꾸던 손문은 결국 1925년 3월 12일 사망하였다. 손문을 계승하여 국민당의 지도자가 된 장개석은 1926년 7월북벌을 개시하여 거의 저항을 받지 않고 순조로운 북진을 계속하여 1927년 4월 양자강 하류에 도착하였다.

국민당 좌파와 결별한 장개석은 1926년 3월 20일 중산함(中山艦) 사건을 일으켜 공산당을 탄압하고, 1927년 4월 12일 소위 '상해 반공쿠데타'를 일으켰다. 이 때 국민당 군대가 상해를 점령한 후 공산당이 지도하던 모든 파업은 유혈 참사 끝에 진압되었다. 1927년 4월 남경에서 자신의 정부를 수립한 장개석은 7월에 국민당에서 공산주의자들을 완전히 몰아내었다.

공산당과 결별한 뒤 장개석은 북벌을 재개하여 1928년 북경을 차지하였고, 중국은 공식적으로 통일되었다. 장개석의 국민당은 서구 열강에게 인정을 받고 외국은행으로부터 차관을 통해 지지를 받게 되었다.

(4) 장개석의 반공(反共)정책과 모택동의 대장정(大長征)

장개석에게 쫓겨 도시에서 밀려난 공산주의자들은 향촌으로 들어가 농민들을 조직하는 데 집중하였다. 1931년 11월 1일 모택동을 주석으로 하여 강서성 서금(瑞金)에 중화소비에트공화국 임시정부가 건립되었다. 중국 노동자와 농민의 제1홍군도 조직되었다. 이 곳에서 게릴라 전술을 익히는 동안, 병사들은 투쟁에서 승리하기 위한 최선의 방법은 농촌통제와 식량공급의 장악을 통해 도시를 고립시킨다는 모택동 이론에 기초한 토지혁명을 시행하였다.

중국을 통일한 장개석은 공산당을 완전히 제거하려고 시도하였다. "외부의 침략을 막기 전에 먼저 내부의 평화를 이룩해야 한다"는 반공정책을 수립한 그는 이 같은 반공정책이 일본의 침략에 대항하는 것보다 더 중요하다고 주장하였다. 그리고 1930~1934년 사이에 약 백만 명의 공산군을 살해하는 대대적인 '섬멸작전(圍剿作戰)'을 전개하였다.

장개석은 다섯 번째 위초작전에서 50만 명의 군대를 동원하여 공산주의자들을 거의 궤멸시켰다. 강서성에서 죽을 때까지 싸우자는 주장을 물리치고 모택동의 공산당은 결국 탈출을 감행하기로 결정하였다. 1934년 10월 15일, 빈틈없는 국민군의 포위를 뚫고 십만 명 이상의 공산군이 중국에서 가장 거친 바위투성이의 산악지대를 넘어 서북지역의 새로운 근거지를 찾아서 9,600km가 넘는 대장정(大長征)을 떠났다. 이 때 홍군은 국민당군과 지방 군벌들과 싸우면서 11개 성을 통과하였고, 18개 산맥을 넘었으며, 17개의 큰 강을 건넜고, 62개의 마을을 공략하였다.

그 동안 일본군은 점차 중국 내부로 침입해 들어왔다. 1931년 9·18 만주사변은 남만(南滿)철도 주변에 주둔해 있던 일본 장교들에 의해서 조작되어 발생한 사건으로, 이 사건을 계기로 일본은 만주를 지배하고 1932년에는 만주 괴뢰국을 수립하였다.

1930년대 중반까지 내몽골을 점령하고 중국 동북부의 상당 부분을 점령한 일본군은 국민당으로부터 거의 저항도 받지 않고 화북을 점령하고 그 곳에 자치정부를 세웠다. 중국 내에서는 반일감정이 고조되었지만 장개석은 무시하였다.

장개석은 1936년 섬서성 연안(延安)으로 숨어든 모택동의 공산군을 섬멸하기 위해 토벌 작전을 재개하였다. 그러나 당시 섬서성에서 공산군을 진압할 책임을 지고 있던 장학량(張學良)은 불만이었다. 자신의 아버지 장작림(張作霖)이 일본군에게 폭사되었고, 자신들의 근거지인 만주가 일본에 넘어간 상황에서 공산군만 토벌하고 있다는 것에 대한 불만이었다. 장학량은 장개석에게 항일전쟁을 요구하였고, 공산군의 토벌을 서두르지 않고 오히려 주은래와 접촉하며 국면의 전환을 모색하였다.

장학량은 공산군 토벌을 독려하기 위해 1936년 12월 12일에 서안에 도착한 장개석을 체포하여 연금시켜 버린 후 반공정책의 포기를 강요하였다. 그리고 장개석이 중국공산당과 함께 일본에 대항하는 항일연합전선을 결성할 것을 주은래와 합의하고서야 놓아주었다.

⑸ 항일연합전선과 중국공산당의 승리

중국에서 제2차 세계대전은 노구교(蘆溝橋) 사건으로 시작되었다. 1937년 7월 7일 북경 근처의 노구교에서 중국군과 일본군 사이에 작은 군사적 충돌이 일어났고, 며칠 만에 일본군은 북경을 점령하였다. 일본 군은 2년 만에 중국의 동남 연안지역의 대부분, 즉 상해, 남경, 광동 같은 주요 도시들을 점령하였다. 국민당정부는 후퇴에 후퇴를 거듭하 며 사천성 중경(重慶)까지 도망을 갔다. 일본은 1937년에 북경에 괴뢰정 부를 세우고 1940년에는 남경 괴뢰정부를 세웠다.

궁지에 몰려서도 장개석은 항일전쟁에 적극적이지 않았다. 한편으로 는 서북지역의 공산주의자들을 봉쇄하고, 미국이 자신들을 도와줄 때 까지 마냥 버티고 있었다. 미국으로서는 태평양전쟁을 승리로 이끌기 위해 중국대륙에 진출해 있는 일본군에게 타격을 줄 필요가 있었고 따라서 중국국민당과 공산당에 대해 군사적 지원을 아끼지 않았다.

이같은 미국의 국민당에 대한 지원에도 불구하고, 중경의 국민정부 는 국민으로부터 지지를 받지 못하고 있었다. 국민당 치하의 관료의 부패와 소수 자본가들의 이권 독점, 도시 중산계급의 빈곤화와 군대의 사기 저하 때문이었다.

반면 중국공산당은 항일전쟁을 전개시켜 나가면서 한편으로는 농촌 에 자신들의 세력을 확대하고 있었다. 연안에 도착했을 당시 거의 패망 직전으로까지 몰렸던 공산당은 항일전쟁을 계기로 세력을 회복하고 있었다.

1945년 5월 유럽에서 제2차 세계대전이 끝난 뒤 소련은 7월 말에 항일전쟁에 참가하였다. 8월 6일과 9일 미국은 세계 최초로 원자폭탄을 일본의 히로시마와 나가사키에 투하하였고 마침내 일본은 항복하였다.

일본이 항복하자 1945년 8월 중국공산당 대표와 국민당 사이에 협상 이 시도되었다. 이제 미국은 중국공산당을 견제하기 위해 장개석 정부 에 막대한 자금과 군수물자를 지원하였다. 무기와 장비 면에서는 국민 당의 우위가 확실하였다. 그러나 그것은 도시에서뿐이었다. 공산당은 도시 주위의 농촌을 장악하고 있었다. 게다가 도시에서 인플레이션이 심화되자 시민·학생 및 군인과 노동자들의 시위가 이어져 국민당 정부의 지위는 흔들리고 있었다.

중국공산당은 연합정부를 제의하였다. 그러나 국민당은 거부하였고, 내전이 다시 시작되었다. 초기에는 미국이 국민당 군대에 대해 대규모의 공수를 해준 덕분에 국민당이 우세를 점하였었다. 그러나 중국공산당은 만주전투와 회수유역 전투에서 결정적 승리를 거두었다. 1948년 10월 만주전투에서 30만 명의 국민당 군대는 공산당 군대에 항복하였고, 1948년 말까지 국민당은 50만 명 이상의 병사를 잃었다. 1949년 4월 공산당은 양자강 남쪽으로 진격하여 남경과 상해를 점령하여, 티벳을 제외한 중국 대륙의 모든 영토를 차지하였다. 장개석은 국민당과 군대를 이끌고 대만으로 도망갔다.

(6) 중화인민공화국의 성립과 발전

1949년 10월 1일 모택동은 천안문에서 중화인민공화국의 성립을 선포하였다. 이제는 피폐해질 대로 피폐해진 국민경제를 회복시킬 차례였다. 우선 모택동은 1949년 12월 소련을 방문하여 지원을 요청하였고, 한국전쟁을 통해 중소관계는 더욱 긴밀해졌다. 1953년부터 소련의 원조에 힘입어 제1차 경제개발 5개년계획(1953~1957)을 실시하였다.

1950년대 전반기에 모택동은 사회주의 국가의 건설을 위해 다양한 개혁과 정책을 실시하였다. 우선 1950년 6월 토지개혁을 실시하여 농민과의 약속을 지켰다. 그리고 구 사회의 잔재를 제거하기 위한 사상개조 운동으로서 삼반(三反)·오반(五反) 운동을 전개하였다.

1954년 9월에는 전국인민대표대회(제1기 제1회)가 개최되어, 헌법이 제정되고 주은래가 총리가 되었다. 외교적으로는 1955년 4월에 열린

제1회 아시아 · 아프리카 회의(반둥회의)의 성공적인 개최로 중국의
유연한 외교자세를 대외적으로 과시하였다.

　모택동이 실시한 초기 정책들은 1950년대 중반부터 문제점을 드러내
기 시작하였다. 토지개혁은 완료되었으나 농업 생산은 기대에 미치지
못하였고, 이에 새로이 농촌을 조직화하는 토지집단화와 공동경작이
시도되었다. 도시의 지식인들 가운데는 모택동과 중국공산당의 정책을
비판하는 목소리를 높였고, 이에 모택동은 1956년 5∼6월에 걸쳐 '백화
제방 · 백가쟁명(百花齊放 · 百家爭鳴)' 운동을 추진하였다.

　내부 모순을 약화시키고자 한 이 운동은 1956년 2월 소련공산당
제20회 대회에서 일어난 스탈린 격하운동에 대한 위기의식을 반영한
것이기도 하였다. 우선 모택동은 중국공산당 8전대회에서 자신의 지위
를 확고히 하고, '백화제방 · 백가쟁명' 운동이 중국공산당과 모택동에
대한 비판으로 확대되자 소위 반우파 투쟁을 전개하여 비판세력을
대대적으로 숙청하고, 당내에서도 정풍운동을 통해 비판세력을 제거하
였다.

　모택동은 지도권을 공고화한 뒤 1958년에 대약진운동을 실시하였다.
대약진운동이란 삼면홍기(三面紅旗) 운동으로, 총노선(總路線) · 대약
진(大躍進) · 인민공사(人民公社)를 가리킨다. 특히 이것은 국가 전체
를 총동원하여 대량의 노동력을 집중 투입함으로써 생산력을 높이고
사회주의 국가의 건설을 앞당기고자 한 정책이었다. 그러나 대약진운
동은 엄청난 자원과 노동력의 낭비만 초래하였다. 전국의 농민이 모두
이 운동에 동원되어 농촌은 피폐해지고 최악의 빈곤 상태에 놓이게
되었다. 국방장관 팽덕회(彭德懷)가 이 점을 비판하고 나서자, 모택동은
그를 파면하고 임표(林彪)를 국방장관에 새로 임명하였다. 그러나 결국
대약진운동의 실패가 분명하게 드러나자 모택동은 국가주석의 지위를

유소기(劉少奇)에게 넘겨주고 정치 일선에서 물러났다.

유소기는 당총서기 등소평(鄧小平)과 함께 경제 조정정책에 착수하였다. 먼저 대약진운동 중에 극단적으로 왜곡된 중국 경제를 회복시켜야 했다. 이에 반우파 투쟁으로 숙청된 인사들을 복권시키는 등 행정력을 발휘하여 경제를 대약진운동 이전의 수준으로 회복하였다. 그리고이 같은 성과에 기초하여 주은래는 1964년 제3기 전국인민대표대회에서 '농업·공업·국방·과학기술'의 4개 현대화를 통한 사회주의 국가건설의 방침을 제시하였다. 이제 중국은 착실히 경제력을 회복하며성장할 것이라고 기대되었다.

그러나 모택동은 중소분쟁과 주자파의 등장을 경계하며 사회주의이념을 다시 강조하여 농촌에서 사회주의 교육운동을 실시할 것을지시하였다. 그런데 당내에서 소수파에 지나지 않았던 모택동 지지세력은 그 변화의 실마리를 북경이 아닌 상해에서 찾았다. 그 첫 신호탄은1965년 11월 10일 요문원(姚文元)이 북경 부시장 오함(吳晗)의『해서파관(海瑞罷官)』을 비판한 것이었다. 이를 계기로 문예분야에서 대대적인 이념논쟁이 시작되었다. 북경대학과 청화대학에는 당 관료를 비판하는 대자보가 나붙기 시작하였고, 북경대학에서 홍위병(紅衛兵)이조직되어 활동을 시작하였다. 모택동은 1966년 5월 이러한 운동을 '프롤레타리아 문화대혁명'으로 규정하고, '조반유리(造反有理)'를 외치는 홍위병을 동원하여 관료주의, 권위주의, 반사회주의 분자들을 대대적으로 숙청하였다. 모택동의 동맹세력인 임표를 통해 인민해방군까지이 권력투쟁에 동원시켰다. 그리고 "자본주의의 길을 걷는 한 줌의실권파"인 주자파(走資派)로 유소기와 등소평을 지목하고 이들을 숙청하였다.

문화대혁명은 공산당을 직접 공격하고, 그 선두에 모택동이 서서 직접 공격했다는 데 특징이 있다. 모택동은 이 문화대혁명을 통해 다시 권력을 장악하게 되었지만, 그 결과 엄청난 혼란과 폐단을 초래하였다. 국내의 사회질서가 파괴되고, 생산 기반은 무너졌으며, 국제적으로는 완전 고립되어 버렸다. 1969년 3월 진보도(珍寶島)의 영유권을 둘러싼 국경분쟁은 군사충돌로까지 발전하였다.

그러다 1972년 미국 대통령 닉슨이 중국을 방문하면서 냉전체제에 변화가 생겼고, 강청(江靑) 등 '사인방(四人幇 : 江靑·姚文元·王洪文·張春橋)'은 주은래를 제거하고 모택동 사후에 권력을 장악하기 위해 '비림비공(非林非孔)' 운동을 전개하였다.

이러한 치열한 권력투쟁의 와중에 1976년 1월 8일 주은래가 사망하였다. 그리고 4월 5일에는 북경 시민들이 천안문광장에 모여 주은래의 죽음을 애도하는 과정에서 유혈사태가 발생하였다. 등소평은 이 사건에 책임을 지고 물러나고 화국봉(華國鋒)이 등장하였다. 이어 7월에는 주덕(朱德)이 사망하고 9월에는 모택동도 사망하였다. 모택동이 사망하자 화국봉 수상은 사인방을 체포하였고, 마침내 문화대혁명은 종말을 고하였다. 1977년 등소평이 재차 부활하고, '4대 현대화노선'이 다시 제기되었다. 이후 중국은 등소평체제 하에서의 개혁과 개방이라는 정책 변화를 경험하게 된다.

2. 영상자료

1) 아편전쟁(鴉片戰爭, The Opium War)

방송일시	1997년 12월 1일, 蛾眉電影 제작
상영시간	130분
주 제 어	아편전쟁, 임칙서(林則徐), 광주(廣州), 남경조약(南京條約), 도광제(道光帝), 영정양(零丁洋), 덴트, 마제은(馬蹄銀), 익화행(益和行), 아편연관(鴉片煙館, Opium House), 관천배(關天培), 등정정(鄧廷楨), 엘리어트(Elliot), 호문(虎門), 파머스톤(Parmerston), 빅토리아여왕, 정해(定海), 기선(琦善), 천비가조약(川鼻假條約), 홍콩(Hong Kong)

| 내용 소개 |

이 영화는 아편전쟁 시기(1838~1842) 임칙서(林則徐)의 아편 단속과 아편전쟁의 개전을 다루고 있다. 아편전쟁에서 패한 중국은 남경조약(南京條約)을 체결하고, 이 조약으로 불평등조약체제에 편입되면서 서구 열강의 반(半)식민지 상태로 전락하게 되었다. 따라서 중국에게 이 전쟁의 패배는 그야말로 씻을 수 없는 치욕이었고, 이 전쟁에 관계한 청조 관료들은 그 대응에 따라 평가가 전혀 달라진다. 대표적인 경우가 임칙서(林則徐)와 기선(琦善)이다. 영국 침략에 적극 대응한 임칙서의 경우에는 그의 민족주의적 저항의식을 높이 사서 애국자라고 평가한다. 그러나 영국의 힘을 보고 싸워도 이길 수 없다고 판단한 뒤 타협책을 제시한 기선은 매국노가 되었다.

이 자료는 아편전쟁 150주년을 맞아 다큐멘터리물로 제작된 영화로서, 임칙서에 초점을 맞추어 그의 애국주의적 모습을 강조하는 경향이 있음을 염두에 둘 필요가 있다. 상당 부분은 사실적인 내용으로 구성되어 있지만, 아편이 중국에서 문제가 되는 과정은 다루지 않았다. 먼저 아편이 문제가 되는 과정부터 살펴보기로 한다.

아편의 원료인 양귀비(罌粟)는 아라비아 상인들을 통해 400년경 중국에 전해졌고, 당나라 때부터 재배되기 시작하였다고 한다. 붉고 풍만한 아름다운 모습 때문에 당 현종(玄宗)의 애첩 '양귀비(楊貴妃)'의 이름을 갖게 되었다. 마취와 진통 효과가 있어 『본초강목(本草綱目)』에 약재로 소개되었으며, 민간 상비약으로 많이 사용되었다.

양귀비가 담배처럼 흡연의 대상이 된 것은 1600년경 네덜란드 상인들이 양귀비를 가공하여 복용할 가능한 상품으로 만들게 되면서부터였다. 양귀비를 재배하여 꽃잎이 떨어지고 난 뒤 칼로 씨앗주머니에 흠집을 내면 검은색 진액이 흘러내린다. 이것을 모아 달인 것이 아편인데, 차에 태워 마시거나 아편 담뱃대로 흡연할 경우 진한 환각상태를 경험하게 된다.

그런데 중국에서는 양귀비가 처음에 약으로 분류되어 있었기 때문에 합법적으로 수입되었다. 그러나 아편의 해로움이 알려지면서 건강과 도덕적인 이유로 아편이 금지되었다. 아편 금지정책에도 불구하고 영국 동인도회사의 아편밀수로 중국인은 급속도로 아편에 중독되어 갔다. 중국인이 아편을 흡연하게 된 동기는 여러 가지지만, 약재로 사용하던 경험 때문에 익숙한 것이었다는 점, 그 해로움을 제대로 알지 못하였다는 점, 사회의 도덕적 기강의 해이, 그리고 관리의 부패 및 상인들의 아편 밀수 등을 이유로 들 수 있다. 그러나 무엇보다도 아편을 흡연함으로써 경험할 수 있는 쾌락이 주요 요인이었을 것이다. 아편 중독자들이 연관(煙館)에서 서로 마주보고 누워서 아편을 흡연하는 모습은 19세기 중국 아편사회의 전형이었다.

18세기 중국은 '건륭성세(乾隆盛世)'로 불릴 정도로 번영하였다. 당시 무역적자에 시달리던 영국 동인도회사가 발견한 것은 바로 인도에 재배되어 중국에 밀수되고 있던 아편이었다. 영국은 아편을 이용하여 중국으로부터 은(銀)을 회수하려 하였다. 아편 밀수가 증가하자 영국은 무역의 이익을 누리기 시작하였고 상인들은 앞다투어 중국 아편밀수에 뛰어들었다.

이에 대해 중국이 초기에 보인 대응은 미온적이었다. 그러나 아편 때문에 은의 유출이 커지면서 중국은 재정위기를 맞게 되었다. 은의 부족은 가치의 급등을 가져오고 동전 가치는 떨어졌다(銀貴錢賤). 이에 허내제(許乃濟)는 아편무역의 합법화(弛禁論, 1838년)를 주장하였다. 아편을 막을 방법이 없으니 차라리 합법화시켜 세금을 부과함으로써 재정위기를 극복하자는 주장이었다. 그의 주장은 현실적으로는 타당성을 갖고 있기는 했으나 독약을 합법화한다는 점에서 수용할 수 없는 것이었다. 이에 대해 황작자(黃爵滋)는, 흡연자가 없으면 아편 밀수도 없을 것이고 따라서 아편문제는 자연스럽게 해결할 수 있다는 '흡연자 사형론'(1838년)을 제기하였다.

황제와 관료들은 황작자의 강경책을 지지하였다. 그만큼 당시 아편으로 인한 청조의 재정과 군사적 위기가 강조되었음을 의미한다. 특히 가장 적극적으로 위기의식을 강조한 이가 임칙서(林則徐)였다. 임칙서는 아편의 범람으로 중국은 10년도 되지 않아 국가재정이 바닥나고 전쟁에 쓸 만한 병사는 하나도 없게 될 것이라고 경고하였다. 도광제는 이에 분노하였지만 그에게 광주에 내려가서 아편을 단속할 것을 지시하였다.

흠차대신으로 광주에 파견된 임칙서는 먼저 광주지역의 아편 상인들로부터 아편을 몰수하였다. 그리고 광주의 관료들 가운데 뇌물을 받고 아편 밀수를 묵인한 자와 아편 흡연자들을 색출하여 처벌하였다. 영국 상인들을 단속하기 위해 서양에 관한 정보를 수집하고 분석하였다.

이러한 모습은 당시 관료들에게서는 찾아보기 어려운 면모였다.

영국 상인들은 아편을 내놓으라는 임칙서의 명령을 거부하였고, 임칙서는 영국 상인들의 상관(商館)을 포위하였다. 이 때(1839년 3월 24일) 영국의 무역감독관 엘리어트(Elliot)가 광주에 도착하였다. 1834년 동인도회사의 대중국무역독점권이 해제된 이후 중국과 교역하는 영국 상인을 감독하는 것은 영국정부의 몫이 되었다.

엘리어트는 상인들에게 10일 안에 아편을 모두 내어놓고 광주를 떠나라고 명령하고, 600만 파운드에 달하는 상인들의 손해는 모두 보상받을 것이라고 보증했다. 이에 상인들은 22,283 상자의 아편을 내놓았다.

임칙서는 이 사실을 도광제에게 보고하고, 광주의 입구인 호문(虎門)에서 아편 2만여 상자를 모두 파기하였다. 그리고 영국에 중국의 금연정책을 알리기 위해 영국 여왕에게 편지를 썼다. 그러나 그것은 전달되지 않았다.

엘리어트는 영국 상인들을 거느리고 광주의 앞바다인 영정양(零丁洋)으로 물러나, 영국 외상 파머스톤 공작에게 중국의 상황을 알렸다. 파머스톤은 영국 국민을 보호한다는 명분으로 국회에 파병을 건의하였고, 영국의회는 1840년 4월 10일 찬성 271표, 반대 262표의 9표 차이로 중국 파병을 결의하였다.

1840년 6월 영국 원정대가 중국에 도착하였다. 이 때 임칙서도 영국과의 전쟁을 대비하고 있었고, 이를 알아챈 영국 해군은 황제와 담판을 짓기 위해 북경을 향해 북진하기 시작했다. 임칙서는 즉시 이 사실을 황제와 각 연해에 알렸다.

영국 군함이 절강(浙江) 앞바다인 정해(定海)에 도착하여 물자를 조달하려 하자 절강에서는 영국군의 상륙을 저지하기 위해서 치열하게 저항하였다. 1840년 7월 6일 중국은 아편전쟁 시기를 통틀어 가장 치열한 전투를 치렀으나 결국 많은 희생자만 내고 정해는 점령당하였다.

영국군의 정해 점령 소식은 도광제를 놀라게 했다. 거기에다 직예총독(直隸總督) 기선(琦善)은 영국 군함이 천진의 대고(大沽)에 도착하였음을 알리고 파머스톤이 황제에게 보낸 서찰을 가져왔다. 강경한 저항을 요구하는 대신들도 있었지만, 기선은 영국 대포와 군함의 위력을 알고 있었다. 황제는 임칙서가 실패하였다고 결론지었다.

몇몇 대신들은 임칙서를 옹호하기도 하였으나, 도광제는 영국과의 협상을 제의하는 기선의 제의에 따라 영국을 무마시키는 쪽을 택하였다. 기선을 파견하여 영국을 설득하도록 명령하고, 임칙서는 파면하였다.

광주에 내려온 기선은 강력하게 저항을 주장하는 임칙서와 관천배를 대신하여 영국의 엘리어트와 협상을 벌였다. 엘리어트는 6백만 냥의 배상금과 5개 항의 개항, 홍콩의 할양을 요구했다.

기선은 영국과 천비가조약(川鼻假條約)을 체결하고, 황제에게 영국의 요구사항을 보고하였다. 조정에서는 또다시 주전파와 주화파 논쟁이 벌어졌다. 황제는 이번에는 강경파를 지지하여 전쟁을 선언했다. 기선을 파면하여 북경으로 압송하고, 임칙서는 신강(新疆)으로 유배 보내라고 명령하였다. 그러나 다시 시작된 전쟁에서도 중국은 패배하였다. 남경을 압박해 들어온 영국군은 중국 경제의 대동맥이라고 할 수 있는 양자강과 운하를 점령해 버렸다. 결국 중국은 남경조약을 체결하고 영국의 요구조건을 모두 들어주었다.

□ **생각해 봅시다**

⑴ 중국인의 아편흡연 동기는 무엇일까?

⑵ 중국에서 아편을 단속하지 못한 이유는 무엇이었나?

⑶ 임칙서가 다른 관료들과 다른 점은 무엇이었나?

⑷ 중국과 동아시아의 각 국의 문호개방을 비교해 보자.

2) 상인의 나라 중국 : 동양의 알리바바, 연해상인(沿海商人)

방송일시	2002년 9월 21일, EBS
상영시간	50분
주 제 어	아편전쟁, 영정(永定), 객가(客家), 토루(土樓), 천주(泉州), 광주(廣州), 황포강(黃埔江), 월해관(粵海關), 공행(公行), 사면(沙面), 주강(珠江), 이화행(怡和行), 아편박물관, 도광제(道光帝), 아편, 임칙서(林則徐), 홍콩, 남경조약, 매판(買辦), 당정수(唐廷樞), 윤선초상국(輪船招商局), 서윤(徐潤), 이홍장(李鴻章), 관독상판(官督商辦), 정관응(鄭觀應), 쿨리(苦力), 싱가포르, 이광요(李光耀), 화상(華商)

| 내용 소개 |

　명청시대의 중국은 국내 상업의 발달에 비해 해외무역에는 제한이 많았다. 그것은 명나라 이후 계속되어 온 조공(朝貢)무역 때문이었다. 조공무역은 국가의 엄격한 통제 아래 제한된 교역만을 인정하였다. 그러나 주변 국가나 중국의 상인들은 교역의 확대를 필요로 하였다. 북방 몽골은 교역 확대를 요구하였고, 연해지역의 왜구의 약탈은 극성을 부렸다. 이에 대한 중국의 대응은 한가지였다. 명나라는 연해지역의 왜구를 근절하기 위해 연해무역을 제한하고, 청나라는 새롭게 출현한 서양 상인들을 통제하기 위해 무역을 제한하였다.

　연해무역의 현실적 필요에도 불구하고 국가가 제한을 가하는 모순 속에서 상인들은 독자적인 노력을 계속하고 있었다. 아편전쟁이 일어나 연해 5개 도시가 개방되자, 연해 상인들은 새로운 시대의 흐름을 앞서 나갔다. 그들이 양무운동 시기의 매판(買辦)이고, 세계 각 국에서 활동하고 있는 화교들이다.

　이 다큐멘터리는 연해 상인의 뿌리를 찾아 그들이 아편전쟁 이후 어떻게 변신하고 적응해 가는지를 살펴보고 현재에 이르기까지 그들의 활동을 추적하고 있다.

우선 복건성(福建省) 영정(永定)의 객가(客家) 마을을 주목하고 있다. 토루(土樓)라는 폐쇄적인 전통가옥에서 공동생활을 하는 객가는 원주민들과 섞이지 못하는 한족들이다. 황하 유역에서 2천여 년 동안 남쪽으로 이동해 온 그들은 살아남기 위해 부지런해야 했고, 함께 생활하고 또 출세해야 했다. 객가들은 아편전쟁 전후 외국으로 나갔다.

천주(泉州) 역시 연해 상인들의 오랜 근거지다. 9세기에 이미 서아시아에 알려진 항구도시였던 천주는 원나라 때는 대표적인 해외무역항구였고 송나라 때는 해외무역의 장려에 힘입어 대표적인 해외무역항이 되었다. 명청시대에는 해외무역에 엄격한 제한이 가해졌지만, 해외무역에는 이익이 많아 천주 상인들은 밀무역에 종사하였고, 동남아 유럽으로 무역활동을 전개하였다. 아편전쟁 직후에는 이들 역시 해외로 나가 정착하게 된다.

광동의 광주(廣州) 역시 연해 상인의 중심지다. 중국의 모든 왕조가 해외무역을 허락한 유일한 항구도시로서, 서구문물이 가장 먼저 들어온 통로이기도 했다. 광주세관인 월해관(粤海關)은 근대중국의 해외무역에서 중요한 역할을 하였다.

1757년 건륭제는 외국과의 무역을 금지시키고 해외무역은 광주로만 제한하였다. 광주에는 무역독점권을 가진 공행(公行)을 두고, 그들의 보증 하에 서양 선박의 광주 입항을 허가하였다.

공행 상인은 외국상인의 보증인으로 관세를 대납하고 외국상인이 문제를 일으키면 전부 책임져야 했다. 19세기 초부터 해외무역이 시작되면서 13행은 중국상인과 해외상인을 연결하는 중개상 역할을 하였는데, 외국상인들과 독점적 거래를 하는 대신 그에 대한 의무도 지고 있었던 것이다. 공행 상인 가운데 가장 큰 것이 이화행(怡和行)이었는데, 미국 럿셀사와 거래가 많았다.

한편 당시 광주에 들어온 외국배는 영국배가 거의 절반을 차지하였다. 영국상인들이 거래를 원한 대표적인 상품은 차(茶)였다. 영국은 인도로부터 차를 수입하고는 있었으나, 맛이 좋은 중국차가 선풍적인 인기를 끌고 있었다. 여기에다 중국을 상징하는 상품이었던 중국도자기는 섬세한 공정과 다양한 문양을 자랑하며 나라별로 주문생산되었는데, 19세기 서양의 고급사치품으로 부상하였다.

19세기 중반까지 미국과 영국은 중국의 차, 비단, 도자기를 사갔는데, 항상 적자였다. 이를 만회하기 위해 동인도회사는 중국에 아편을 판매하기 시작하였다. 아편은 영국의 무역독점권을 갖고 있던 동인도회사가 인도에서 제조하여 중국에 판매하였는데, 아편판매는 중국인의 흡연 풍조에 따라 많은 이익을 가져다주었다.

그러나 중국에서는 이 아편 때문에 많은 은이 흘러나가고 아편밀수가 늘면서 재정위기에 맞닥뜨렸다. 청조의 도광제(道光帝)는 아편흡연을 금지시키고, 임칙서를 흠차대신(欽差大臣)으로 광주에 파견하였다. 광주에 부임한 임칙서는 아편몰수를 명하였으나 영국상인들은 이 명령을 따르지 않았다. 영국상인들은 아편 1천여 상자를 내놓고 버티려고 하였지만, 임칙서는 광주 사면을 폐쇄하고 2일 만에 항복을 받아내었다.

이렇게 하여 아편 2만여 상자가 호문에서 파기되었다. 바로 이 때 영국군이 중국인을 살해하는 사건이 발생하였다. 임칙서는 영국 해군 병사의 인도를 요구하였고 그 과정에 무력충돌이 일어났다. 영국은 이를 빌미로 군대를 파견하여 전쟁을 일으켰다.

이 아편전쟁에서 영국은 승리를 거두고 남경조약(南京條約)을 맺었다. 이 때 중국의 5개 항구가 개항되고, 광동 13행이 폐지되었으며 홍콩은 영국에 할양하였다. 한편 이 남경조약으로 상해(上海)가 개방되면서 중국의 해외무역 중심은 상해로 옮겨갔다.

광동 13행이 폐지되면서 광동 상인들 속에서 매판(買辦)이 출현하였다. 매판은 중국 근대경제에서 아주 특이한 존재로, 공통적으로 광동성 출신에 뛰어난 영어실력과 경영실력을 겸비하였으며 강한 민족의식을 갖고 있었다.

매판 가운데 특히 유명한 인물이 이화양행(怡和洋行)의 매판이었던 당정추(唐廷樞)로, 최초의 영어사전 제작자이기도 하였다. 당정추는 양무운동시기에 이홍장이 1872년에 세운 윤선초상국(輪船招商局)의 경영자가 되었다. 이 회사의 경영을 맡은 서윤(徐潤)도 매판이었다. 민족주의자로 알려진 그는 미국 덴트사에 근무하다 뒤에 40여 개의 기업을 경영하였고, 중국인 학생들을 미국으로 보내 인재를 기르는 데도 힘을 기울였다.

정관응(鄭觀應)도 매판 출신의 개혁가다. 경제력만이 나라를 지킬 수 있다는 상인정신을 표방한 그는 '상전(商戰)'이라는 개념을 제시하였다. 무력으로 서양을 이기는 것보다 장사로 서양을 이기는 게 더 낫다는 주장이다.

주강을 따라 해외무역에 나섰던 광동 상인들뿐만 아니라, 중국의 객가와 복건 상인들도 변신을 거듭하였다. 세계 각국에서 활동하고 있는 화교 상인들은 오늘날 중국 경제성장의 잠재력이라고 할 수 있다. 그들의 막강한 자본력은 중국으로 향하고 있다.

화교는 아편전쟁 직후 최대 규모로 해외로 진출하였다. 대부분 광동과 복건 출신이었던 그들은 주로 말레이시아로 이주하였는데, 이들이 주석광산에서 노동하였던 쿨리(苦力)들이다. 중국인은 오늘날 말레이시아 전체 인구의 30%, 전체 자본의 70%를 장악하고 있다.

싱가포르는 아예 중국인이 세운 도시국가다. 원래 말레이시아에 속해 있었지만 1965년에 독립한 경제강국으로, 총인구 420만 명 중 80%가 중국인이다. 작은 섬 싱가포르의 눈부신 발전은 이들 중국인의 근면성과 적응력에 힘입은 것이었다. 싱가포르는 해외무역의 중계지이자 화교자본의 중심지이며, 중국으로 진출하는 출발지다.

2001년 남경에서 제6회 세계화상(華商)대회가 개최되었다. 세계 화상 4800여 명이 참가한 이 대회에는 주룽지 총리도 참석하여 화상에 대한 중국의 기대를 주저 없이 표현하였다. 주룽지 총리는 화상들에게 중국의 발전에 참가할 것을 호소하였는데, 실제로 중국에 투자된 대규모 자본은 대부분 화교 자본이다.

이 해외 화교의 자본과 중국 상인정신의 결합에 중국의 잠재력이 존재한다. 수천 년 중국의 역사에는 그들의 상인정신이 숨쉬고 있다. 중국과 러시아는 모두 20세기 사회주의를 겪고 마찬가지로 시장경제로 나아가고 있지만, 세계는 중국에 더 주목하고 있다. 신의를 중시하고, 굳은 단결과 전통을 중시하는 중국 상인들이 세계로 나오고 있다. 해외 화교들의 자본력. 중국의 역사만큼이나 긴 중국의 상인정신이 오늘날 부활하여 중국의 미래를 만들어 나가고 있다.

□ 생각해 봅시다
(1) 연해상인은 언제부터 중국 연안에서 활동하였나?
(2) 아편전쟁은 중국상인들에게 어떠한 변화를 가져왔나?
(3) 아편전쟁 이후 등장한 매판(買辦)은 어떤 존재였나?
(4) 화교자본은 중국의 경제개발에 어떠한 역할을 하고 있나?

3) 삼합회(三合會)

방송일시	2003년 9월 29일, 히스토리 채널
상영시간	50분
주 제 어	삼합회(三合會), 천지회(天地會), 반청복명(反淸復明), 상해(上海), 청방(靑幇), 두웨성, 황징룽, 장개석(蔣介石), 4·12쿠데타, 국민당(國民黨), 중일(中日)전쟁, 차이나타운

| 내용 소개 |

중국인들은 꽌시(關係)를 중시하는 민족이라고 한다. 이들은 역사적으로 동향(同鄕), 동족(同族), 동업(同業) 조직을 만들어 공동의 이해관계를 유지하는 전통을 갖고 있으며, 이러한 결합은 국가적 재난이나 지주와 관리들의 착취에 저항하는 비밀결사로 발전하기도 하였다. 비밀결사는 사회경제적 이해관계에 바탕하여 조직된 민간 결사조직이지만, 특정 종교를 매개로 하는 종교결사로도 분류된다.

이 다큐멘터리에서 다루는 삼합회(三合會)는 이러한 중국인의 비밀결사의 전통을 계승하고 있는 범죄집단이다. 이 자료는 삼합회를 통해 전통의 중국 비밀결사가 어떻게 근대중국의 변혁기에 살아남았으며, 오늘날 전 세계 중국 화교사회에서 여전히 생명력을 갖고 활동하고 있는가를 추적한 것이다. 특히 상해를 무대로 활동하고 있던 청방(靑幇)의 두웨성(杜月笙)은 장개석과 결탁하여 성장한 대표적인 인물이다. 이러한 청방을 통해 장개석 정권의 부정적인 모습과 근대 중국사회에서 비밀결사의 범죄조직이 살아남을 수 있었던 시대적 상황을 살펴볼 수 있다.

삼합회(三合會)는 천지회(天地會)에서 기원하였다고 알려져 있지만, 비밀결사의 특성 때문에 그 뿌리나 조직을 분명하게 파악하기란 매우 어렵다. 그래서 이 자료에서도 구체적 사실에 근거해서가 아니라 구전되어 오는 이야기에 의존하여 삼합회의 기원을 추적하고 있다.

삼합회의 기원과 관련해서는 다음과 같은 이야기가 전해 내려온다. 1671년 복건성의 한 사찰의 승려들이 무예를 수련하고 있었다. 그 때 변방의 왜적이 쳐들어와 청왕조를 위협한다는 소식이 들려왔다. 그들은 구국의 일념으로 왜적과 싸워 격퇴하였으나, 관리들은 그들을 위험한 집단으로 보고 오히려 사찰을 불태우고 승려들을 살해하였다. 겨우 살아남은 5명의 승려가 도망을 치던 중 강을 따라 흘러 내려오는 나뭇조각 하나를 보았다. 거기에는 '반청복명(反淸復明)'이라는 글귀가 새겨져 있었다. 이들은 청왕조를 무너뜨리고 명을 다시 세우라는 하늘의 뜻이라고 생각하고 전국으로 흩어져 동지를 모으기 시작했다. 이것이 삼합회의 기원이 되었다는 것이다.

실제로 삼합회는 1700년대 복건성에서 시작된 것으로 추측된다. 1761년 승려들이 천지회(天地會)라는 비밀결사를 조직하고, 정삼각형의 한가운데에 홍(洪)이라는 글자를 새겨넣었다. 청조(淸朝)는 천지회를 위험하다고 보고 대대적인 토벌을 전개하였는데, 이 토벌이 천지회를 유명하게 만들었다.

1700년대 후반, 삼합회의 설립과 함께 비밀결사 조직이 속속 결성되었다. 그 가운데 청방(靑幇)도 있었다. 원래는 대운하 선원들의 조직으로 출발하였는데, 양무운동으로 증기선이 도입되자 일자리를 잃고 상해로 들어왔다. 그리고 상해를 무대로 아편을 거래하였다. 상해는 19세기의 대표적인 근대 개항도시로서, 영국과 프랑스 조계(租界)지역 및 중국 통치지역의 세 구역으로 구분되어 있어서 범죄자들에게는 그야말로 천국과 같은 곳이었다.

청방은 아편 판매만이 아니라 무장강도, 매춘, 도박, 고리대금 등의 사업에도 참가하였다. 1920년대 중반, 청방은 상해의 거의 모든 구역을 장악하였다. 웨이크만은 "청방은 짧은 기간 동안 화북지역의 고전적인 의형제 집단에서 세계적으로 가장 강력한 범죄집단으로 발전하였다"라고 하였다.

이 청방의 우두머리가 두웨성이다. 황포강(黃浦江) 포동(浦東)지역에서 고아로 자라난 그는 가게에서 잡일을 하며 아편과 도박을 즐겼다. 1910년경 청방에 가입하여 당시 프랑스 관할지역을 담당하고 있던 황진롱(黃金榮)의 휘하로 들어가 그의 오른팔로 성장하였다. 1924년 황진롱이 군벌에 납치된 후 청방의 우두머리가 되어 군벌과 손잡고 상해의 아편밀수를 독점하였다.

1923년 군벌 제거를 위해 북벌을 시작한 장개석은 공산당이 상해를 차지할 경우 자신의 입지가 약해질 것을 우려하여, 두웨이성에게 상해 노동자들의 봉기를 막아줄 것을 요청하였다. 1927년 4월 12일 새벽, 청방 조직원들이 파업중인 공산주의자들을 진압하고, 상해를 장개석에게 넘겼다. 이에 대한 보상으로 국민당의 장군이 된 그는 학자들을 고용하여 책을 저술하기도 하고, 자선단체에 기부를 하여 자선가로 자처하기도 하였다. 이후 5개의 은행과 1개의 대학을 소유하고 상해의 상류층 거물로 자수성가한 것으로 알려졌지만 분명히 범죄자였다. 상해의 프랑스 관할구역을 배경으로 활동하면서 장개석의 자금조달원 역할을 하고, 아편거래 금지위원회의 우두머리가 되어 국민당 정부가 몰수한 아편을 독차지하였다.

1937년 중일전쟁이 일어났다. 일본군이 8월 14일 상해를 공격하자 두웨성은 자신의 조직원을 무장시켜 일본군과 싸웠다. 그러나 3개월 후 상해는 함락되었고 그들은 모두 홍콩으로 떠났다. 1945년 9월 일본이 패망한 뒤 상해로 돌아왔지만 1949년 4월 모택동이 중국을 장악하자 그는 영원히 중국을 떠났다. 2년 뒤 66세의 나이로 홍콩에서 사망하였다.

중국의 공산화와 함께 범죄조직은 해외의 차이나타운으로 옮겨갔다. 2백여 년 전 천지회가 성립된 이래 부단히 변화를 시도해 온 중국인 범죄조직은 미국으로 진출하여 계속 세력을 확장하고 있고, 미국시민들에게 큰 위협이 되고 있다.

□ **생각해 봅시다**

(1) 중국사회에서 비밀결사가 출현하는 배경은 무엇일까?

(2) 삼합회가 왜 복건성에서 시작되었을까?

(3) 근대 중국의 비밀결사들의 경제적 토대는 무엇인가?

(4) 상해가 중국 범죄조직의 천지가 된 이유는 어디 있는가?

4) 송미령(宋美齡) : 영광과 오욕의 106년(1)(2)

방송일시	2004년 1월 14일, 21일, EBS
상영시간	50분
주 제 어	손문(孫文), 장개석(蔣介石), 송미령(宋美齡), 송경령(宋慶齡), 송애령(宋愛齡), 송자문(宋子文), 장작림(張作霖), 장학량(張學良), 주은래(周恩來), 공상희(孔祥熙), 서안사변(西安事變), 노구교(蘆溝橋), 국민당(國民黨), 장경국(蔣經國)

| 내용 소개 |

송미령(宋美齡)은 손문(孫文)의 처제이자 장개석(蔣介石)의 아내였다. 1911년 신해혁명으로 시작된 중화민국의 정치사를 직접 체험한 그녀는 중국 근대사에서 가장 영향력이 컸던 영부인이었다. 20세기 중국의 중요한 정치적 사건의 중심에 서 있었고 장개석 정권이 대만으로 패주한 이후로는 대만 정치사에서도 중요한 역할을 담당하였다. 따라서 그녀의 일대기를 살펴보는 것은 현대 중화민국의 역사를 살펴보는 중요한 단서가 된다고 하겠다.

제1편에서는 송미령의 성장 과정을 살펴보고 국제적 인물로 활약하던 중일전쟁 시기를 중심으로 그녀의 활동을 평가하였다. 이 시기는 중국의 국내 상황이 복잡하게 전개되던 시기로 그녀의 전성기라고 할 수 있다.

송미령은 상해의 재벌 가문에서 태어났다. 청왕조의 부패와 무능한 관료들에게 염증을 내고 손문을 지원한 그의 아버지는 자녀들을 모두 서양식으로 교육시켜 장차 중국혁명의 리더가 될 것을 기대하였다. 송미령은 1908년 미국으로 건너가 세계 최초의 여자대학인 조지아주 웨슬리안 대학과 뉴잉글랜드 메사추세츠 웨슬리 대학을 졸업하였다.

1917년 그녀가 상해로 돌아왔을 때, 그녀의 언니 송애령(宋愛齡)은 산서의 최대재벌 공상희(孔祥熙)와 결혼하였고 송경령(宋慶齡)은 아버지 친구인 손문과 결혼하였다. 그녀는 1922년 겨울 손문의 집에서 장개석을 만나 5년간의 연애 끝에 1927년 12월 결혼하였다. 장개석은 이 결혼으로 손문, 공상희, 송자문(宋子文)과 손을 잡게 됨으로써 정치·군사·경제적인 세력을 장악하게 되었다.

1928년 6월 동북의 최대 군벌 장작림(張作霖)이 타고 가던 기차가 일본군에 의해 폭파되어 사망하고, 그의 아들 장학량(張學良)이 그 뒤를 이었다. 1931년 9월 18일, 일본군은 남만주 철도를 파괴하고 이것을 중국인의 소행으로 전가시켜 만주사변을 일으켰다. 이러한 일본군의 중국침략에 대해 중국에서는 항일을 요구하는 소리가 높아졌다. 그러나 장개석은 "먼저 공산당을 소탕하고 항일을 하겠다"(先內後外)라고 주장하였다.

1935년 가을, 장개석은 장학량을 동북군 사령관에 임명하고 공산군 토벌을 지시하였다. 그러나 장학량은 자신의 근거지인 만주가 일본군에 넘어가는 데 불만을 품고 있었다. 공산당은 그에게 접근하여 일본군을 먼저 몰아낼 것을 제의하였고, 이에 1936년 4월 장학량은 비밀리에 주은래(周恩來)와 만나 항일을 결의하였다. 그 해 12월 장개석이 공산당 토벌을 재촉하기 위해 서안에 도착했을 대, 장학량은 서북군 사령관 양호성(楊虎城)과 쿠데타를 결의하였다.

1936년 12월 12일 서안사변(西安事變)이 발생하였다. 송미령이 서안에 도착하면서 장개석의 생각이 달라졌다. 장개석은 주은래와 회담하고, 국민당의 부패를 개혁하고 공산군과 협력하여 일본군에 대항하겠다는 의사를 밝혔다. 이 사건을 계기로 송미령은 역사의 방향을 바꾼 국제적인 인물로 부각되었다.

1937년 7월 7일 노구교(蘆溝橋) 사건으로 중일전쟁이 시작되었다.

송미령은 미국 등 세계 각국에 중국의 위기를 알렸고, 중국에 대한 지원을 호소했다. 그녀의 인맥인 미국의 정치·언론·종교계 인사들에 힘입어 그녀의 호소는 미국에서 효과를 얻었다. 루즈벨트 대통령의 초청으로 1943년 2월 18일 미 의회에서 연설을 한 그녀는 이제 세계에서 가장 영향력 있는 여성 중 한 명이 되었다. 그녀의 관심은 국제사회에서 중국의 지위를 굳건히 하고, 장개석 정권을 유지하는 것이었다.

1945년 중국은 항일전쟁에서 승리하였지만, 국민당은 부정부패로 썩어 가고 있었고, 마침내 공산당에 패배하여 대만으로 쫓겨 가게 되었다. 여기에서 송미령의 인생도 크게 변화하게 된다.

제2편에서는 장개석이 이끄는 국민당 정권의 부패와 대만으로 망명, 국민당 독재로부터 장경국(蔣經國)을 거쳐 최근 민진당(民進黨)의 집권까지 대만 정치사 속에서 보인 송미령의 활약을 소개하고 있다.

송씨 가문의 세 자매, 즉 송미령·송애령·송경령은 중국인들에게는 장개석 정권의 부패를 상징하는 인물이기도 한다. 송경령과 송미령은 정치적으로 입장 차이가 컸다. 1927년 2월 국민당좌파와 공산당은 무한천도를 강행하였고, 장개석은 4월 반공쿠데타를 일으켜 남경에 국민당 정부를 세웠다. 좌파에 가까웠던 송경령은 장개석과 대립하게 되고 송미령과도 거북한 관계가 되었다.

공상희와 송자문은 국민정부에서 대표적인 관료자본가로 성장하였다. 장개석과 서로 비호하며 힘을 키운 그들은 1920~40년대까지 중앙은행총재, 행정원 원장, 재무부장 등을 독차지하며 중국경제를 좌우하였다.

1930년대까지 국민정부는 비교적 깨끗하다는 평가를 받았지만, 2차대전이 치열해지면서 중국 관리의 부패는 심각해져 갔다. 그 하나의 예가 금본위제 화폐개혁이었다. 2차대전 말기 중국의 화폐제도는 붕괴 직전이었다. 이를 만회하기 위해 송자문은 금거래를 합법화하고 외환 시장을 개장하였지만, 국민정부와 결탁한 기업가들만 이익을 챙겼을 뿐, 인플레이션은 더욱 극심해졌다.

1945년 항일전쟁은 끝났지만, 이번에는 공산당과 내전에 돌입하였다. 이 내전에서 국민당은 부패로 민심을 잃어버리고 결국 공산당에게 패배하였다. 당시 장개석은 정부재정이 급격히 악화되자, 재정위기를 극복하기 위해 1948년 8월 아들 장경국(蔣經國)에게 상해의 금융질서와 물가를 바로잡도록 지시하였다. 이 때 장경국은 송씨 가문의 부정을 찾아냈지만 장개석의 반대로 처벌하지 못하고 말았다. 송씨 가문과 공씨 가문의 부패에 대한 국민들의 원성은 컸고, 장개석의 국민정부가 중국에서 민심을 잃은 가장 중요한 원인은 역시 이러한 국민당 정부에 만연한 부패 때문이었다.

1949년 말 공산당은 중국 본토를 장악하고, 장개석은 대만으로 수도를 옮겨 갔다. 미국은 대만의 장개석에 대해 냉냉한 태도를 보였다. 그러나 1950년 6월 한국전쟁의 발발과 함께 대만의 운명은 달라진다. 미국과 소련의 대결구도 속에서 대만은 그 지정학적 위치 때문에 미국의 중요한 우방이 되었다. 미국은 7함대를 파견하고 군사고문단을 상주시키고 대만과 상호방어조약을 맺었다. 이제 대만의 생존과 성장에는 미국과의 관계가 가장 중요한 요소의 하나가 되었고, 이 대미외교에서 송미령은 활용 가치가 컸다.

1975년 4월 5일 장개석이 사망하고, 장개석의 권력은 송미령이 아니라 맏아들 장경국(蔣經國)에게 넘어갔다. 장개석은 송미령과 결혼하기 위해 장경국의 어머니와 이혼하였기 때문에 송미령과 장경국 사이는 별로 좋지 않았고, 송미령은 미국으로 건너갔다.

1978년 말 카터는 중국과의 관개개선을 도모하고 대만과 외교를 단절할 것을 선언하였다. 장경국은 실리적으로 협상하고 양국관계는 비공식 수준으로 격하되었다. 당시 송미령은 크게 분노하였지만 받아들일 수밖에 없었다. 1988년 1월 3일 장경국이 사망하고 국민당 일당독재는 종식되었다. 민진당이 창당되었고 계엄령이 해제되었으며 이등휘(李登輝)가 총통에 즉위하였다. 이후 많은 변화를 겪은 뒤 2000년 국민당은 야당이 되었다.

1991년 이후 송미령은 줄곧 미국에서 살다 2003년 10월 24일 106세의 나이로 사망하였다. 중국 근대사의 증인이며, 영광과 오욕의 106년의 삶을 살았던 송미령. 중국의 통일을 염원하고 항일전쟁을 적극 지원하였던 그녀의 노력은 앞으로 정당한 평가를 받을 것이다.

□ **생각해 봅시다**

(1) 송씨 자매의 정치적 성향은 어떻게 다른가?

(2) 송미령이 항일전쟁시기에 한 역할은 무엇인가?

(3) 장개석이 공산당에게 패망한 이유는 무엇인가?

(4) 장개석 정권 부패의 중요 요인은 어디 있었는가?

(5) 대만의 민주화 과정을 살펴보자.

5) 태평양전쟁과 히로히토

방송일시	2003년 8월 15일, EBS
상영시간	50분
주 제 어	히로히토, 장작림(張作霖), 부의(溥儀), 천황(天皇), 쇼와(昭和), 중일전쟁, 진주만 공격, 남경대학살, 노구교(蘆溝橋) 사건, 태평양전쟁, 가미카제, 상징천황제, 맥아더

| 내용 소개 |

일본 왕 히로히토는 20세기 세계 최고의 권력자 가운데 그 누구보다도 영향력이 있었던 인물이다. 일본인은 그를 천황(天皇)이라고 부르지만 한국사회에서는 천황이라는 용어 자체에 대해 논란이 많다. 일본 역사에서 볼 때, 천황이라는 용어는 7세기경부터 사용되기 시작하였지만 여러 명칭으로 불리며 하나로 통일되지 않았다. 그러나 메이지 유신(明治維新) 이후에는 천황이라는 호칭으로 통일되어 사용되고 있으며, 근래에는 일본 천황이 한국인의 후손이라는 주장도 나오고 있다. 그러나 관심을 가져야 할 부분은 천황의 혈통이라든가 그 명칭의 타당성보다는, 천황이 일본인에게 어떤 존재이며 일본역사 속에서의 천황이 행한 기능과 역할에 대해서다. 앞에서 살펴본 다큐멘터리 「사무라이」에서 정리한 일본 역사 속의 천황은 허수아비였다. 그러나 메이지 유신 이후의 천황은 그렇지 않다. 그렇다면 메이지 유신 이후의 천황제는 어떤 것이었을까? 이것이 바로 히로히토 천황을 주제로 선택한 이유의 하나다.

일본인들에게 히로히토는 평화를 사랑한 천황이며, 군부에게 떠밀려 억지로 전쟁을 일으킨 것으로 알려져 있다. 그러나 그는 군부의 꼭두각시도 평화주의자도 아니었다. 이러한 이미지가 조작된 것임을 증명해

줄 자료는 수없이 많다. 특히 존 다워(John Dower)와 허버트 빅스
(Herbert P. Bix)는 "천황은 평화주의자도 아니고 군국주의의 희생자도
아니며, 일본의 전쟁정책은 천황을 주체로 하는 시스템에서 적극 추진
되었다"고 주장하며 히로히토의 전쟁책임론을 분명히 하였다.

이 다큐멘터리는 에드워드 베르의 「히로히토, 신화의 뒤편」을 작가
가 직접 재구성한 필름이다. 여기에서는 히로히토가 제2차 세계대전의
전범이 되어야 했음에도 불구하고 그가 어떠한 처벌도 받지 않았다는데
의문을 제시한다. 왜 그랬을까? 그 해답을 찾기 위해 일본의 근대역사와
천황제 이데올로기의 성립 과정을 간략히 살펴보자.

일본의 근대화는 메이지 유신에서 시작되었다. 에도 시대 때 러시아
와 영국의 선박이 일본에 온 적은 있지만, 막부가 쇄국정책을 폐지하고
정식으로 개항하게 된 것은 1853년 미국 페리의 내항을 계기로 한다.
1858년에는 막부의 다이로(大老)였던 이이 나오스케(井伊直弼)가 미일
수호통상조약을 체결하였다.

당시 막부에 불만을 품은 자들은 이 조약이 왕의 재가없이 체결되었
다는 점을 들어 존왕양이(尊王攘夷)운동을 일으켰다. 존왕양이운동은
개항 이후 일본에게 닥친 심각한 경제위기와 관련이 있다. 경제위기는
개항을 허락한 막부에 대한 저항과 양이론(攘夷論)에 힘을 실어주었으
며, 민중들로 하여금 막부를 타도할 권위로서 천황을 수용할 수 있는
분위기를 만들었다.

막부는 비판자들을 탄압하였지만, 오히려 막부를 대표하던 이이 나
오스케가 암살되면서 궁지에 몰리게 되었다. 이에 막부는 조정과 힘을
합쳐 외세를 몰아내자는 공무합체론(公武合體論)을 제기하였다. 이렇
게 되자 공무합체론을 지지하는 사쓰마 번(薩摩藩)·도사 번(土佐藩)
등과 존왕양이를 주장하는 조슈 번(長州藩)이 대립하였다. 이 싸움에서

조슈 번은 패배하지만, 1864년 영국·미국·프랑스·네덜란드 등 4개 국 연합군의 시모노세키(下關) 포격사건을 계기로 막부를 타도하고 강력한 중앙집권국가를 수립하자는 주장(倒幕運動)이 지지를 받게 되었다. 게다가 막부군이 조슈 정벌에 실패하자 막부타도운동은 더욱 세력을 얻게 되었다. 위기를 극복하기 위해서 막부는 타협을 시도했으나 결국 1867년 대정봉환(大政奉還)으로 모든 권력을 천황에게 넘겨주었다(王政復古).

메이지 유신 정부는 '문명화'의 슬로건 아래 개국을 정당화하고 새로운 정치지배자로서 천황의 이미지를 만들기 시작하였다. 그것은 서구문명에 대항하여 천황이 개화정책을 선도하고 무지몽매한 민중을 개화로 이끄는 권위 있는 천황의 이미지였다. 아울러 신도(神道)를 통하여 민중교화를 꾀하는 신도국교화정책도 적극 추진하였다.

한편 왕정복고는 이루어졌으나 반대파의 힘은 여전히 위협적이었고, 왕이 직접 지배하는 지역도 일부에 그쳤다. 이에 1869년 각 번이 소유하고 있던 토지와 백성을 조정에 반환하는 판적봉환(版籍奉還)과 중앙에서 관리를 파견하는 폐번치현(廢藩置縣)이 전격 실시되어 비로소 중앙집권화에 성공하였다. 이 때 발생한 저항에 대해서는 천황제 이데올로기를 극대화시킴으로써 극복하려고 하였다.

이후 조세를 화폐로 납부하는 제도를 전국적으로 시행하고, 징병제도를 실시하고 무사를 해체하였다. 사민평등제를 실시하여 무사만이 성씨를 갖고 칼을 찰 수 있다는 특권도 없애 버렸다. 이 같은 조치에 불만을 가진 무사들을 달래기 위해 사이고 다카모리(西鄕隆盛)는 정한론(征韓論)을 제기하기도 하였다. 이 정한론은 결국 폐기되었지만, 근대 일본의 문명개화론과 천황제 이데올로기의 성립 과정에서 조선 멸시관이 강하게 형성되어 있었음은 분명하다. 1875년 조선을 강제 개항시킨 일본은 청일전쟁과 러일전쟁을 거쳐 조선에 대한 야망을 노골화하였고, 1909년 안중근 의사의 이토 히로부미 저격을 핑계로 1910년 조선을 식민지로 만들었다. 이러한 침략의 저변에는 조선에 대한 멸시와 일본의 대외적 우월주의가 작용하고 있었고, 그 가운데에 천황제 이데올로기가 자리잡고 있었다.

한편 소수 권력자들에 의해 추진되던 개혁정책에 대하여 무사계층과 농민들이 자유민권운동을 일으켰다. 이러한 운동을 통해 정치집회가 활발히 개최되고, 민권사상이 전국 각지로 확산되었다. 그런데 이 자유민권운동의 민권 주장 안에 천황에 대한 기대가 농후해지고 있었다. 천황을 비판하는 경향도 일부 있었지만, 대부분의 민중들은 존왕을 주장하고 천황의 권위에 의지하여 국회개설을 요구하였다. 그 결과 1881년에 10년 뒤 국회를 개설한다는 천황의 칙령이 내려졌고, 정당도 만들어졌다.

이러한 일본 근현대사의 전개 속에서 천왕의 존재를 이해하는 데 관건이 되는 것은 일본의 헌법과 교육이다. 일본 헌법은 이토 히로부미에 의해 초안이 마련되어 1899년 2월 11일에 공포되었다. 이 헌법에서 천황은 신성불가침한 존재로서 군 통수권과 내각 임면권을 가지는 등 절대권력을 소유한다고 규정하고 있다. 헌법도 천황이 제정하여 국민에게 내려주는 형식이었고 천황이 개정을 발의할 수 있었다. 이렇게 볼 때 헌법에 규정된 천황은 단순히 국가의 최고기관(천황기관설)에 불과한 것이 아니라, 천황지상주의를 의미한다. 일본 군국주의의 출발점이 바로 여기에 있었다.

천황제 이데올로기는 학교교육을 통해 일본 국민들 속으로 파고들었다. 메이지 유신으로부터 자유민권운동이 전개된 동안 근대 일본의 교육의 특징은 천황숭배와 배외적 내셔널리즘을 통한 국민통합이었다.

1886년 모리 아리노리(森有禮)에 의해 학교령이 제정되고, 이에 따라 국가의 통제 아래 국가주의 교육이 실시되었다. 또한 1890년 교육칙어(敎育勅語)와 1903년의 국정교과서제도는 천황제 이데올로기를 더욱 강화시켰다. 특히 태평양전쟁이 시작되자, 1941년 소학교를 국민학교로 이름을 바꾸고, '황국민(皇國民)'의 육성이라는 국가주의적 교육을 추진하였다. 대만과 조선에서도 일본어 교육을 철저히 시행하고 창씨개명(創氏改名) 등을 통해 '황민화(皇民化)' 정책을 추진하였다.

히로히토가 태어난 것이 바로 이 즈음이었다(1905). 그는 왕실의 전통에 따라 태어난 지 70일 만에 후견인에게 보내져 성장하고, 두 남동생과 함께 귀족학교를 다녔다. 15세 되던 해부터는 정신적으로 문제가 있던 아버지 다이쇼(大正)를 대신하였다. 3년 뒤 왕족과 결혼하도록 정해진 귀족집 딸 나가코와 약혼하고, 20세 되던 해에 결혼하여 1남3녀를 두었다.

1926년 부친이 사망하자 뒤를 이어 천황이 되고 이세 신궁(伊勢神宮)을 참배하였다. 이세 신궁은 신도(神道)를 믿는 천황의 역대 영혼들을 신으로 만들어 섬기는 황실 신사(神社)였다. 그는 쇼와(昭和)라는 연호를 제정하였지만, 평화의 시대라는 의미하는 달리 그의 시대는 전쟁과 권위주의 시대였다.

한편, 일본은 조선을 합병한 후 제1차 세계대전이라는 호기를 맞았다. 유럽 열강이 전쟁에 휘말려 든 상황에서 1915년 중국에 '21개조 요구'를 통해 이권을 차지하고, 중국침략과 1차세계대전 속에서 경제대국으로 성장한 일본은 급속히 군국주의의 길로 나아가기 시작하였다.

일본의 다나카 기이치(田中義一) 내각은 1927년 '동방회의'를 소집하여 대중국침략정책을 결정하고, 관동군은 만주를 장악하기 위해 만주군벌 장작림(張作霖)을 폭사시켰다. 일본의 본격적인 중국침략의 시작이었다.

1930년대 초반 일본은 세계 최강의 군사력을 자랑하였지만, 세계대공황이 발생하여 일본 노동자들도 타격을 입었다. 군부는 그 책임을 재벌기업과 외세에 전가시키고, 중국침략을 통해서 위기를 극복하고자 하였다.

일본은 1931년 9월 18일 남만(南滿)철로 폭파사건을 조작하여 만주사변을 일으켰다. 이를 빌미로 만주를 점령하고 1932년 중국의 마지막 황제 부의(溥儀)를 세워 괴뢰정부를 수립하였다. 쇼와 천황은 도쿄에서 만주국 황제를 만나고, 공식적으로는 침략전쟁과의 연관성을 부인했으나 만주국을 점령한 일본군 장교에게 훈장을 수여하고 진급을 시켜주었다.

관동군이 이러한 침략행위를 계속할 수 있었던 것은 일본 국내정치의 무능과 부패 때문이었다. 정당의 부패가 계속되면서 국민들은 군부에 기대를 걸었다. 우익 청년들은 테러와 암살을 통해 반대자들을 위협하였고, 1932년 5월 15일에는 해군 장교들에 의해 이누카이 쓰요시(犬養毅)가 살해당하였다. 또한 일본의 군국주의적 침략을 비판하던 하마구치 수상과 하라 수상 같은 인물들도 암살의 대상이 되었다. 이제 군부와 천황제에 대한 모든 비판은 금지되었고, 엄격한 언론통제가 시작되었다. 이런 와중에서 1933년 히로히토의 후계자 아키히토가 태어났다.

1936년 2월 26일 도쿄에서 육군 하급장교가 1400여 명의 병사를 이끌고 전쟁 확대를 요구하며 군사쿠데타를 일으켰다. 쿠데타는 진압되었지만, 이를 계기로 군부는 권력을 장악하고 히로히토는 국내 쿠데타를 막는 길은 군부를 중국에 보내는 것뿐이라고 생각하였다. 권력을 장악한 군부는 1937년 노구교(蘆溝橋) 사건을 빌미로 중일전쟁을 일으켰다. 이후 1938년 국가총동원법으로 경제통제를 강화하고, 1939년에는 국민징용령을 내려 국민을 군수산업에 동원하였다. 1940년에는 모든 정당을 해체하고 대정익찬회(大政翼贊會)로 통합함으로써 일본은 오로지 전쟁을 향하여 내달렸다.

그 동안 일본은 1935년에 국제연맹을 탈퇴하고, 1937년에 독일 및 이탈리아와 3국동맹을 맺었다. 미국은 전쟁예방조치로 석유수출 금지조치를 내렸고, 유럽 국가도 금지조치에 동참하였다. 이제 일본이 석유를 얻을 수 있는 곳은 인도네시아뿐이었다. 일본은 석유를 얻기 위해 동남아시아를 점령하기로 결정하고, 일본이 서구열강의 지배로부터 아시아를 해방시킨다는 '대동아공영권'이라는 미명 아래 동남아시아 침공을 정당화시켰다.

이러한 상황에서 히로히토는 진주만 공격을 결정하였다. 1941년 11월 말 일본함대는 몰래 기지를 빠져나가 진주만으로 향했고, 12월 8일 히로히토는 진주만 공습이 대성공했다는 소식을 들었다.

일본은 진주만 공격에 그치지 않고 끊임없이 만행을 자행하였다. 중국에서는 끔찍한 남경대학살을 저질러 부녀자와 어린이를 포함하여 수만 명을 살해하였다. 남경학살의 군 지휘관 중에는 그의 삼촌 아사카도 포함되어 있었다. 히로히토는 일본군 총사령관이었다.

일본군이 아시아 전역을 휩쓸면서 히로히토는 처음으로 일본의 대중적 인기를 얻는 왕이 되고, 동시에 뭇솔리니·히틀러와 함께 세계가 가장 증오하는 사람의 하나가 되었다. 동남아시아에서 자행된 일본군의 만행은 모두 일본 천황 히로히토의 지원 및 묵인 아래 이루어진 것이었다.

미국은 일본 폭격에 나섰지만 왕궁은 폭격하지 않았다. 만일 일왕에게 해를 끼칠 경우 일본의 적개심과 투지만 자극할 것이라 판단하였기 때문이다. 메이지 유신 이래 일본인의 의식 속에 깊이 아로새겨졌던 천황제 이데올로기의 영향을 염두에 두고 있었던 것이다.

전세가 일본에 점차 불리해져 가자, 군부는 히로히토에 대한 병사들의 충성심을 자극하여 새로운 방법을 강구하였다. 바로 자살특공대인 가미카제였다. 왕은 출격에 나서는 특공대에게 술과 머리띠를 하사하였고, 그들은 왕을 위해 죽는 것이 자신의 의무라고 생각하였다.

1945년 6월 6일 히로시마에 원폭이 투하되었고 이어 나가사키에도 원폭이 투하되었다. 대부분의 일본 국민들은 왕이 결사항전하다가 죽자고 요구하리라 생각하였지만, 히로히토는 항복을 선언하였다.

맥아더가 일본에 도착한 뒤 가장 중요한 문제는 전범 처리와 히로히토 처리 문제였다. 그를 전범으로 처리하자는 요구도 컸으나 전후 일본을 무사히 통치하기 위해서는 그의 도움이 더욱 필요하였다. 이에 따라 전범재판장에는 히로히토나 왕족 중 어느 한 사람도 모습을 보이지 않았다. 히로히토의 측근들은 재판을 받지 않고, 자살을 택했다.

1946년 1월 1일 맥아더는 히로히토에게 천왕의 신격을 부정하는 '인간선언'을 하게 하였다. 길거리에 나와 사람들과 만나 얼굴을 마주하고 공장도 방문하게 하였다. 군중들은 대중들에게 모습을 드러낸 천황에게 열광하였고, 이는 맥아더가 의도한 것이었다.

히로히토는 상징적인 존재가 되었고, 그의 역할은 미국이 초안한 헌법에 의해 제한되었다. 1946년 11월 3일에 선포된 현행 일본헌법에는 "천왕의 지위는 국가와 국민통합의 상징이며, 주권이 존재하는 국민의 총의에 기인한다"라고 되어 있다. 이는 헌법 개정으로 천황을 폐지할 수도 있음을 의미하는 것으로, 결국 천황이 갖고 있는 몇 가지 기능은 의례적인 것이며 상징적인 존재에 불과한 것이다.

그런데 1970년대가 되자 히로히토 부부는 다시 국제무대에 등장하였다. 이제 그의 이미지는 보통의 부부이자 열성적인 자연과학자였다.

이러한 온화한 이미지 속에서 과거는 잊혀진 것 같다. 그가 죽자 일본인
들은 모두 슬퍼하였다. 1990년 히로히토를 이어 천황에 즉위한 아키히
토는 즉위식에서 "일본과 일본국민의 통합의 상징으로서 임무를 다하
겠다"라고 다짐했다.

　최근 일본의 보수화와 함께 천황제와 국가신도의 부활 등의 움직임이
두드러지고 있다. 상징천황제에 대한 일본인의 지지가 아직은 높다고
하더라도, 천황제를 강화하려는 보수세력의 불온한 활동 역시 목격되
고 있어서 이는 새로운 분쟁의 씨앗이 될 가능성이 높다.

□ **생각해 봅시다**

(1) 일본의 근대화 과정에서 형성된 천황제 이데올로기란 무엇인가?
(2) 태평양전쟁 때 히로히토의 역할은 무엇이었나?
(3) 전범재판에서 히로히토가 재판을 받지 않은 이유는 무엇인가?
(4) 오늘날 일본인들은 천황을 어떻게 평가하고 있나?

6) 남경대학살을 고발한다(The Rape of Nanking, 1937)

방송일시	2003년 8월 13일, 히스토리 채널
상영시간	50분
주 제 어	중일전쟁, 남경대학살, 아사카, 국제안전지대위원회, 도쿄 전범재판

| 내용 소개 |

1937년 중일전쟁이 발발하였다. 일본은 3개월 내로 중국을 정복할 수 있다고 장담했지만 상해에서 중국군의 저항을 받고 고전하였다. 이에 일본군은 수도 남경(南京)에서 본보기로 무자비한 살육과 약탈을 명령하였다. "모두 죽이고, 모두 불태우고, 모두 약탈하라." 이는 당시 일본군 최고사령관이며 일왕 히로히토의 숙부인 아사카의 명령이었다.

일본군이 쳐들어오자 남경에서는 100만 인구의 절반이 피난을 떠났다. 20명의 서양 선교사는 크게 불안을 느끼지 않고 남아 있었는데, 여기에 독일인 사업가 존 라베, 선교사 존 매기 등도 포함되어 있었다.

1937년 12월 상해와 달리 남경에서는 중국군이 의외로 쉽게 무너졌다. 장개석의 퇴각 명령에 따라 중국군은 무기를 버리고 앞다투어 도망하였다. 남경에 침입한 일본군은 5만에 불과하였으나 엄청난 수의 중국군이 일본군에 항복하였다. 일본군은 이 살아있는 포로들을 총검술 연습용으로 사용하고, 산 채로 불태워 죽이기도 하였다. 이는 전투에서 이성을 상실한 채 싸우다가 일어난 사건이 아니라 다분히 정책적으로 6~8주에 걸쳐 지속적으로 자행된 것이었다. 군 지휘관들은 병사들의 강간, 약탈을 방치하였다.

그러나 이는 시작에 불과하였다. 1937년 12월 남경에서 중국군의 저항이 막을 내린 뒤 끔찍한 살상과 약탈이 시작되었다. 중국군의 잔당을 찾아내기 위해 시작된 가택수색은 끔찍한 여자사냥으로 변해 버렸다. 일본의 살인 강간이 시작되었다.

거리에는 여인을 찾는 일본군으로 가득 찼다. 일본군은 여성을 찾아내면 트럭으로 막사까지 실어날랐다. 여자들은 묶인 채 집단강간을 당하다 과다 출혈로 죽곤 했다. 일본군들은 여든이 넘은 할머니부터 여덟 살도 안 된 어린이까지 겁탈하였고, 심지어는 임산부를 집단강간하고 태아를 도려내기도 하였다.

일본군들은 대담하게도 이러한 만행을 사진으로 찍어 중국인들에게 현상하라고 시켰다. 중국인들은 필름을 복제하여 몰래 미국언론에 내보냈다. 당시 강간의 피해자는 혹은 2만, 혹은 8만이라고도 한다. 그러나 이러한 일본군의 범죄에 대해 서구세계는 무관심하였다.

지옥으로 변한 남경에도 작은 희망이 남아 있었다. 그것은 중국 군사정부 말기에 세워진 국제 안전지대 위원회였다. 남경에 남아 있던 20명 남짓한 외국인은 도시 가운데 190만 평을 안전지대로 지정하고 일본인의 접근을 막는데, 이 안전지대에서 30만 명 이상의 중국인이 목숨을 건졌다. 이 곳에는 군인도 철조망도 없었고, 다만 적십자 깃발과 허술한 담장뿐이었다.

이러한 국제안전지대에 구세주가 나타났다. 나치 당원인 존 라베로, 그는 히틀러 나치 완장을 차고 다녔다. 유럽의 대학살의 주역이 중국에서는 오히려 구세주가 되었다는 것은 역사의 아이러니다.

일본군의 만행은 존 라베에게조차도 끔찍한 것이었다. 남경에 주둔한 일본군은 조직적으로 방화를 저질렀다. 남경 상업지구에서 백화점과 회사 등을 약탈하고, 주민을 건물에 가둔 채 방화하고, 옥상에서 뛰어내리는 주민들을 구경하며, 일본군은 웃는 얼굴로 사진을 찍기도 하였다.

선교사 존 매기는 비밀리에 남경을 떠나 북경으로 갔다. 그는 남경의 잔학상이 담긴 필름을 주머니에 몰래 숨겨가지고 독일로 밀반입하려 하였다. 독일인 존 라벨은 자신의 우상인 히틀러가 그 필름을 보고 일본의 만행을 막아줄 것이라고 믿었다. 밀반입은 성공하였고, 히틀러는 그것을 보았다. 그러나 히틀러의 비밀경찰은 라벨의 집에 와서 다시는 사진을 돌리거나 언급하지 말라고 경고하였다.

남경에서 자행된 일본군의 잔학행위에 대한 소문이 중국 전역으로 번져 반일감정을 일으키는 동안, 일본에서는 남경학살을 큰 승리라며 자축하고 있었다.

남경점령 6주 후인 1938년 초, 남경은 질서를 되찾는 듯 보였지만, 그 침묵의 이면에는 만행이 자행되고 있었다. 정신대라는 미명 하에 여성들은 매춘을 강요받았고, 일본군들은 매춘이나 노동의 대가로 아편이나 헤로인을 나눠주었다. 심지어 어린아이에게까지 헤로인을 나눠주었다.

처절하게 약탈당한 남경의 기억은 점차 희미해져 갔지만, 2차 세계대전 중에 남경보다 더한 참상을 겪은 곳은 거의 없었다. 2차 세계대전의 주축국인 독일 · 일본 · 이탈리아가 항복하자, 피해 국가들은 사과와 피해 보상을 요구할 길이 열렸다. 뉘른베르크 재판에서 나치 전범들은 대부분 교수형에 처해졌다.

그러나 일본에서는 상황이 달랐다. 도쿄 전범재판(1946~48)은 독일 전범재판보다 오래 끌었다. 수백만 일본군은 히로히토의 안위가 보장될 때 항복할 것이라고 알려졌고, 미국은 천황을 전범으로 기소하지 않는다는 약속을 해야 했다. 그 결과 미군의 희생자를 줄일 수 있었다.

남경대학살 같은 범죄에 대한 진상 조사와 가해자에 대한 조사도 이뤄지지 않았다. 이 전범재판에서는 존 매기도 증언하였으나, 그가 찍은 수많은 사진들은 증거로 채택되지 않았다.

재판 결과 A급 전범 최고사령관 7명만이 처형되었다. 몇 명은 자살하고, 일부는 재판 도중에 자연사하였다. 나머지 대부분의 전범은 재판을 받고 몇 년 복역하다가 사면되어 사업가나 정치가로 성공하였다. 현대 일본인들은 남경대학살에 대해 거의 알지 못한다. 일본 국수주의자들은 일본의 침략을 비판한 사람들을 암살하려 하거나 소송을 제기하기도 한다. 전범을 부끄럽게 여겼던 독일과는 달리, 일본은 이들을 우상으로 숭배하고 있으며 A급 전범들을 도쿄 야스쿠니 신사(靖國神社)에 버젓이 모시고 있다.

히로히토는 당연히 남경대학살에 대해 알고 있었다. 이 학살을 지휘한 그의 숙부는 오히려 중국에서 세운 공로로 훈장을 받았다. 일본정부는 지금도 남경대학살을 날조된 것이라며 부인하고 있다.

도대체 어떻게 해서 남경대학살 같은 일이 일어났으며, 어떻게 해야 그런 비극을 막을 수 있을까? 오늘날 남경대학살 같은 참사는 되풀이되고 있지 않는가? 아프리카에서도, 캄보디아에서도, 보스니아에서, 코소보에서 그런 일은 또다시 반복되었다.

□ **생각해 봅시다**

(1) 일본군이 남경에서 대학살을 자행한 이유는 무엇이었나?

(2) 당시 일본과 세계는 남경대학살을 어떻게 보았나?

(3) 남경대학살에 대해서 도쿄 재판은 어떠한 판결을 내렸나?

(4) 현대사에서 대규모 학살이 자행된 사례를 찾아보자.

7) 731부대의 망령(Unit 731 ; Nightmare in Manchuria)

방송일시	2003년 7월 2일, 히스토리 채널
상영시간	50분
주 제 어	생화학 무기, 이시이 시로, 731부대, 하얼빈, 히로히토, 관동군 방역급수부, 생체실험, 마루타중일전쟁, 남경대학살, 아사카, 국제안전지대위원회, 도쿄 전범재판

| 내용 소개 |

1937년 제2차 세계대전의 와중에 일본은 중국을 침략했다. 승승장구하는 일본에 대해, 소련이 갖고 있지 않는 무기를 갖고 있다는 소문이 나돌았다. 바로 생화학 무기였다. 일본은 이 무기를 은밀히 개발하기 위해 수천 명의 과학자, 기술자, 의사, 수의사, 치과의사 등 각 분야의 전문가들을 동원하였다.

현대 생화학전은 제1차대전 중인 1915년 독일에 의해 시작되었다. 엄청난 인명 살상에 경악한 세계는 제네바 협정을 통해 「생화학 무기 사용 금지 협정」을 맺었고, 일본을 비롯한 140여 개 국이 여기에 참여하였다. 그러나 제국주의적 야욕에 고취된 일본군 장교 이시이 시로는 비밀리에 생화학 무기를 개발하는 731부대를 만들었다.

1892년 한 부유한 가문에서 태어난 이시이는 오만한 성격에 도덕심이 결여되었으며 자신보다 지위가 낮은 사람은 아예 무시하였던 인물로 알려져 있다. 일왕과 군부에 대해서는 철저히 충성하였지만, 군부의 예산을 착복하기도 하였다. 그가 평생에 걸쳐 일관성 있게 추진한 목표는 생화학무기 개발로, 일본 군부의 핵심 인물들을 설득하고, 각계 전문가를 동원하여 만주 하얼빈에 최고 수준의 생화학연구소를 세웠다.

이시이는 자신의 궁극적 목표를 비밀로 했으나 이 비밀조직의 핵심 인물은 히로히토였다. 실제로 히로히토의 명령 없이 일본군의 해외 배치나 생화학 작전이란 불가능한 것이었다. 여기에서 히로히토의 숙부가 중요한 역할을 했고 직접 연구소를 방문하기도 하였다.

연구는 1936년 히로히토의 윤허를 얻어 정식으로 이루어졌다. 공식 명칭은 일본관동군 방역급수부. 일본군 사복 헌병들이 돌아다니며 만주지역의 중국인과 러시아인들을 잡아들였고 이들을 인체실험용 재료로 이용하였다. 다른 나라의 이목을 피하기 위해 731부대는 하얼빈에서도 아주 외진 곳에 위치시켰는데, 이 곳에는 중국인 24만 명, 러시아인 8만 1천 명이 살고 있었다. 비록 하얼빈에서 떨어져 있기는 했지만 오갈 수 있는 곳이었고 실험에 쓸 죄수들도 충분하였다. 일본정부는 최상급 실험기구를 비롯하여 자금을 무제한으로 제공하였다.

행정본부 건물에 딸려 있는 부속건물은 수용소로서, 5백여 명의 남녀 성인과 어린이가 수용되었다. 731부대는 일본 최고 수준의 과학자와 연구원들을 배속하고 서슴없이 인간을 실험물로 사용하였다. 그리고 이 같은 실험을 통해 일본이 적군에 사용할 각종 세균무기를 만들고, 재래식 무기나 생화학 무기에 부상당한 일본군 병사들을 치료하는 방법에 대해서도 깊이 연구하였다.

그들은 실험대상을 통나무라는 뜻의 '마루타'라고 불렀다. 이시이 시로의 악랄한 목표에 사용될 인간 통나무들은 얼마든지 있었다. 실험대상이 부족하면 사복경찰이 시내로 들어가 눈에 띄는 대로 잡아들였다. 일단 이 곳에 끌려오면 아무도 살아나갈 수 없었다.

과학자들의 입장에서 보면, 몸에 침투한 병원체에 대한 인체의 저항능력을 측정할 수 있는 가장 확실한 방법은 산 채로 해부하는 것이었다. 끌려온 사람들은 치명적인 병균에 감염되어 산 채로 해부되거나 갖가지 악랄한 시험에 사용되었다. 여기에서는 50여 가지에 달하는 치명적인 실험이 이루어졌다.

동상 실험도 행해졌다. 실험 대상자들을 추운 하얼빈 벌판에서 꽁꽁 얼린 후 갖가지 방법을 동원하여 추위에 대한 인간의 한계를 실험했다. 전장에서 폭탄 파편에 맞은 병사들을 효과적으로 치료할 방법을 찾기 위해 직접 폭탄을 사용하였다. 사람들을 둥글게 묶어 세운 후 그 한가운데에다 폭탄을 설치하여 터뜨린 후 이들을 해부하였다.

이시이는 실험을 확대하여 세균무기를 개발하고자 했다. 그는 실험실에서의 인체 실험으로만 그치지 않고 각지의 도시와 촌락에서 현장 실험을 했다. 페스트균을 퍼트릴 수 있는 최선의 방법을 찾기 위해서는 현장 실험이 필요했기 때문이다. 비행기로 세균을 살포하는 실험을 하였고, 목표 지점은 인근 중국인 촌락이었다. 중국인 주민들이 식수로 사용하는 우물에도 페스트균을 퍼트렸다. 살포 방법에 상관없이 무고한 주민들이 입은 피해는 엄청났다. 이시이는 굶주린 중국 어린이들에게 탄저병균이 담긴 사탕을 나눠주기도 하였다.

이시이는 보다 더 정밀한 살포방법을 찾아내었다. 재래식 무기인 세라믹 폭탄을 개조하여 그 속에 페스트균을 지닌 쥐벼룩을 집어넣어 투하한다는 것이었다. 목표로 삼은 마을에 세균폭탄이 떨어졌다. 731부대원들은 그 마을을 직접 찾아가 조사하였는데, 주민들을 들판으로 끌고 가 산 채로 배를 갈랐다.

이시이 덕분에 일본은 미국을 강타할 무기를 얻었다. 미국의 공세가 거세지자 일본도 미국 본토에 세균무기를 투하할 비밀계획을 추진하였다.

태평양전쟁은 사상 최악의 잔혹한 전쟁이었고, 미국은 일본에게 최대의 적이었다. 미군 포로들에게 세균실험을 실시하고, 탄저병균과 성홍열 주사를 놓기도 했다. 전쟁이 끝난 뒤 이 사실이 미군 당국에 알려졌지만, 이들의 증언기록은 기밀로 분류되었으며 50년이 지난 지금도 미국정부는 침묵을 지키고 있다.

2차대전이 끝나갈 무렵 731부대가 만든 가공할 만한 세균무기가 미국 본토로 날아갔다. 일본은 세균을 넣은 기구를 띄워 미국 서부지역을 공격하려 했다. 미국을 향해 날린 수천 개의 기구폭탄 가운데 200개가 목적지에 도착했고, 가장 멀리는 미시간까지 갔다. 이 가운데 실제로 폭발한 것은 몇 개 안 되고, 인명을 살상한 것은 단 한 개였지만.

일본이 패전하자 모든 증거물을 폐기하라는 지시가 내려졌지만, 단 731부대의 유산은 그대로 남았다. 미국은 일본이 항복한 시점부터 이미 731부대에 대해 잘 알고 있었고, 과학자들로 구성된 조사단을 파견하였다. 이들은 731부대의 연구성과가 미국 국익에 큰 도움이 된다고 주장하였고, 패전 뒤 일본으로 귀국한 이시이는 미군당국과 협상을 벌였다. 자신과 참모들을 전범으로 처벌하지 않는다는 조건으로 비밀자료를 해독하여 제공해 주겠다는 것이었다. 당시 미군정도 731부대 요인들의 처형에 반대한다는 의사를 분명히 밝혔다. 미국 과학자들은 인체 실험 자료를 얻을 수 있다는 데 크게 고무되었다. 결국 미국은 이시이의 요구를 들어주고 1948년에 협상이 체결되었다.

이시이 시로는 1959년 67세의 나이로 죽었고, 고향에서는 지금도 영웅이다. 그는 생전에 단 하루도 감옥에 살지 않았으며, 731부대에 참여한 과학자와 의사들은 학계와 국가기관에서 오히려 고위직을 차지했다.

중국정부는 731부대의 기억을 그대로 간직하기 위해, 현재 하얼빈에 있는 남아 있는 부대 건물을 박물관으로 만들어 과거의 악몽을 생생히 보존하고 있다.

그러나 일본은 731부대에 대해 부정하고 있다. 일본 교과서에는 2차대전 때 일본이 저지른 잘못에 대한 언급은 거의 없다. 대부분의 일본인은 일본이 가해자가 아니라 불행한 원자폭탄의 피해자라고 생각하고 있을 뿐이다.

그러나 731부대의 진실이 점차 밝혀지고 있는 상황에서, 당연히 전범에 대한 단죄가 이루어져야 하며, 일본은 그들의 과오를 인정해야 할 것이다. 피해자들에게는 공개적으로 사과하고 유족들에게 위로금을 지불해야 한다. 그렇다 해도 그들의 억울한 희생과 고통을 다 씻을 수는 없을 것이다.

미국도 과거를 반성해야 한다. 이라크 사담 후세인의 생화학 무기의 개발은 불행한 역사가 반복된다는 것을 의미한다. 전 세계는 731부대의 교훈을 잊어서는 안 될 것이다.

□ **생각해 봅시다**

(1) 일본이 생화학 무기를 개발하려고 한 이유는 무엇일까?

(2) 생화학 무기를 만들기 위해 이시이 시로가 사용한 방법은 어떤 것이 있나?

(3) 731부대의 생체실험 연구결과는 어떻게 활용되었나?

(4) 오늘날 세계 각 국은 대량 살상무기의 개발과 사용을 막기 위해 어떠한 노력을 하고 있나?

8) 붉은 별, 모택동(毛澤東)

방송일시	2003년 7월 23일, 히스토리 채널
상영시간	50분
주 제 어	모택동, 중국공산당, 장개석(蔣介石), 정강산(井崗山), 대장정(大長征), 준의(遵義)회의, 연안(延安), 강청(江淸), 남경대학살, 서안사변(西安事變), 국공합작(國共合作), 토지개혁, 백화제방(百花齊放), 백가쟁명(百家爭鳴), 반우파(反右派)투쟁, 대약진(大躍進)운동, 유소기(劉少奇), 문화대혁명

| 내용 소개 |

모택동은 25년 동안 10억 중국인을 이끌고 중국을 강대국으로 만든 영웅으로, 중국의 50년 현대사가 그에 의해 결정되었다고 보아도 지나치지 않을 것이다. 모택동은 마르크시즘을 모택동 사상으로 바꾸고, 중국인에게 긍지와 자존심을 심어주었다.

모택동은 1893년 12월 26일 호남성 상담현(湘潭縣) 소산(韶山)에서 농민의 아들로 태어났다. 당시 도시에는 아편중독자가 넘쳐나고, 농촌에는 지주들이 신처럼 군림하며 가혹하게 소작료를 탈취하고 있었다. 농민의 삶은 고통과 기근의 연속이었고, 모택동 역시 여섯 살 때부터 농삿일을 거들어야 할 정도로 생활이 어려웠다. 14세 나던 해에 아버지의 뜻을 따라 마을처녀와 결혼했으나 곧 이혼하고, 3년 뒤 17세에 집을 나와 장사(長沙)의 상향중학(湘鄕中學)에 진학하였다. 장사에 온 지 얼마 안 되어 신해혁명을 경험하고, 호남 제일사범학교에 입학해서는 혁명을 지지하는 의미에서 변발을 잘랐다.

1918년(24세) 모택동은 교사자격증을 얻어 어렵게 북경대학교 말단 사서로 취직하였다. 이 때 모택동은 러시아 공산혁명을 알게 되어 공산주의 그룹을 형성하였으며, 1921년 중국공산당의 창당 멤버로 활동하였다. 그리고 호남으로 돌아와 공산주의를 농민들에게 전파하기 시작하였다.

중국을 장악한 장개석(蔣介石)이 1927년 급진적인 공산주의자들을 탄압하기 시작하자, 모택동은 동료들과 함께 산악지대인 강서(江西)의 정강산(井崗山)으로 퇴각하여 장개석 정부군과 대치하였다. 수적으로나 화력으로나 열세였던 공산당 군대는 모택동의 게릴라 전법으로 국민당 정부군에 대응하였다.

1934년 백만 명의 정부군에 포위당한 정강산의 공산군은 논란 끝에 모택동의 주장을 받아들여 퇴각을 결정하고, 역사적인 대장정에 돌입했다. 모택동은 이 대장정 도중에 준의(遵義)에서 공산당의 지도권을 장악하였다. 대장정에 나섰을 때 10만 명이던 공산군은 겨우 2만 명만이 살아남아 마침내 연안(延安)에 도착하였다.

연안은 공산주의자들의 해방구가 되었다. 연안에 정착한 모택동은 차분히 중국의 미래를 설계하고, 혁명정책을 구체적으로 구상하였다. 모택동은 진정한 리더로 존경받았다. 프랑스나 러시아에 유학하고 돌아와서 혁명을 어려운 말로 설명하는 다른 지도자들과는 달리 모택동의 설명은 명쾌하고 쉬웠다. 이 곳에서 모택동은 네 번째 부인인 강청을 만나 결혼했다.

1930년대 후반 국공내전 중에 발생한 서안사변(西安事變)을 계기로 모택동은 항일의 구호 아래 장개석과 국공합작을 맺었다. 일본군과 싸우면서 미국의 지원을 받게 된 모택동 군대는 더욱 강해졌다. 1949년 중국을 점령하고 북경을 차지한 모택동은 1949년 10월 1일, 북경 천안문 광장에서 중화인민공화국의 탄생을 선언하였다.

그 해 가을 모스크바를 방문한 모택동은 스탈린의 소련에 대한 환상을 버리고 독자노선을 추구하게 된다. 귀국 후 모택동은 과감한 토지개혁으로 농민들의 지지를 받았지만, 도시에서는 공산당 지지자가 급격히 줄어갔다. 특히 지식인층의 공산당 독재에 대한 불만은 대단했다. 모택동은 1956년 중국 최초로 민주주의를 도입하였다. 이것이 바로 '백화제방(百花齊放)', '백가쟁명(百家爭鳴)'이었다.

모택동은 이를 계기로 자신에 대한 지식인층의 비판이 줄어들 것이라고 생각하였지만, 예상과는 반대로 공산당 독재를 강도 높게 비판하는 대자보가 연일 나붙었다. 곧 쌍백(雙百)운동은 막을 내리고, 모택동에 의한 반우파(反右派) 투쟁이 시작되었다. 100만이 넘는 가족이 반우익 투쟁의 기치 아래 탄압을 받았다.

1958년 모택동은 지방 시찰중에 대약진운동을 구상하고 실천에 옮겼다. 1년 후 9억 중국인은 거대한 집단농장에 소속되어 방대한 노동력을 제공하였다. 마을마다 작업장마다 용광로의 불빛이 붉게 타올랐다. 그러나 철을 만들 재료가 부족하여 금속조각을 모아야 했고, 그것으로도 부족하여 난로까지 부수어 조각을 내야 했다. 모택동은 생산량이 눈에 띄게 늘었다는 보고에 만족하면서, 생산목표를 조금씩 높여 갔다. 그러나 대약진운동은 실패로 끝났다. 생산된 철은 무용지물이었고, 노동력을 철 생산에 집중하면서 2년간 수확을 할 수 없었다. 1959년 겨울, 모택동의 무리한 정책으로 중국 전역은 심각한 기아 상태에 빠졌다. 최근의 조사에 따르면, 1958~61년까지 4천만 명이 굶어 죽었다고 한다. 결국 대약진운동의 실패로 모택동은 일선에서 물러나고, 실용주의자인 유소기(劉少奇) 등이 한동안 국정을 장악하였다.

그러나 1966년 73세의 모택동은 재기를 위해 양자강에서 수영을 하는 대규모 선전전을 펼쳤고, 북경 천안문 광장으로 수십만의 청년을 끌어 모았으며『모택동어록』은 청소년들에게 열광적으로 호응을 받았다. 방송과 신문은 연일 모택동과 공산당을 선전하였다. 모택동은 그

동안의 온건한 조정정책으로 자본주의가 싹텄다고 믿고, 청소년을 부추겨 자본주의 성질을 근절하도록 촉구했다. 소위 문화혁명이 시작된 것이다. 모택동은 의도적으로 혼란을 조성하여 당을 장악하였다. 중국 전역이 문화혁명에 휘말렸고, 모택동의 홍위병들은 당권파들을 과감하게 숙청하였다. 문화대혁명 기간 동안 1960년대 말까지 백만 명 이상이 목숨을 잃거나 투옥되었다.

1969년 제9회 공산당 대회에서 모택동은 권력을 탈환한 후 홍위병을 해산하고 농촌으로 돌려보냈다. 1972년 닉슨이 북경을 방문하였고, 중국은 세계무대로 진입하였다. 그러나 모택동은 그 성과를 보기 전에 1976년 9월 18일에 83세의 나이로 사망하였다.

중국인들은 지금까지도 모택동의 모습을 기억하고 있다. 역사적 과오도 있었지만, 중국을 새로운 세계로 이끈 위대한 영웅으로.

□ **생각해 봅시다**

(1) 20세기 중국은 어떠한 상황에 처해 있었나?

(2) 모택동이 중국혁명을 성공시킨 힘은 어디에서 왔을까?

(3) 모택동주의와 마르크스주의의 차이는 무엇인가?

(4) 중국 현대사에서 모택동의 업적은 어떻게 평가되고 있나?

9) MBC 창사 기념 5부작 ; 제4부 13억의 심장, 중국공산당

방송일시	2003년 11월 23일, MBC
상영시간	50분
주 제 어	중국공산당, 후진타오, 당교(黨校), 중국공산주의청년단(共靑團), 민주 당파, 모택동, 유소기, 등소평, 호요방, 천안문 사태, 이붕, 『천안문백서 (The Tiananmen Papers)』, 웨이징성, 강택민, 삼개대표론, 중국 특색 사회주의

| 내용 소개 |

1949년 중화인민공화국이 건국된 지 54년이 지났다. 1991년 소련연
방이 해체되고 1998년 베를린 장벽이 무너진 후 동구의 사회주의 진영
도 붕괴되었지만, 중국의 공산당은 여전히 건재하고 중심에서 중국을
이끌고 있다.

공산당 입당은 중국인들에게 매우 중요한 일로서, 사상뿐만 아니라
탁월한 업무능력을 입증해야만 가능하다. 전체 공산당원은 6700만으로
서 국민 20명 중 1명꼴이다. 공산당의 조직은 중앙위원회, 성급 위원회
31개, 현급 위원회 280개, 향진급 위원회 2,000여 개 그리고 촌급 위원회
로 구성된다. 정식 공산당원은 당교(黨校)에서 정기적으로 교육을 받아
야 한다.

베이징 대학교 학생 가운데 20%인 5천여 명이 공산당원이고, 당원이
아닌 학생들은 중국공산주의청년단(共靑團)에 소속되어 활동하고 있
다. 공청단은 9세부터 28세 사이의 청년을 대상으로 하는데, 6900만
명의 회원을 두고 있고, 후진타오도 공청단 출신이다. 그 밖에 공산당
외곽조직으로서 부녀연합, 자연과학 전문학회 연합, 공회(工會 : 노동
자 조직) 등이 있다. 중국에는 헌법상 집권당인 공산당 외에도 8개의
민주당파가 있으나, 이들은 집권당에 대한 반대당이란 의미에서의 야

당은 아니다. 1949년 제1차 정치협상회의에서 통일전선에 참가한 정당
으로 인정을 받은 정당이므로 공산당의 지도 아래 공산당과 친밀한
협조관계를 유지하고 있다.

그런데 공산당 내부에는 실용주의를 추구하는 세력이 있어 왔고
그로 인해 몇 차례 갈등이 있었다. 1960년대 모택동이 주도한 문화대혁
명은 당시 당정을 장악하고 있던 실용주의자 유소기(劉少奇)·등소평
(鄧小平) 등을 대상으로 한 반대투쟁이었다. 1978년 재등장한 실용주의
자 등소평은 사회주의를 기초로 하고 무산계급 독재와 공산당 영도
및 마르크스주의와 모택동주의를 견지한다는 사회주의 노선 위에 실용
주의를 도입했다.

1989년에 발생한 천안문 사태는 실용주의 노선이 극대화되면서 나타
난 불가피한 사건이었다. 1989년 6월 4일 호요방의 죽음을 계기로 시작
된 시위는 개혁개방의 성과에 대한 평가가 요구되었고, 이어서 체제를
비판하는 대자보가 등장하기 시작했다. 그들은 반부패, 반관료주의를
요구하고, 궁극적으로 민주주의와 다당제의 도입을 요구하기도 했다.

엔드류네이션(콜럼비아대 교수)이 펴낸 천안문 사태에 대한 사실적
문서인 『천안문백서(The Tiananmen Papers)』에 따르면, 이붕 총리는
등소평에게 시위대의 구호와 대자보 내용이 반당(反黨)·반(反)사회주
의적이며, 6월 2일 시위대들이 공산당과 사회주의체제를 붕괴시키려
한다고 보고하였다. 시위대에 대한 무력진압 결정은 이렇게 내려졌다.

1989년 강택민이 천안문 사태를 진압한 후 집권하였다. 그는 집회를
금지하고 무장경찰을 새로이 조직하고 공산당에 대한 비판을 차단하였
다. 정치개혁보다는 경제발전에 주목한 그는 2001년 7월 1일 공산당
창당 80주년 기념식에서 중국공산당은 ① 선진 생산력의 발전 요구를
대표한다 ② 선진 문화의 나아갈 방향을 대표한다 ③ 모든 인민의

근본 이익을 대표한다는 소위 '3개 대표론'을 공산당 노선으로 확정지었다. 이로써 사영 기업가도 공산당원이 될 수 있는 길이 열렸다.

2003년 10월 12일 16기 3중전회(三中全會)에서 후진타오가 중앙위원들에게 정치국 업무보고를 행했는데, 이 같은 서열 파괴는 사상 초유의 일이었다. 원래 공산당 최고 의결기구는 정치국 상무위원회(9명)고, 그 아래 정치국원(25명)이 있으며 그 아래에 다시 당중앙위원회(정위원 198명, 후보 158명)가 위치하였다. 이 회의에서는 1300여 개의 안건이 처리되고, 헌법 개혁이 있었다. 헌법의 변화는 특별히 주목할 만한 것으로 '3개 대표론'을 헌법에 넣고 사유재산을 보장한다는 요지의 내용을 담고 있었기 때문이다. 사유재산 보호는 사회주의 국가 최초의 사건이었다.

54년 역사의 중국공산당은 자기 변신을 계속해 왔고, 오늘날에는 사회주의를 지키면서 경제개혁을 계속하고 있다. 그들이 앞으로 넘어야 할 것은 심각한 사회 불공평, 빈부 격차, 부정 부패 등일 것이다. 또한 지금의 고도 경제성장을 유지해야 하는데, 이를 위해서는 정치제도의 개혁이 필연적이다. 사회주의 이념과 자본주의 시장경제의 이익을 양손에 쥐고 중국 13억 인구를 이끌고 있는 중국공산당의 변화가 미래 중국의 모습을 결정하게 될 것이다.

□ **생각해 봅시다**

(1) 현대 중국인들은 공산당을 어떻게 생각하는가?

(2) 천안문 사태는 왜 발생하였는가?

(3) 지금 중국공산당은 어떠한 변화를 시도하고 있는가?

(4) '3개 대표론'은 왜 세계의 주목을 받고 있는가?

(5) 홍콩 반환 후 중국의 홍콩정책은 어떤 특징을 보이고 있는가?

10) 21세기 중국, 슈퍼파워, 중국은 지금 : 1억 9천만이 부자인 나라

방송일시	2004년 2월 1일, KBS2
상영시간	60분
주 제 어	개혁·개방, 상하이, 화이하이루, 남경로, 추녀 선발대회, 베이징 싼리툰, 소황제(少皇帝), 양리웨이, 선저우(神舟)

| 내용 소개 |

1949년 중국이 공산화된 지 50여 년이 지났다. 그 동안 폐쇄되어 있던 중국은 1979년 개혁 개방을 시작하였고, 2002년 WTO에 가입하면서 비약적인 성장을 거듭하고 있다. 2004년 현재 중국은 GDP 성장률세계 1위, 외국인 투자액 세계 1위를 기록하고 있다.

상해는 이러한 중국 경제성장의 상징이다. 2003년도 외국투자액은 70억 달러에 달해 한국의 26억 달러와 큰 차이를 보이고 있고, 진출한 외국 기업의 수도 1,978개에 이르는 등 세계기업의 핵심 투자지역이 되었다. 맥도날드는 1,570개의 매장을 가지고 있고, 폭스바겐, 도요타 등 자동차 기업들이 진출해 있으며, 씨티은행 등 금융회사들이 싱가포르와 홍콩에 있던 본사를 상해로 옮기고 있다. 상해를 중심으로 강소, 절강을 포함하는 화동지역은 거대한 산업벨트를 형성할 것이다. 이 지역의 인재, 자연자원, 첨단기술 그리고 고부가가치 상품의 생산에 힘입어 중국경제는 더욱 발전하게 될 것이다.

상해의 밤은 세계 어느 도시보다 화려하고, 백화점 거리에는 세계 각 국의 최고급 브랜드들이 들어와 있다. 수천만 원짜리 상품이 하루에 10여 개씩 팔려나간다. 이는 북경에서도 마찬가지다. 젊은이들은 사들이는 수입자동차는 2억~4억 원대에 달한다. 그러한 자동차가 첫 해에 15대, 작년에 30대, 올해에는 이미 90대 넘게 팔렸다. 2천만 원의 가입비와 연회비를 내는 면적 2만 4천 평의 최고급 장안 클럽이 있고 천여 명의 회원이 중요 관공서의 관료들과 관계를 맺기 위해 가입하였다. 고급 아파트 단지는 세계 일류 자동차의 전시장을 방불케 한다. 가격은 2억 2500만 원을 호가하고 가장 비싼 집은 450억 원이나 한다. 이런 초호화 빌라에 사는 신귀족들은 중국에 약 3천만 명이나 된다.

이제 상해나 북경 같은 큰 도시에 사는 사람들의 삶은 여느 자본주의 국가와 다를 바가 없다. 조그마한 자영업을 하면서 부업으로 밤에 운전을 하여 풍요로운 삶을 누리는 사람들이 늘어나고 있다. 집에는 TV 세트와 대형 냉장고 등을 갖추고, 아이들을 교육시키기 위해 학원에도 보낸다. 월 6천 위엔(100만 원) 정도를 저축하고 주식투자도 한다. 30만 위엔 즉 4,500만 원 정도가 드는 성형수술이 성행하고, 북경의 싼리툰 거리에는 대학생들로 붐비는 나이트 클럽이 즐비하다. 이런 장소에서 젊은이들을 쉽게 어울리고 만나며, 성문화의 변화에 따라 성 매매가 출현하고, 혼전동거도 늘어나는 추세에 있다.

북경의 왕징(望京) 거리는 중국의 소황제(少皇帝)들을 위한 거리다. 소황제란 어린아이들을 가리키는 말인데, 출산 제한 때문에 생겨난 풍조라고 할 수 있다. 중국에서는 유아원이 가까이 위치해도 직접 아이들을 등교시켜 준다. 좋은 환경과 조건을 갖춘 일급 유치원에 들어가기 위해서는 치열한 경쟁을 뚫어야 한다. 대형 서점에서도 아이들과 관련된 코너가 크게 붐비며, 아이들에게 과외를 많이 시키고 있어서 그와 관련된 서적이 잘 팔린다. 자녀교육비는 2002년 통계에 따르면, 한국의 44%를 넘어 46%에 달하고 있다.

중국에서는 중점학교라고 부르는 일류학교가 인기를 모으고 있다. 중점 고등학교에 가려면 학교에서 10등 안에 들어야 한다. 북경사범대학 실험중학도 그 중점 학교 중 하나로서 최고의 시설을 갖추고 있다.

강의시간에 쓰이는 교재는 원서로 되어 있고, 웬만한 질문에는 영어로 대답한다. 이 학교 출신자는 95%가 중점 대학교에 들어간다.

　북경에는 2002년 3월 기준으로 일반 중학교가 486개인데, 그 중 중점 중학교는 36개뿐이다. 자녀를 중점 학교에 보내기 위해서는 부모의 적극적인 후원이 필요하다. 아이들은 학업성적에 따라 소대장, 중대장, 대대장으로 임명되는데, 대대장이 가장 우수한 학생이다. 우수한 학생들이라 해도 과외를 하는데, 과외는 현직 교사가 한다. 대체로 사교육비는 한 달에 1천 원 정도. 거의 부모 수입의 절반을 차지하는 대단한 액수다.

　2003년 10월 15일 중국은 유인 우주선 발사에 성공하였다. 우주선 이름은 선저우(神舟) 5호. 양리웨이는 지금 중국인의 영웅이 되었다. 그의 모교는 그의 이름을 따서 학교이름까지 바꾸었다. 유인 우주선의 발사 성공은 중국의 성장을 의미하며, 사람들은 이제 중국이 세계의 용으로 뛰어오르고 있다고 보고 있다.

□ 생각해 봅시다
(1) 세계 각 국이 중국에 투자하고 있는 이유는 무엇일까?
(2) 중국은 해외기업을 유치하기 위해 어떠한 노력을 하는가?
(3) 지금 중국의 변화를 나타내주는 중국인들의 생활의 변화상은 무엇인가?
(4) 중국의 경제가 계속 고도성장을 유지하기 위해서 어떤 노력을 하고 있나?

11) 대탐험 살윈강 : 지구 최후의 오지를 찾아서-
   모수오족(摩梭族)과 나시족(納西族)

방송일시	2003년 11월 17일, 히스토리 채널
상영시간	50분
주 제 어	옥룡설산(玉龍雪山), 루구 호수, 모계사회, 살윈강(怒江), 모수오족(摩梭族), 이족(彝族), 이주마, 라마불교, 어쭈, 동파(東巴)문화, 나시족(納西族), 리강(瀾江), 리장(麗江), 옥호(玉湖), 장족(藏族), 이족(彝族), 백족(白族), 쿠빌라이칸

| 내용 소개 |

　중국은 56개 민족으로 구성되어 있는 다민족 국가다. 한족(漢族)을 제외한 55개의 소수민족은 중국공산당이 중국을 지배하기 시작한 1949년 이래 하나의 중국에 편입되었지만, 여전히 자신들의 문화를 지키며 살고 있다. 문화대혁명기에는 전통적 가치와 윤리를 부정하여 소수민족의 전통을 철저히 파괴하려는 시도를 하였다. 그러나 개혁과 개방을 추진하면서부터 소수민족을 적극적으로 아우르는 쪽으로 정책방향을 바꾸었다. 이는 소수민족 보호정책의 차원이기라기보다 중국의 전략과 안보의 문제였다.

　현재 중국 소수민족은 대부분 국경지역에 퍼져 살고 있다. 그 중에서도 신강, 위구르 자치주, 티벳 그리고 만주의 조선족의 경우는 중국의 안보에 중요한 변수가 되고 있다. 중국은 이미 과거 소련, 인도, 베트남 등과 국경분쟁을 겪은 경험이 있고 중국 내에서도 티벳처럼 강력하게 독립을 요구하는 민족도 있다.

　따라서 향후 중국의 소수민족 정책은 크게 변할 것으로는 보이지 않는다. 지금도 이들 소수민족에 대해서는 사회적 제도적으로 보호하고 있으며, 그들의 전통과 문화를 존중하는 정책을 표방하고 있다.

중국정부의 이 같은 자세는 소수민족의 보호라는 측면에서 보면 긍정적일 수도 있지만, 소수민족 사회의 변화와 발전에 반드시 도움이 된다고는 할 수 없다. 최근 중국의 투자가 집중되고 있는 경제 선진지역에 비해 소수민족이 살고 있는 지역은 여전히 소외지역으로 남아 있기 때문이다.

비록 경제적으로는 빈곤하지만 서남 변경지역에는 전통을 잘 보존한 민족들이 많이 살고 있다. 그 중에서 우리의 관심을 끄는 민족이 바로 모수오족과 나시족이다. 수백 년 동안 자신들의 전통을 잘 보존하고 있다. 이 다큐멘터리는 아직도 오지에서 전통문화를 고스란히 보존하고 있는 이들을 찾아 그들의 삶과 문화를 소개하고 있다. 쉽게 찾아갈 수 없는 지역의 소수민족들의 문화를 접할 수 있는 좋은 자료라 하겠다.

모계사회는 이미 원시시대에 사라졌지만, 아직도 이 모계사회를 유지하고 있는 민족이 모수오족이다. 이들이 사는 마을을 찾아가는 길에 이족(彝族) 마을과 시장이 있는데, 이족은 세계에서 가장 큰 모자를 쓰는 민족으로 알려져 있다. 인구는 300만으로 55개 소수민족 가운데 네 번째로 인구가 많다. 사냥을 잘하는 용감한 무사종족으로 알려진 이족은 일부다처제의 가부장적 사회에 고유문자를 가지고 민족정체성과 전통을 유지하고자 애쓰고 있다. 그들이 쓰고 있는 모자는 '이주마'라고 하는 전통모자다.

모수오족이 모여사는 마을 주변에 루구호가 있다. 해발 2,685m에 위치한 이 호수는 평균 수심이 40m, 면적이 77㎢에 달한다. 통나무집에 사는 모수오족은 나시족의 일족으로서 인구가 총 25000명이 안 되는 작은 민족이다. 첩첩산중에 위치한 모수오 마을은 외부와 오랫동안 단절되어 있었기 때문에 모계사회를 유지할 수 있었던 것으로 보인다.

도끼를 능숙하게 다루는 써노애는 올해 24세. 할머니, 이모할머니

등과 함께 사는 대가족 집안의 가장으로, 7식구를 먹여 살려야 하는 어머니이기도 하다. 집안에서 유일한 남자는 그녀의 오빠. 모수오족 사회에서는 집안의 안팎 일을 모두 여자들이 한다. 남자는 그냥 돕는 정도.

루구호의 모수오족은 장수하는 민족으로도 유명하다. 써노애의 어머니는 76세지만 집안일을 도맡아 하고 있고, 94세인 이모할머니도 집안이 자잘한 일들을 하고 있다. 아들보다 딸을 더 바라는 모수오족의 가족은 철저히 같은 혈연으로 형성된다. 사위와 며느리를 들이는 결혼식이라는 풍습 자체가 아예 없어서 시집살이도 있을 리가 없다. 모수오족 여성들은 자신이 나고 자란 집에서 할머니, 어머니, 그리고 자신들의 아이들과 함께 산다.

모수오족 사회에서는 사람들 사이에 스트레스가 존재하지 않는다. 결혼 때문에 다른 집에 가서 살 이유가 없으니 이 때문에 생기는 갈등 같은 것이 있을 리 없다. 깊은 산 속에 살고 있는 까닭에 외부로부터 자극을 받아 그 때문에 긴장할 필요도 없다. 여러 세대를 이어 어머니 그리고 형제자매가 평생 한 집에 산다. 자녀가 분가하는 경우는 드물어 딸은 자신의 아들과 동거하고, 아들이 혼자 나가 사는 경우는 있다. 이 때문에 모수오족에게 아버지는 없고 외삼촌만이 있을 뿐이다. 모수오족의 가통은 막내딸이 이어받는데, 어머니와 나이 차가 가장 많은 막내가 성인이 되면 어머니는 물러나서 남은 여생을 막내딸에 의지하게 된다.

결혼이 없는 모수오족은 잠자리 상대를 매일 구해야 하고, 대를 이을 자식을 얻기 위해서도 이성이 필요하다. 보통 여자가 마음에 드는 남성을 선택하고, 남자가 여자의 집에 가서 하룻밤을 보낸다. 혹 거절당한 남자는 어머니 집으로 돌아와 자야 한다. 젊은 남자가 어머니 집에서

자는 경우, 남들에게 놀림을 받기 때문에 길에서 자기도 한다. 물론 남자도 거절할 수 있다. 모수오족에게 있어서 이성 문제는 두 사람만의 일이다.

서로 사랑하며 다른 상대를 받아들이지 않는 경우 이를 '어쭈'라고 하여 지속적으로 관계를 유지하기도 한다. 그러나 이는 남편과 아내의 관계와는 다르다. 루구호에서는 사랑하는 사람이라도 해뜨기 전에 헤어져야 한다. 모수오 남자는 잠만 어쭈의 집에서 잘 뿐, 식사와 노동은 어머니 집에서 한다. 모수오족의 남녀관계에는 강제 사항이 아무것도 없고 의무사항도 없으니 권리도 없다. 어쭈와 헤어져도 별 문제없다.

모수오족은 라마불교 신자로, 소박한 탱화가 모셔진 곳은 집안에서 가장 중요한 자리인 화덕 위다. 아침이 밝으면 거실 화덕에서 불씨를 옮겨 집안의 최연장자 여성이 가족의 건강과 풍요를 비는 향불을 올린다.

결혼식이 없는 모수오족에게 가장 중요한 의식은 15세 무렵에 치르는 성인식이다. 세 남자가 내장을 깨끗이 꺼내고 말린 전통 통돼지포를 들고 나오고, 통돼지 포를 방석처럼 깔고 앉거나, 딛고 올라서거나, 조금씩 떼어먹기도 한다. 통돼지 포를 뜯는 것은 돼지처럼 건강하고 풍요롭게 잘 살라는 축복의 의미가 담겨 있다. 성인식은 대단히 간단하다. 여자는 어머니가, 남자는 외삼촌이 전통의상을 입혀주면 그것으로 끝이다. 의식을 참관하는 사람은 집안의 외삼촌과 남자 친구들이다. 성인식에서 여자의 경우, 어머니는 성인이 된 딸에게 열쇠를 건네주는데, 성인 여자는 누구나 자신만의 방을 가질 수 있고 열쇠는 그 방을 갖게 되었음을 뜻한다. 그 방에는 자신만의 어쭈를 받아들일 수 있다. 혹 찾아오는 어쭈가 없더라도 성인식 이후 1년 동안은 어머니의 방에 가지 않는다. 초대받은 남자친구들은 축의금을 내는데, 이들은 어느

집 조카딸이 성인이 되었으니 그녀의 방을 방문해도 된다는 소식을
주변에 알리는 역할을 한다.

그런데 최근에는 이 곳도 외부로부터 바람이 불고 있다. 루구호의
경관과 모수오족의 전통이 조금씩 관광상품으로 바뀌고 있는 것이다.
외부와 고립된 채 유지되어 온 모계사회 풍습도 바뀌고 있다. 외지에
나간 모수오족은 가부장적 사회에 물들고, 루구호 마을에서도 남자들
의 발언이 커졌다. 그들만이 독특한 어쭈를 통한 관계도 일부일처제로
바뀌고 있다.

호수 건너편에는 관광객을 위한 최신식 숙박시설이 세워지고, 영재
들을 위한 실험학교인 희망소학교가 세워지고 있다. 이 학교는 유엔
아동기금으로 설립된 모소어족를 비롯한 소수민족의 실험학교다. 인근
에 사는 모수오족, 이족, 한족 가운데서 선발된 아이들이 교육을 받는다.
교과과정은 중앙정부의 교육위원회에서 관리하고, 한족문화에 순응할
수록 많은 것을 얻을 수 있다. 중국 소수민족은 현재 정체성을 시험받는
기로에 서 있다.

루구호에는 통나무배가 관광객을 기다리며 마을입구 나루터에 줄지
어 서 있는 것을 볼 수 있다. 아주 먼 옛날 한 여성이 홍수가 나자
돼지여물통을 타고 마을사람들을 구했는데, 그 여인이 모수오 족의
시조이며 루구호는 그 홍수로 만들어졌다는 이야기가 전한다. 루구란
모수오 말로 '물에 빠진다'는 뜻이다.

모수오의 민요에는 유난히 사랑노래가 많다. 자유로운 사랑을 많이
해서일 터인데, 따라서 종교나 빈곤, 사회적 이유로 사랑하는 연인들이
헤어지는 것을 모수오족은 이해하지 못한다. 하지만 변화의 바람 속에
서 이제 루구호에서의 자유로운 사랑도 전설이 되어 가고 있는지 모를
일이다.

　살윈 강을 따라 서쪽으로 향하면 양자강 상류 깊은 계곡을 끼고 해발 4천여 미터의 높은 산들이 즐비하다. 옥룡설산 아래 리강(漓江)이 흐르는 깊은 산속에는 나시족이 살고 있는 옥호(玉湖) 마을이 있다. 여기에는 200여 가구, 1,200여 명의 나시족이 살고 있다.

　돌과 벽돌 나무로 지은 집에 사는데, 다른 소수민족의 집들과 구별될 정도로 규모가 크다. 운남성 서북부에 리장(麗江) 자치주를 이루어 살고 있는 나시족은 총인구가 25만 정도 된다. 중국문헌에는 서남 변방 나시족에 대한 기록이 많이 나오는데, 역사적으로 한족과 우호적인 관계를 유지하면서 한족 문화를 받아들이면서도 민족의 정체성은 잃지 않았다.

　날이 밝으면 집안의 며느리가 밀가루 반죽으로 아침을 준비하고, 아이들은 집안의 가장 어른인 증조할아버지 할머니에게 세숫물을 떠서 올린다. 나시족은 어른을 공경하는 문화를 갖고 있다.

　부엌에는 여자들이 하나둘씩 모여들여 일손을 거든다. 밀가루 찐빵, 옥수수 묵, 감자, 파부침 등으로 구성된 풍성한 아침식탁이 차려지면 집안 어른이 아궁이의 불꽃으로 향을 피우고, 식구들이 식사를 하기 전에 음식을 한 그릇 씩 담아 부엌에서 조상들에게 먼저 올린다. 매일 아침 조상에게 올리는 제례의식을 '싸우시양'이라고 하고, 조상의 위패를 '리패'라고 한다. 식사는 집안어른과 남자들이 먼저 먹는다.

　이처럼 나시족은 매일 아침 조상에 인사를 올리고 설날과 사월에는 조상무덤을 찾는다. "올 한 해도 보살펴 주셔서 식구들을 넉넉하게 해 주시고, 오늘 하루도 자손들을 돌봐 주소서." 하며 기원을 올리고 두 잔에 나뉘어 담긴 술을 권한다.

　이곳은 4천 미터가 넘는 고산지대지만 아열대 기후라서 일년 내내 씨를 뿌릴 수 있다. 소를 몰고 나가서 무를 수확한 밭에 옥수수 씨앗을

뿌린다. 옥룡설산의 자락인 마을 뒷산은 여전히 구름에 싸여 있는데, 10월부터 4월까지의 건기에 뒷산의 습기찬 구름이 뿌린 씨앗의 싹을 틔워준다.

나시족의 옥호(玉湖) 마을은 티벳 고원에서 흘러내린 4천 미터 산맥에 둘러싸여 있다. 여인들의 전통의상은 시조설화에 등장하는 날개 끊어진 학의 형상을 본떴는데, 둥근 장식은 학으로 변한 선녀가 따서 붙인 하늘의 북두칠성이다.

만년설로 뒤덮여 있는 옥룡설산은 나시족의 전설과 신화의 고향으로 최고봉의 높이는 5,596미터에 달한다. 명산으로 불리는 옥룡설산의 주변에는 나시족 외에도 예로부터 명성을 떨친 많은 민족이 살고 있다.

옥룡설산의 북쪽에는 세계의 이목을 받는 독특한 문화를 지닌 티벳 장족(藏族)이 살고 있다. 인구 4백만을 헤아리는 장족은 지금도 중국으로부터의 독립운동을 계속하고 있는 강인한 민족이다.

옥룡설산의 동쪽에는 이족(彝族)이 살고 있다. 운남성에만 4백만이 살고 있는 번창한 민족으로 용맹하기로 이름이 높아 옛날부터 중국의 서남쪽을 위협해 왔다. 이족의 남자로 태어나 사람을 셋 이상 죽이지 못했다면 헛산 것이라는 이야기가 전할 정도다.

옥룡설산의 남쪽에는 위에서 살펴본 나시족이 살고 있고, 이들은 이웃한 백족(白族), 장족을 아우르는 하나의 시조설화를 갖고 있다. 즉 나시족의 선조가 자식이 없어서 신에게 빌어 세 쌍둥이를 얻었다. 그런데 이렇게 얻은 아들들이 말을 하지 못했다. 이에 다시 기원을 올리자 말 한 마리가 나시족의 무를 먹는 것을 보고 각각 나시족, 장족, 백족의 말로 "말이 무를 먹는다"라고 하였다. 이 세 아들을 각각 시조로 하는 세 민족은 서로 형제라고 믿는다. 나시족은 강대한 민족과 공존하는 방법으로 평화적인 외교를 선택하여, 한족의 중국과는 우호적인

관계를 유지하면서 선진문화를 받아들이고, 장족, 이족, 백족과는 동맹
과 대결을 반복하였다.

옥룡설산에서 15km 떨어진 곳에 리장(麗江)이 있다. 리장시는 나시
족의 자치도시이자 17만 4천 명의 나시족이 거주하고 있는 도시. 송나라
말기 12세기에 건설된 도시로, 티벳 고원에서 연이어진 해발 2천 m
고산지대에 자리잡고 있다.

나시족은 한족을 제외하고 55개 소수민족 가운데 제일 높은 교육과
문화수준을 자랑하는데, 이 같은 명성에 걸맞게 오래 된 도시 리장은
좁은 골목까지 돌로 포장되어 있고 고풍스러운 건물들과 유서 깊은
문화재로 차 있다. 리장의 옛 이름 바이안은 '큰 벼루'라는 뜻으로,
역시 그 이름에서 높은 문화와 향기를 짐작케 한다. 한편 리장의 풍경을
특징짓는 것 중 하나가 도시를 세 등분하며 흐르는 맑은 물인데, 남쪽으
로 흐르는 개울은 도시의 상하수도 역할을 하였다.

1923년부터 26년간 리장에 살았던 미국인 식물학자 조셉 록의 연구
에 의해서 나시족의 문화가 세계에 알려졌다. 이것이 계기가 되어 리장
의 '동파(東巴)문화연구소'가 1981년에 정식으로 문을 열었다. 동파문
자는 동파라는 나시족 승려들이 사용하는 전통적인 특수문자. 7백
개의 기본 상형문자를 토대로 하여 3천 개의 문자를 만들어 썼다. 나시
족의 역사와 문화는 2만여 권의 책에 기록되어 전하지만, 대부분은
미국·유럽 등의 도서관에 보관되어 있다. 이 연구소에서는 현재 5명의
스님이 동파문자로 기록된 문서를 중국어로 번역하고 있으며, 1949년
중국혁명과 1966년 문화혁명으로 사라진 나시족 문화를 다시 복구하고
있다.

동파문자와 함께 나시족의 문화를 엿볼 수 있는 것이 나시족의 전통
음악이다. 일반 서민들의 전통민요도 발달하였지만, 고유한 악기 편성

과 엄격한 형식을 갖춘 정악은 나시족의 자랑거리로, 이를 '바이샤' 음악이라고 부른다. 원나라와 동맹을 맺은 후 쿠빌라이칸을 배웅하며 연주하였던 음악에서 유래하였는데, 바이샤(白沙)라고 하는 진사강(金 沙江) 가 나루터에서 처음 연주되어 이러한 이름이 붙었다고 한다.

학자들에 따르면, 이 전통음악은 당송대의 궁중음악을 받아들여 발전시킨 것으로 특수층만이 사용했던 동파문자와는 달리 나시족 대부분에게 사랑을 받고 있다. 형식과 규모를 갖추어 당송대 궁중음악을 계승한 음악이기 때문에 중국 음악사에서도 독보적 자리를 차지하고 있으며, 연주회장을 찾는 서구인도 드물지 않게 볼 수 있다.

나시족은 죽어서도 옥룡설산의 자락에 묻힌다. 삶의 문화를 발달시킨 민족은 죽음의 의식도 정교하게 갖춘다. 고인의 자손은 모두 죄인으로 남자는 오른쪽, 여자는 왼쪽에 엎드린다. 장례절차는 한족과 유사하지만 보다 더 성대하고 복잡하다. 장례식을 주재하는 자는 나시족의 전통종교인 동파의 승려. 동파교에는 티벳, 라마불교, 무속신앙, 도교, 유교가 섞여 있다. 18세기까지는 라마불교의 영향으로 화장이나 풍장을 하였으나, 한족의 영향으로 매장을 하기 시작하였다. 무덤은 생전에 동파 승려의 자문을 받아 직접 터를 결정한다.

여러 민족과 경쟁하며 문화를 키워온 나시족이 조상들의 지혜와 노력을 기리는 것은 당연할 것이다. 그리고 전설에도 전하듯이 크고 강대한 주변 민족들과 서로 화합하면서 정체성을 잃지 않는 지혜와 자긍심을 이어간다면 소수민족인 나시의 이름은 사라지지 않을 것이다.

□ **생각해 봅시다**

(1) 모수오족의 모계사회는 어떤 특징이 있나?

(2) 모수오족이 모계사회를 유지하게 된 이유는 무엇일까?

(3) 나시족의 동파문화의 특징은 무엇인가?

(4) 중국의 소수민족정책은 어떠한 변화를 겪었나?

(5) 오늘날 소수민족 사회에는 어떠한 변화가 일어나고 있나?

참고문헌

제1부 역사교육과 영상자료

1. 저서

Carnes, M. C. 지음, 손세호 · 강미경 · 김라합 옮김, 『영화로 본 새로운 역사』, 소나무, 1998.

D.C Phillips & J. F. Soltis 지음, 白種億 옮김, 『학습이론에 대한 견해와 논쟁』, 배영사, 1993.

Eco, U. 지음, 김광현 옮김, 『기호와 현대 예술』, 열린책들, 1998.

Ferro, M. 지음, 주경철 옮김, 『역사와 영화』, 까치, 1999.

Fiske, J. & Hartley, J. 지음, 이익성 · 이은호 옮김, 『TV 읽기』, 현대 미학사, 1997.

James A. Banks 지음, 崔秉模 외 옮김, 『社會科 敎授法과 敎材硏究』, 敎育科學社, 1995.

Lotman, IU. M. 지음, 박현섭 편역, 『영화 기호학』, 민음사, 1996.

Ong, W. J. 지음, 이기우 · 임명진 옮김, 『구술문화와 문자문화』, 문예출판사, 1982.

Richardson, R. D. 지음, 이형식 옮김, 『영화와 문학』, 동문선, 2000.

Storey, J. 지음, 박모 옮김, 『문화연구와 문화이론』, 현실문화연구, 1992.

그래엄 터너 지음, 김연종 옮김, 『문화 연구 입문』, 한나래, 1996.

기 고티에 지음, 유지나 · 김혜련 옮김, 『영상 기호학』, 민음사, 1996.

로버트A. 로젠스톤 엮음, 김지혜 옮김, 『영화, 역사-영화와 새로운 과거의 만남』, 소나무, 2001.

루돌프 아른하임 지음, 김정오 옮김, 『시각적 사고』, 이화여자대학교 출판부, 1994.

마르크 페로 지음, 주경철 옮김, 『역사와 영화』, 까치, 1999.
스티브 코헨·린다 샤이어스 지음, 임병권·이호 옮김, 『이야기하기의 이론-
　　소설과 영화의 문화기호학』, 한나래, 1997.
시모어 캐트먼 지음, 김경수 옮김, 『영화와 소설의 서사 구조』, 민음사, 1995.
양호환 외 지음, 『역사교육의 이론과 방법』, 三知阮, 1999.
유리 로트만 지음, 박현섭 옮김, 『영화기호학』, 민음사, 1996.
이성호, 『교수방법론』, 학지사, 2003.
이원순·윤세철·허승일 공저, 『역사교육론』, 삼영사, 1994.
이재광·김진희, 『영화로 쓰는 세계경제사-15세기에서 19세기까지』, 혜윰,
　　1999.
정대현 외 7명, 『표현인문학』, 생각의 나무, 2000.
정선영 외, 『역사교육의 이해』, 三知院, 2003.

2. 논문

강선주, 「미국 世界史 敎育의 再定立-세계사 교육 강화를 위한 역사가들의
　　노력」, 제44회 전국역사학대회 자료집, 2001.
권중달, 「한국에서의 역사지식의 대중적 확산」, 『중앙사론』 10·11합집, 1998.
권학수, 「정보화시대와 고고학」, 제43회 전국역사학대회 자료집, 2000.
김기덕, 「역사가와 다큐멘터리-<역사스페셜>의 사례를 중심으로」, 『사학연
　　구』 65집, 2002.
김기덕, 「역사가와 다큐멘터리」, 제44회 전국역사학대회 자료집, 2001.
김기덕, 「정보화시대의 역사학 : 영상역사학을 제창한다」, 『역사교육』 75집,
　　2000.
김기덕, 「한국사의 대중화 경향과 과제-한국사 저작물을 중심으로」, 『중앙사
　　론』 10·11합집, 1998.
김기봉, 「영화에 나타난 역사의 종말」, 제43회 전국역사학대회 자료집, 2000.
김기협, 「기술조건 변화 앞의 역사학과 역사업」, 제43회 전국역사학대회 자료
　　집, 2000.
김덕묵, 「민속연구에서 영상자료의 가치와 활용방안」, 제44회 전국역사학대회
　　자료집, 2001.
김민정, 「영상 자료를 통한 역사 이해의 유형과 특성-영화를 이용한 역사 수
　　업의 사례를 중심으로」, 서울대학교 석사학위논문, 1998.
김유철, 「동아시아의 지식정보 전통과 정보화시대의 역사학」, 제43회 전국역

사학대회 자료집, 2000.

김인식, 「역사 영화를 어떻게 수용할 것인가?-<쉰들러 리스트>의 사례를 통하여」, 제43회 전국역사학대회 자료집, 2000.

김지혜, 「역사, 과거의 현존에 과한 보고서」, 제43회 전국역사학대회 자료집, 2000.

김지혜, 「영상에 의한 역사 : 또 하나의 역사 서술」, 서강대학교 석사학위논문, 1996.

김한종, 「역사적 사고력의 개념과 그 교육적 의미」, 『이원순교수정년기념논총』, 교학사, 1991.

김현숙, 「영상사회학의 발전과 영역의 확대」, 제44회 전국역사학대회 자료집, 2001.

김현식, 「서평 : 영화 속의 영화, 역사 속의 영화」, 『서평문화』 제32집, 1998.

김흥남, 「디지털시대의 미술사학과 미술사강의」, 제43회 전국역사학대회 자료집, 2000.

김환수, 「역사학습에서 표현형식의 전통과 재창조」, 『역사교육』 제73집, 2000.

남성우, 「'역사의 대중화'와 TV 역사 다큐 프로그램」, 『EBS포커스』, 한국교육방송원, 1998년 1월호.

박경하, 「영상역사학의 현황과 과제」, 제44회 전국역사학대회 자료집, 2001.

박성미, 「영상기록보존의서의 영상실록 아카이브」, 제44회 전국역사학대회 자료집, 2001.

손세호, 「미국영화계의 역사 인식 : 흑인 인종문제를 중심으로」, 제43회 전국역사학대회 자료집, 2000.

송상헌, 『역사의 맥락적 이해와 수업에의 활용』, 서울대학교 석사학위논문, 1992.

신규화, 「TV 교육방송 프로그램 활용을 통한 역사적 인물지도의 접근방안」, 교육방송활용연구발표대회 논문집, 1997.

안영수, 「EBS 위성교육방송 프로그램 재구성을 통한 발전학습이 역사적 사고력 신장에 미치는 영향」, 교육방송활용연구발표대회 논문집, 1999.

양영모, 「국사과에서 시청각교재의 활용」, 『전북교육원연구월보』 223, 1990.

양호환, 「역사교과 교육이론의 가능성과 문제점-교수내용지식의 성격과 의미」, 『역사교육』 53집, 1993.

양호환, 「역사교과서의 서술 양식과 학생의 역사이해」, 『역사교육』 59집, 1996.

양호환, 「역사교과학의 성과와 숙제」, 제38회 전국역사학대회 자료집, 1995.

양호환, 「역사학습에서 인지발달에 관한 몇가지 문제」, 『역사교육』 59집, 1996.

양홍구, 「사회과 TV 교육방송 프로그램의 분석·적용을 통한 창의적 사고력 신장」, 교육방송활용연구발표대회 논문집, 1999.

원우현·전혜선, 「텔레비전 프로그램 유형분류」, 『방송연구』 45, 1997 겨울호.

육영수, 「영화로 읽는 프랑스혁명 전통주의·수정주의 해석의 틈새 엿보기」 제43회 전국역사학대회 자료집, 2000.

윤희상, 「컴퓨터를 활용한 전통 목조 건축의 복원 및 보전에 관하여」, 제43회 전국역사학대회 자료집, 2000.

이동기, 「서평 : '과학적 실천적 역사학'이란 무엇인가－『한국사 연구와 과학성』(이세영, 청년사, 1997)」, 『역사와 현실』 26집, 1997.

이문웅, 「역사학과 민족지 영화」, 제44회 전국역사학대회 자료집, 2001.

이영석, 「디지털 시대의 역사학, 긴장과 적응의 이중주」, 제43회 전국역사학대회 자료집, 2000.

이태진, 「정화보 시대의 한국역사학」, 제43회 전국역사학대회 자료집, 2000.

임지현, 「역사의 대중화, 대중의 역사화－시민사회의 역사학을 향하여」, 『중앙사론』 10·11합집, 1998.

정근원, 「역사 관련 애니메이션 : 게임의 현황과 과제」, 제44회 전국역사학대회 자료집, 2001.

정두희, 「TV 드라마와 역사의 대중화 문제」, 『중앙사론』 10·11합집, 1998.

정선영, 「지구적 시각에 기초한 세계사 교육에의 접근 방안」, 『역사교육』 85집, 2003.

정춘면, 「교육방송 문화재 영상 프로그램을 활용한 활동 중심의 국사 학습이 전통문화 의식에 미치는 영향」, 교육방송활용연구발표대회 논문집, 2001.

조명철, 「戰後 일본의 역사학－역사의 대중화와 역사의식」, 『중앙사론』 10·11합집, 1998.

주경철, 「디즈니의 역사인식」, 제43회 전국역사학대회 자료집, 2000.

차하순, 「세계 현대사의 주요 경향」, 『역사와 현실』 26집, 1997.

최돈구, 「TV 교육방송의 "역사인물 학습"을 통한 중학생의 올바른 인성교육 함양 방안」, 교육방송활용연구발표대회 논문집, 2002.

최현삼, 「역사교육에서 영상매체의 활용과 과제」, 제44회 전국역사학대회 자료집, 2001.

한관종, 「영상 미디어를 활용한 국제이해교육－초등학교 사회과 수업을 중심으로」, 『사회과교육』 27, 1994.

한진우, 「영상자료의 활용실태에 관한 연구 : 서울시내 초·중·고등학교를 중심으로」, 고려대학교 석사학위논문, 1988.

허구생, 「영웅 만들기 또는 영웅 죽이기－<브레이브하트>를 중심으로 본 역
   사영화의 현재성과 과거성」, 제44회 전국역사학대회 자료집, 2001.

허수열, 「지식정보화 시대의 경제사」, 제43회 전국역사학대회 자료집, 2000.

홍성연, 「영상 역사 서술의 특성과 교육적 적용－TV 다큐멘터리 <역사스페
   셜>을 중심으로」, 서울대학교 석사학위논문, 2001.

제2부 중국사와 영상자료

1. 동양사 일반

가와사키 쓰네유키 지음, 김현숙 옮김, 『일본문화사』, 혜안, 1997.

葛劍雄 지음, 숙사연구회 옮김, 『중국통일 중국분열』, 신서원, 1996.

강용규, 『인물로 보는 중국사』, 학민사, 2000.

고병익, 『동아시아사의 전통과 변용』, 문학과지성사, 1996.

谷川道雄 편, 박종현·정태섭 옮김, 『일본의 중국사논쟁』, 신서원, 1996.

谷川道雄·森正夫 지음, 송정수 옮김, 『중국민중반란사』, 혜안, 1996.

공상철 등 지음, 『중국 중국인 그리고 중국문화』, 다락원, 2001.

宮崎市定 지음, 조병한 편역, 『중국사』, 역민사, 1983.

김관도 지음, 하세봉 옮김, 『중국사의 시스템이론적 분석』, 신서원, 1995.

김관도·유청봉 지음, 김수중 등 옮김, 『중국문화의 시스템론적 解釋』, 天池,
   1994.

김대환·백영서 편, 『中國社會性格論爭』, 창작과비평사, 1988.

김성한, 『중국토지제도사연구』, 신서원, 1998.

김영식, 『중국의 전통문화와 과학』, 창작사, 1986.

김태승 편역, 『동양사의 기초지식』, 신서원, 1991.

김한규, 『티베트와 중국』, 소나무, 2000.

김한규, 『티베트와 중국의 역사적 관계』, 혜안, 2003.

동경대교양학부 지음, 김현구 외 옮김, 『일본사개설』, 지영사, 1998.

동양사학회, 『동아사상의 왕권』, 한울아카데미, 1993.

드와이트 퍼킨스 지음, 양필승 옮김, 『중국경제사 1368-1968』, 신서원, 1997.

레이 황 지음, 권중달 옮김, 『허드슨 강변에서 중국사를 이야기하다』, 푸른역
   사, 2001.

레이 황 지음, 홍광훈 옮김, 『거시중국사』, 까치, 1996.

로버트 템플 지음, 과학세대 옮김, 『그림으로 보는 중국의 과학과 문명』, 까치, 1993.

루빈 지음, 임철규 옮김, 『중국에서의 개인과 국가』, 현상과 인식, 1984.

류제헌, 『중국역사지리』(서남동양학술총서 5), 문학과지성사, 1999.

마크 엘빈 지음, 이춘식 등 옮김, 『中國歷史의 發展形態』, 신서원, 1989.

茂原小佳人 지음, 김교빈 등 옮김, 『중국고대철학의 세계』, 죽산, 1991.

민두기 편, 『中國의 歷史認識』(상・하), 창작과비평사, 1985.

민두기, 『일본의 역사』, 지식산업사, 1998.

박경희, 『연표와 사진으로 보는 일본사』, 일빛, 1998.

박원호, 『中國의 歷史와 文化』, 고려대출판부, 1992.

박윤규, 『중국역사를 움직인 15인의 재상』, 미래M&B, 1999.

박진우 외, 『새로운 일본의 이해』, 다락원, 2002.

백수이 등 지음, 임효성 등 옮김, 『中國通史綱要』, 이론과 실천, 1991.

버나드 루이스 지음, 김호동 옮김, 『이슬람문명사』, 이론과실천, 1994.

볼프람 에버하르트 지음, 최효선 옮김, 『중국의 역사』, 문예출판사, 1997.

傅樂成 지음, 신승하 옮김, 『中國通史』(상・하), 지영사, 1998.

徐連達 등 지음, 중국사연구회 옮김, 『中國通史』, 청년사, 1989.

서울大學校 東洋史學研究室 편, 『講座 中國史』(Ⅰ~Ⅶ), 지식산업사, 1989.

松島隆裕 등 지음, 조성을 옮김, 『동아시아사상사』, 한울, 1991.

송영배, 『중국사회사상사』, 한길사, 1986.

松丸道雄 등 지음, 조성을 옮김, 『中國史槪說』, 한울, 1989.

신용철 외, 『동양의 역사와 문화』, 탐구당, 1993.

신채식, 『東洋史槪論』, 三英社, 1993.

아서라이트 지음, 양필승 옮김, 『중국사와 불교』, 신서원, 1994.

역사수수께끼연구회 지음, 이재정 옮김, 『중국사 재미있게 들여다 보기』, 솔, 1998.

연민수, 『일본역사』, 보고사, 1998.

오가타 이사무 지음, 이유영 옮김, 『중국 역사 기행 : 사진과 그림으로 보는』, 시아출판사, 2002.

왕야난 지음, 한인희 옮김, 『관료의 나라 중국』, 지영사, 2002.

왕중부 등 편저, 이경규 편역, 『중국문명의 이해』, 대구가톨릭대학교 출판부, 2001.

우덕찬, 『중앙아시아사 개설』, 부산외국어대학교 출판부, 2001.

위트포겔 지음, 구종서 옮김,『동양적 전제주의』, 법문사, 1991.

유절 지음, 신태갑 옮김,『중국사학사 강의』, 신서원, 2000.

윤내현 편저,『中國史』, 민음사, 1995.

이나미 리츠코 지음, 김석희 옮김,『배신자의 중국사』, 작가정신, 2002.

이상엽,『일본인과 일본문화』, 학사원, 1998.

이춘식 편,『동아사상의 보수와 개혁』, 신서원, 1995.

자크 제르네 지음, 김영제 옮김,『전통 중국인의 일상 생활』, 신서원, 1995.

전백찬 지음, 이진복 등 옮김,『中國全史』, 학민사, 1990.

존 K.페어뱅크 지음, 중국사연구회 옮김,『新中國史』, 까치, 1994.

존 W.홀 지음, 박영재 옮김,『일본사』, 역민사, 1986.

中國史硏究室 편역,『中國歷史』(상·하), 신서원, 1993.

中村元 지음, 김지견 옮김,『중국인의 사유방법』, 까치, 1990.

진보량 지음, 이치수 옮김,『중국유맹사』(대우학술총서 501), 아카넷, 2001.

최원식 등 지음,『동아시아인의 동양인식』, 문학과지성사, 1997.

최한우,『중앙아시아학입문』, 도서출판 펴내기, 1997.

크릴 지음, 이동준 등 옮김,『중국사상의 이해』, 경문사, 1981.

貝塚茂樹 등 지음, 윤혜영 편역,『中國史』, 홍성사, 1986.

페어뱅크·라이샤워 지음, 김한규 옮김,『東洋文化史』(상·하), 을유문화사,
    1993.

馮友蘭 지음, 정인재 옮김,『중국철학사』, 형설출판사, 1989.

피체랄드 지음, 이병희 옮김,『중국의 세계관』, 민족문화사, 1986.

하자노프 지음, 김호동 옮김,『유목사회의 구조─역사인류학적 접근』, 지식산
    업사, 1990.

헨리 율 외 지음, 정수일 옮김,『중국으로 가는 길』, 사계절, 2002.

侯外廬 지음, 양재혁 옮김,『중국철학사』(상·하), 일월서각, 1988.

훼이 샤오 퉁 지음, 이경규 옮김,『중국 사회의 기본구조』, 일조각, 1995.

2. 중국 고대사

가의 지음, 허부문 옮김,『과진론 치안책』, 책세상, 2004.

고힐강 지음, 이부오 옮김,『中國 古代의 方士와 儒生』, 온누리, 1991.

곽말약 지음, 조성을 옮김,『中國古代思想史』, 까치, 1991.

김병준,『중국고대 지역문화와 군현지배』, 일조각, 1997.

김한규,『古代東亞細亞幕府體制硏究』, 일조각, 1997.

김한규,『古代中國的 世界秩序硏究』, 일조각, 1982.

도미야 이따루 지음, 임병덕 외 옮김,『유골의 증언 : 고대 중국의 형벌』, 서경
　　　문화사, 1999.

董作賓 지음, 이형구 옮김,『갑골학60년』, 민음사, 1993.

리우웨이 지음, 김양수 옮김,『황제의 나라(진한시대)』, 시공사, 2004.

리우웨이 지음, 조영현 옮김,『패권의 시대(춘추전국시대)』, 시공사, 2004.

박인수,『춘추전국의 패자와 책사들』, 석필, 2001.

박인수,『환관 : 황제의 비서실장』, 석필, 2003.

박혜숙 편역,『사마천의 역사인식』, 한길사, 1988.

버튼 왓슨 지음, 박혜숙 옮김,『위대한 역사가 사마천』, 한길사, 1995.

벤자민 슈월츠 지음, 나성 옮김,『중국고대사상의 세계』, 살림, 1996.

변인석 편역,『중국고대사회경제사』, 한울, 1994.

司馬遷 지음, 이성규 옮김,『사마천 사기-중국고대제국의 형성』, 서울대출판
　　　부, 1987.

三田村泰助 지음, 하혜자 옮김,『환관-측근정치의 구조』, 나루, 1992.

西嶋定生 지음, 변인석 옮김,『중국고대사회경제사』, 한울, 1994.

서울대학교 동양사학연구실,『고대중국의 이해』1 · 2 · 3, 지식산업사, 1994.

송영배,『제자백가의 사상』, 현음사, 1994.

심중희,『고대 중국민족의 우주론탐구』, 낙성대, 2003.

앙리 마스페로 지음, 김선민 옮김,『고대중국』, 까치, 1995.

양인리우 지음, 이창숙 옮김,『중국고대 음악사』, 솔, 1999.

永田英正 등 지음, 박건주 옮김,『아시아의 역사와 문화(1)』, 신서원, 1996.

오강원 외 지음,『중국고고』, 백산자료원, 1997.

와타나베 신이치로 지음, 문정희 외 옮김,『천공의 옥좌 : 중국 고대제국의 조
　　　정과 의례』, 신서원, 2002.

袁珂 지음, 정석원 옮김,『중국의 고대신화』, 문예출판사, 1987.

윤내현,『商周史』, 민음사, 1984.

윤내현,『중국의 원시시대』, 단국대출판부, 1982.

윤내현,『중국의 천하사상』, 민음사, 1988.

이성구,『중국고대의 주술적 사유와 제왕통치』, 일조각, 1997.

이성규,『중국고대제국성립사연구』, 일조각, 1997.

이재성,『고대 동몽고사연구』, 법인문화사, 1996.

이춘식,『中國古代史의 展開』, 신서원, 1986.

이춘식,『춘추전국시대의 법치사상과 세 · 술』, 아카넷, 2002.

임계유 지음, 권덕주 옮김,『중국의 유가와 도가』, 동아출판사, 1993.

張光直 지음, 윤내현 옮김,『상문명』, 민음사, 1988.

장기근,『삼황오제의 덕치』, 명문당, 2003.

장기윤 지음, 중국문화원 옮김,『중국사상의 근원－제자백가 그들의 사상과
　　근원』, 문조사, 1984.

정일동,『漢初의 정치와 황로사상』, 백산, 1997.

조빈복 지음, 최무장 옮김,『중국동북 신석기문화』, 집문당, 1996.

陳舜臣 지음, 이용찬 옮김,『중국고적발굴기』, 대원사, 1995.

천징 지음, 김대환 외 옮김,『진시황 평전 : 위대한 폭군』, 미다스북스, 2001.

천퉁성 지음, 장성철 옮김,『사기의 탄생 그 3천년의 역사』, 청계, 2004.

최덕경,『중국고대농업사연구』, 백산서당, 1994.

크릴 지음, 이성규 옮김,『공자－인간과 신화』, 지식산업사, 1983.

貝塚茂樹 지음, 김석근 옮김,『제자백가』, 까치, 1989.

허진웅 지음, 홍희 옮김,『중국고대사회』, 동문선, 2003.

환관 지음, 김한규·이철호 옮김,『염철론』, 소명, 2002.

3. 중국 중세사

가와카쓰 요시오 지음, 임대희 옮김,『중국의 역사(위진남북조)』, 혜안, 2004.

葛兆光 지음, 심규호 옮김,『도교와 중국문화』, 동문선, 1993.

葛兆光 지음, 정상홍·임병권 옮김,『선종과 중국문화』, 동문선, 1991.

宮崎市定 지음, 임중혁 등 옮김,『중국중세사』, 신서원, 1996.

김문경,『唐代의 社會와 宗敎』, 숭실대학교 출판부, 1984.

김영제,『唐宋財政史』, 신서원, 1995.

김용범,『실크로드의 어제와 오늘』, 보성, 2002.

김용범,『중국 중세사 연구』, 보성, 2002.

김위현,『거란사회문화사론』, 경인문화사, 2004.

김인숙 지음,『중국중세 사대부와 술 약 그리고 여자』, 서경문화사, 1998.

김종완,『中國南北朝史研究－朝貢·交聘관계를 중심으로』, 일조각, 1995.

노간 지음, 김영환 옮김,『魏晉南北朝史』, 예문춘추관, 1995.

누노메 조후 등 지음, 임대희 옮김,『중국의 역사(수당오대)』, 혜안, 2001.

도나미 마모루 지음, 허부문 옮김,『풍도의 길』, 소나무, 2003.

라이샤워 지음, 조성을 옮김,『중국 중세사회로의 여행』, 한울, 1991.

미야자키 이치사다 지음, 임대희 외 옮김,『구품관인법의 연구』, 소나무, 2002.

박한제,『강남의 낭만과 비극(중국역사기행2)』, 사계절, 2003.
박한제,『中國中世胡漢體制硏究』, 일조각, 1988.
변인석,『安史亂의 新硏究』, 형설출판사, 1984.
사마광 지음, 권중달 옮김,『자치통감3(한나라 말기)』, 푸른역사, 2002.
사마광 지음, 신동준 옮김,『자치통감 삼국지(상)』, 살림, 2004.
아서 라이트 지음, 양필승 옮김,『중국사와 불교』, 신서원, 1994.
에브레이 지음, 배숙희 옮김,『중국여성의 결혼과 생활; 송대 여성을 중심으
        로』, 삼지원, 2000.
吳兢 지음, 편집부 옮김,『정관정요－당태종』, 자유문고, 1986.
위진수당사연구회,『위진수당사연구 1』, 사상사, 1994.
이계명,『隋唐官僚制의 成立과 展開』, 전남대학교 출판부, 1995.
지배선,『중세 중국사 연구－모용연과 북연사』, 연세대학교 출판부, 1998.
지배선,『중세동북아사연구－모용왕국사』, 일조각, 1986.
짜오지엔민 지음, 곽복선 옮김,『개원의 치세』, 출판시대, 2002.
최한우,『중앙아시아학 입문』, 펴내기, 1997.
프랑크 지음, 김원모 옮김,『동서문화교류사』, 단국대학교 출판부, 1995.
한국돈황학회,『동서문화교류연구』, 국학자료원, 1997.
황민지 지음, 임대희 옮김,『중국 역사상의 불교와 경제(당대편)』, 서경, 2002.

4. 중국 근세사

강판권,『청대 강남의 농업 경제』, 혜안, 2004.
개빈 멘지스 지음, 조행복 옮김,『1421 ; 중국 세계를 발견하다』, 사계절, 2004.
고석림,『송대사회경제사연구』, 형설출판사, 1991.
宮崎市定 지음, 중국사연구회 옮김,『중국의 시험지옥－과거(科擧)』, 청년사,
        1993.
김위현,『요금사연구』, 유풍출판사, 1985.
金錚 지음, 강길중 옮김,『중국문화와 과거제도』, 중문출판사, 1994.
다이앤 머레이 지음, 이영옥 옮김,『그들의 바다; 남부 중국의 해적 1790-1810』,
        심산, 2003.
島田虔次 지음, 김석근·이근우 옮김,『주자학과 양명학』, 까치, 1986.
라츠네프스키 지음, 김호동 옮김,『몽고초원의 영웅 칭기스한』, 지식산업사,
        1992.
랴자노프스키 지음, 서병국, 옮김,『몽골의 관습과 법』, 혜안, 1996.

록콴텐 지음, 송기중 옮김,『유목민족제국사』, 민음사, 1984.

마르코 폴로 지음, 권미영 옮김,『동방견문록』, 일신서적, 1991.

마이달 등 지음, 김구산 옮김,『몽고문화사』, 동문선, 1991.

막스 웨버 지음, 이상률 옮김,『유교와 도교』, 문예출판사, 1990.

밀톤 W.마이어 지음, 김기태 옮김,『동남아사 입문』, 한국외국어대학교 출판
        부, 1994.

박원길,『몽골고대사연구』, 혜안, 1994.

박원호,『명청휘주종족사연구』, 지식산업사, 2002.

배숙희,『송대 과거제도와 관료사회』, 삼지원, 2001.

배영동,『명말청초사상』, 민음사, 1992.

블라디미르초프 지음, 주채혁 옮김,『몽골사회제도사』, 대한교과서주식회사,
        1990.

송재운,『양명철학의 연구』, 사사연, 1991.

스키너 G. 윌리엄 지음, 양필승 옮김,『중국의 전통시장』, 신서원, 2000.

신채식,『송대관료제연구』, 삼영사, 1981.

양종국,『송대사대부사회연구』, 삼지원, 1996.

오금성,『중국근세사회경제사』, 일조각, 1986.

오금성·조영록 등,『명말청초사회의 조명』, 한울, 1990.

오함 지음, 박원호 옮김,『주원장전』, 지식산업사, 2003.

웨이크만 지음, 김의경 옮김,『중국제국의 몰락』, 예전사, 1987.

유원수,『몽골비사』, 혜안. 1994.

윤정분,『중국근세 경세사상연구』, 혜안, 2002.

이동복,『동북아세아사연구-금대 여진사회의 구성』, 일조각, 1986.

이준갑,『중국 사천사회연구; 1644-1911』, 서울대학교 출판부, 2002.

張仲禮 지음, 김한식 등 옮김,『中國의 紳士』, 신서원, 1993.

長澤和俊 지음, 이재성 옮김,『실크로드의 역사와 문화』, 민족사, 1990.

정순목,『중국서원제도』, 문음사, 1990.

정철웅,『역사와 환경:중국 명청 시대의 경우』, 책세상, 2002.

제임스 류 지음, 이범학 옮김,『왕안석과 개혁정치』, 지식산업사, 1991.

조너선 D.스펜스 지음, 이재정 옮김,『왕 여인의 죽음』, 이산, 2002.

조너선 D.스펜스 지음, 이준갑 옮김,『강희제』, 이산, 2001.

조너선 D.스펜스 지음, 이준갑 옮김,『반역의 책』, 이산, 2004.

조영록 등 지음,『중국과 동아시아세계』, 국학자료원, 1997.

조영록,『중국 근세 지성의 이념과 운동』, 지식산업사, 2002.

조영록,『중국근세정치사연구』, 지식산업사, 1987.

진병팔,『자금성을 걸으며 중국을 본다』, 청년정신, 2002.

진정 지음, 김효민 옮김,『중국 과거 문화사』, 동아시아, 2003.

쓰沙雅章 등 지음, 정성일 옮김,『아시아의 역사와 문화(4)』, 신서원, 1997.

何炳棣 지음, 정철웅 옮김,『중국의 인구』, 책세상, 1994.

何炳棣 지음, 조영록 외 옮김,『중국과거제도의 사회사적 연구』, 동국대학교
　　　출판부, 1987.

　5. 중국 근현대사

강동진,『일본근대사』, 한길사, 1988.

蓋隆 지음, 정석태 옮김,『중국공산당사 : 1919-1991』, 녹두, 1993.

고영자,『일본의 근세 봉건시대』, 탱자, 2002.

고지마 도모유끼 지음, 백완승 등 옮김,『중국정치와 대중노선 1921-1985』, 논
　　　장, 1989.

菊池貴晴 지음, 엄영식 옮김,『신해혁명과 중국근대화』, 한벗, 1982.

堀川哲男 등 지음, 하세봉 옮김,『아시아의 역사와 문화(5)』, 신서원, 1996.

堀川哲男 지음, 왕재열 편역,『손문과 중국혁명』, 역민사, 1983.

堀川哲男 지음, 이양자 옮김,『중국근대사』, 삼지원, 1994.

권중달 외 편,『문화대혁명 전후의 중국역사해석』, 집문당, 1991.

그레이브 지음, 원경주 옮김,『보이지 않는 제국, 화교-중국인이야기』, 프리
　　　미엄북스, 1997.

길승흠,『현대일본정치론』, 서울대학교 출판부, 1998.

김용덕,『일본 근대사를 보는 눈』, 지식산업사, 1991.

김인현·김정구,『현대일본의 이해』, 학문사, 2000.

김일평,『중국혁명과 군중노선』, 정음사, 1988.

김형종,『청말 신정기의 연구』, 서울대학교 출판부, 2002.

김호동,『근대 중앙아시아의 혁명과 좌절』, 사계절, 1999.

다카하시 외 편, 차태석 외 옮김,『일본근대사론』, 지식산업사, 1981.

데오도르 햄버그 지음, 노태구 옮김,『洪秀全-태평천국혁명의 기원』, 새밭, 1979.

로이드 이스트만 지음, 민두기 옮김,『蔣介石은 왜 패하였는가』, 지식산업사, 1986.

로진스키 지음, 신용철·신정현 옮김,『現代中國政治史(1949-1986)』, 탐구당, 1990.

루스 베네딕트 지음, 김욱 옮김,『국화와 칼』, 정성출판사, 1998.

루시앵 비앙코 지음, 이양자 옮김,『중국혁명의 기원 : 1915-1949』, 신지서원,

2004.

마크 블레처 지음, 전병곤 외 옮김,『반조류의 중국; 현대중국, 그 저항과 모색의 역사』, 돌베개, 2001.

매일경제 국제부 등 지음,『차이나 쇼크』, 매일경제신문사, 2001.

모리스 마이스너 지음, 김광린 등 옮김,『모택동사상』, 소나무, 1989.

모리스 메이스너 지음, 권영빈 옮김,『李大釗-중국 마르크스주의의 기원』, 지식산업사, 1992.

무원 지음, 천성림 옮김,『중국근대사』, 예전사, 1991.

민두기 등 지음,『中國國民革命의 分析的 硏究』, 지식산업사, 1985.

민두기 편,『中國國民革命 指導者의 思想과 行動』, 지식산업사, 1988.

민두기 편,『中國國民革命運動의 構造分析』, 지식산업사, 1990.

민두기 편,『中國近現代史上의 湖南省』, 지식산업사, 1996.

민두기 편,『中國現代史의 構造』, 청람, 1986.

민두기,『辛亥革命史; 중국의 공화혁명』, 민음사, 1994.

민두기,『中國近代改革運動의 硏究』, 一潮閣, 1985.

민두기,『中國近代史論』(ⅠⅡ), 지식산업사, 1985.

민두기,『中國近代史硏究-紳士層의 思想과 行動』, 一潮閣, 1973.

민두기,『중국에서의 자유주의의 실험-호적(1891-1962)의 사상과 활동』, 지식산업사, 1996.

민두기,『中國初期革命運動의 硏究』, 서울대학교 출판부, 1997.

박강,『중일전쟁과 아편』, 지식산업사, 1995.

박승무,『선비와 사무라이』, 아침, 2003.

박진우 외 지음,『일본 근현대사』, 좋은날, 1999.

박진우,『근대일본형성기의 국가와 민중』, 제이엔씨, 2004.

배경한,『장개석연구』, 일조각, 1995.

백권호 편저,『중국 대륙을 휩쓴 '오색바람'』, 다섯수레, 1996.

백영서,『중국현대대학문화연구』, 일조각, 1994.

벤쟈민 슈위츠 지음, 권영빈 옮김,『中國共産主義運動史』, 형성사, 1983.

볼프강 프랑케 지음, 申龍澈 옮김,『中國의 文化革命』, 探求堂, 1983.

브루노쇼 편, 편집부 옮김,『中國革命과 毛澤東思想』(ⅠⅡ), 도서출판 석탑, 1986.

상청 지음, 임상범 옮김,『코민테른과 中國革命關係史』, 고려원, 1992.

서상문,『프로메테우스의 불-혁명러시아와 중국공산당의 홍기』, 백산서당, 2003.

서울대학교동양사학연구실,『중국근현대사의 재조명』1·2, 지식산업사, 1999.

서정익,『일본근대경제사』, 혜안, 2003.

小島晋治 등 지음, 박원호 옮김,『中國近現代史』, 지식산업사, 1988.
小野和子 지음, 이동윤 옮김,『현대중국여성사』, 正宇社, 1985.
송정수,『중국근세향촌사회사연구』, 혜안, 1997.
수잔나퀸 이블린 외 지음, 정철웅 옮김,『18세기 중국사회』, 신서원, 1998.
스즈키 마사유키 지음, 류교열 옮김,『근대 일본의 천황제』, 이산, 1998.
식원 지음, 천성림 옮김,『중국근대사』, 예전사, 1999.
신상초,『중국공산주의운동사 : 1919년-1987년』, 집문당, 1988.
신승하 외,『20세기의 중국』, 서울대학교 출판부, 1998.
신승하,『근대중국의 서양인식』, 고려원, 1985.
신승하,『중국 당대 40년사』, 고려원, 1993.
신승하,『中國近代史』, 大明出版社, 1990.
신승하,『중국근현대사 ; 근대중국 개혁과 혁명』(상·하), 대명출판사, 2004.
신승하,『中國現代史』, 대명출판사, 1992.
신승하·유장근·장의식 지음,『19세기 중국사회』, 신서원, 2000.
신연철,『손문과 국공합작』, 성균관대학 출판부, 1989.
아마코 사토시 지음, 임상범 옮김,『중화인민공화국 50년사』, 일조각, 2004.
양필승 편저,『중국의 농업과 농민운동』, 한나래, 1991.
嚴家其 등 지음, 최경수 옮김,『중국문화대혁명』(상·하), 삼우당, 1988.
에드가 스노우 지음, 신복룡 옮김,『모택동 자전』, 평민사, 2001.
에드가 스노우 지음, 신홍범 옮김,『中國의 붉은 별』, 두레, 1985.
오쿠무라 사토시 지음, 박선영 옮김,『새롭게 쓴 중국 현대사』, 소나무, 2001.
왕소방 지음, 한인희 옮김,『중국외교사 1840-1911』, 지영사, 1997.
왕육민 등 지음, 이승민 옮김,『중국현대철학사』, 청년사, 1989.
왕효추 지음, 신승하 옮김,『근대 중국과 일본』, 고려대학교 출판부, 2002.
宇野重昭 지음, 김정화 옮김,『中國共産黨史』, 일월서각, 1984.
유장근,『근대 중국의 비밀결사』, 고려원, 1996.
유장근,『근대 중국의 지역사회와 국가권력』, 신서원, 2004.
陸學藝 편저, 김성희 옮김,『21세기 중국사회의 전망』, 주류성, 1999.
윤혜영,『중국현대사연구』, 일조각, 1997.
윤휘탁,『일제하 만주국 연구』, 다물, 1996.
윤휘탁,『중일전쟁과 중국혁명』, 일조각, 2003.
이덕빈 지음, 양필승 옮김,『중화인민공화국 경제사 1』, 교보문고, 1997.
이병주 편,『현대중국론』, 청람, 1984.
李世平 지음, 최윤수등 옮김,『중국현대정치사상사』, 한길사, 1989.

이스라엘 엡스타인 지음, 이양자 옮김, 『20세기 중국을 빛낸 위대한 여성 송경령』(상·하), 한울, 2000.

李時岳 등 지음, 이은자 옮김, 『근대중국의 반기독교운동』, 고려원, 1992.

이안 부루마 지음, 최은봉 옮김, 『근대 일본』, 을유문화사, 2004.

이양자, 『중국근대사』, 삼지원, 2003.

이은자, 『의화단운동 전후의 산동』, 고려대학교 출판부, 2002.

이재령, 『현대중국과 지식인』, 신서원, 2003.

이정식 지음, 허원 옮김, 『만주혁명운동과 통일전선』, 사계절, 1989.

李澤厚 지음, 김형종 옮김, 『중국현대사상사의 굴절』, 지식산업사, 1992.

李澤厚 지음, 손세제 옮김, 『중국현대사상사론』, 교보문고, 1991.

일본역사교육자협의회 지음, 김현숙 옮김, 『천황제 50문 50답』, 혜안, 2001.

일월서각편집부 옮김, 『중국근현대경제사』, 일월서각, 1986.

임육생 지음, 이병주 옮김, 『中國意識의 危機』, 大光文化社, 1990.

장롱 등 지음, 이양자 옮김, 『송경령 평전』, 지식산업사, 1992.

張玉法 지음, 신승하 옮김, 『중국현대정치사론』, 고려원, 1992.

쟝 세노 등 지음, 공기두 옮김, 『中共, 1949-1976』, 까치, 1984.

쟝 세노 등 지음, 신영준 옮김, 『중국현대사, 1911-1949』, 까치, 1982.

쟝 세노 등 지음, 유승희 등 옮김, 『마르크스와 아시아』, 소나무, 1990.

쟝 세노 지음, 김효 등 옮김, 『中國農民運動史』, 한마당, 1987.

田中正俊 지음, 배손근 옮김, 『中國近代經濟史研究序說』, 인간사, 1983.

정관잉 지음, 이화승 옮김, 『성세위언 : 난세를 향한 고언』, 책세상, 2003.

정문상, 『중국의 국민혁명과 상해학생운동』, 혜안, 2004.

조경란, 『중국 근현대 사상의 탐색』, 삼인, 2003.

조나선 D. 스펜스 지음, 정영무 옮김, 『天安門』, 녹두, 1985.

조너선 D. 스펜스 지음, 김희교 옮김, 『현대 중국을 찾아서』 1·2, 이산, 1998.

조병한 편저, 『太平天國과 中國의 農民運動』, 인간, 1981.

趙矢元 등 지음, 중국사연구회 옮김, 『중국근대사』, 청년사, 1990.

佐伯有一 등 지음, 오상훈 옮김, 『中國現代史』, 한길사, 1980.

周策縱 지음, 조병한 옮김, 『오사운동』, 역민사, 1980.

중국공산당중앙문헌연구실 편저, 허원 옮김, 『정통중국현대사』, 사계절, 1990.

중국여성사연구회 편저, 임정후 옮김, 『중국여성해방의 선구자들』, 한울림, 1985.

池田誠 등 지음, 편집부 옮김, 『中國革命의 전략과 노선』, 禾多, 1985.

池田誠 지음, 한선모 옮김, 『中國現代革命史』, 靑史, 1985.

진지양 지음, 박준수 옮김, 『軍紳政權―근대중국 군벌의 실상』, 고려원, 1993.

진춘밍 외 지음, 이정남 외 옮김, 『문화대혁명사』, 나무와숲, 2000.

찰머스 존슨 지음, 서관모 옮김, 『中國革命과 農民民族主義』, 한겨레, 1985.

천성림, 『근대중국 사상세계의 한 흐름』, 신서원, 2002.

최성철, 『康有爲의 政治思想』, 一志社, 1988.

쿠보타 분지 외 지음, 김종원 옮김, 『중국근대사연구입문』, 한울, 1997.

토마스 쿠오 지음, 권영빈 옮김, 『陳獨秀評傳』, 민음사, 1985.

퍼킨스 지음, 양필승 옮김, 『중국경제사; 1368-1968』, 신서원, 1997.

페어뱅크 등 지음, 김성환 옮김, 『중국혁명운동문헌사』 I · II, 풀빛, 1986.

폴 A. 코헨 지음, 장의식 옮김, 『미국의 중국근대사연구』, 고려원, 1995.

폴 A. 코헨 지음, 이남희 옮김, 『학문의 제국주의 : 오리엔탈리즘과 중국사』,
    산해, 2003.

피터 듀스 지음, 양필승 · 나행주 옮김, 『일본의 봉건제』, 신서원, 1991.

필 빌링슬리 지음, 이문창 옮김, 『中國의 土匪文化』, 일조각, 1996.

하오옌핑 지음, 이화승 옮김, 『중국의 상업 혁명 : 19세기 중 · 서 상업 자본주
    의의 전개』, 소나무, 2001.

하이두스 지음, 박은경 옮김, 『동남아시아의 華僑』, 형설출판사, 1993.

하자마 나오키 외 지음, 신일섭 옮김, 『데이터로 본 중국근대사』, 신서원,
    1999.

寒山碧 지음, 열린기획 옮김, 『작은 거인 덩샤오핑』, 복조리, 1992.

해리슨 E. 솔즈베리 지음, 박월라 · 박병덕 옮김, 『새로운 황제들―모택동과
    등소평 시대의 중국』, 다섯수레, 1993.

해리슨 E. 솔즈베리 지음, 정성호 옮김, 『대장정』(범우사상신서 41), 범우사, 1999.

許滌新 등 지음, 김세은 등 편역, 『근대중국 사회성격의 재검토 : 중국자본주
    의 논쟁사』, 고려원, 1993.

狹間直樹 지음, 양민호 옮김, 『5 · 4운동연구서설』, 한울, 1985.

湖北人民大學 지음, 정치경제학교연실 편, 『中國近現代經濟史』, 일월서각,
    1986.

丸山松幸 지음, 김정화 옮김, 『五.四運動의 思想史』, 일월서각, 1983.

丸山松幸 지음, 천성림 옮김, 『中國近代의 革命思想』, 예전사, 1989.

황런위 지음, 이재정 옮김, 『자본주의 역사와 중국의 21세기』, 이산, 2001.

후지이 쇼조 지음, 김양수 옮김, 『현대중국, 영화로 가다』, 지호, 2001.

姬田光義 등 지음, 편집부 옮김, 『中國近現代史』, 일월서각, 1984.

히메다 미쓰요시 지음, 김순호 옮김, 『20세기 중국사』, 돌배개, 1995.

찾아보기